조선유기략
朝鮮留記略

우리국학총서 2

조선유기략
朝鮮留記略

권덕규 지음 | **정재승** 역주

우리역사연구재단

| 애류(崖溜) 권덕규(權悳奎) 선생.
1924~1931년까지 재직했던 중앙고등학교 조선어 교사 시절의 모습.
ⓒ 중앙백년사(중앙교우회 간행) 2009

| ≪조선사≫ 표지. 1920년대 나온 ≪조선유기(朝鮮留記)≫ 상·하권을 합본하여 1945년 해방 후 바로 정음사에서 출간됨. 이 책은 1950년도의 베스트셀러로 한국출판연구소의 <건국 이후 베스트셀러 50선—연대순>에 기록되어 있다.

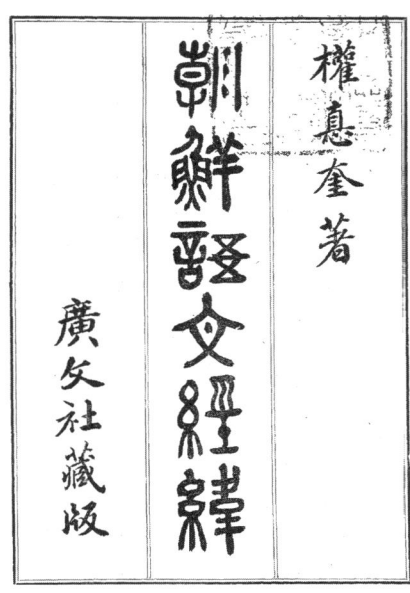

| ≪조선어문경위(朝鮮語文經緯)≫의 표지. 1923년 광문사에서 출간된 이 책은 전체를 60과로 나눈 일종의 국어교습서로, 특히 훈민정음 창제 이전 고대로부터 우리나라에 전해지는 문자가 있었다는 근거들을 당시 한글학자들 중 최초로 제시하였다.

1929년 6월 10일자 <중외일보>에 실린 ≪조선유기략≫에 대한 서평.

開運寺講院에서
朝鮮語講座

京城東大門外開運寺 佛敎專門講院에서는 去十二月二十七日부터 市內中央高等普通學校敎授權悳奎先生을招聘하야 朝鮮語講座를 一週日間이나하엿다더라

| <불교> 68호(1930년)에 실린 종보(宗報) 기사.
서울 동대문 개운사 불교전문강원에서 1929년 12월 27일부터 중앙고등보통학교 교수 권덕규 선생을 초빙하여 조선어강좌를 일주일간 열었다는 내용이 실려 있다.

≪우리국학총서國學叢書≫를 펴내며

국학國學은 전통문화의 정수精粹이다. 국학은 과거 우리 조상들의 정신문화적 정화精華이자 고전古典들의 결집체結集體이며, 동아시아 공통의 인문학적 에센스인 문사철文史哲의 향훈香薰 또한 감지感知할 수 있는 열린 장場이기도 하다. 아울러 현대를 살아가는 우리 모두에게 꼭 필요한 전통의 지혜안智慧眼과 미래에의 예지를 듬뿍 담고 있는 크나큰 생명양식의 곳간이라 할 수 있다.

21세기 벽두부터 우리에게 불어 닥치고 있는 안팎으로의 거센 광풍狂風과 갖가지 도전들이 대한민국의 위상을 위태롭게 하고 있는 가운데 특히 인문학人文學의 위기는 그간 물질적 풍요만을 추구하고 민족문화의 뿌리인 국학정신을 소홀히 해온 데서 비롯하였다고 본다. 이러한 국학정신의 부재는 전반적으로 정신문화계의 질적 저하와 혼란을 초래하고 있다.

그리하여 우리는 다시금 인문부흥人文復興의 기치가 필요함을 절감한다. 우리 국학은 그 대안代案이다. 그간 우리는 국학을 너무 홀대해왔다. <우리역사연구재단>은 이에 우리 국학의 소외된 명작들을 새로이 발굴해내고, 국학의 형성에 상호 영향을 주고받았던 외국의 고전들까지 그 발굴 영역을 확장하여 깊이 있고 폭넓은 열린 국학의 정수를 ≪우리국학총서≫에 담아내고자 한다.

그동안 많은 지인知人들의 도움과 격려에 힘입어 2007년 11월 <우리역사연구재단>을 설립하고 첫 사업으로 이 총서를 발간하게 된 것을 매우 기쁘게 생각하며 도와주신 모든 분들께 깊은 감사를 드린다.

≪우리국학총서≫가 우리가 살고 있는 이 땅의 올바른 역사를 찾고, 미래의 국학영재들을 많이 배출하는 뿌리 깊은 나무가 되기를 기원한다.

2008년 12월
재단법인 우리역사연구재단 이사장 이세용

| 해제解題

1. 저자와 서평

≪조선유기략≫은 구한말 개화기에 태어나 일제시대에 한글학자, 역사가로 활동했던 애류崖溜 권덕규權悳奎 : 1891~1949년 선생의 한국역사 축약본으로 1929년에 출간되었다.*

제목에 쓰인 유기留記는 현존하지 않고 이름만 전하는 고구려역사서로서 저자의 고구려사 계승의식을 반영한다.

권덕규 선생은 역사가보다는 한글학자로서 더 유명하다. 일찍이 주시경周時經 : 1876~1914년의 제자로 국어학에 입문하여 1921년31세 조선어학회현 한글학회 조직에 참여하였고, <한글맞춤법통일안>의 작성과 우리말 표준어의 사정査定 작업, 우리말사전 편찬 작업 및 우리말 보급사업에 큰 업적을 세운 한글학의 공로자이다.

또한, 1910년 최남선이 설립한 <조선광문회朝鮮光文會>에 다년간 참여하여, 여러 국학의 선배들박은식朴殷植, 유근柳瑾, 김교헌金敎獻, 장지연張志淵 등을 따라 민족역사를 연구하며 민족의식과 자주독립정신을 함양

---

* 고구려 영양왕(A.D. 590~618년)은 A.D. 600년에 태학박사 이문진에게 명령하여 옛 역사 기록을 요약해서 ≪신집(新集)≫ 다섯 권을 만들게 했다. 나라의 초창기에 처음으로 문자를 사용할 때 어떤 사람이 역사를 기록한 책 100권을 쓰고 이름하여 ≪유기(留記)≫라 했는데영양왕 11년(A.D. 600년), 이를 정리하여 수정한 것이 ≪신집(新集)≫이다.
"…… 詔太學博士 李文眞 約古史 爲新集五卷 國初始用文字時 有人記事一百卷 名曰留記 至是刪修." — ≪삼국사기≫ 고구려본기 영양왕 11년

하였다. 이러한 민족사 연구의 결과를 1924년과 1926년에 걸쳐 ≪조선유기朝鮮留記≫ 상권고대—고려과 중권조선시대으로 펼쳐 보였고, 이는 해방 후에 ≪조선사朝鮮史≫정음사, 1945란 이름으로 합본되어 출간, 해방공간 대중들의 열렬한 인기 속에 당대 베스트셀러가 되기도 했다. ―한국출판연구소의 <건국 이후 베스트셀러 50선選 : 연대순>1998에 보면 권덕규의 ≪조선사≫가 1950년도 베스트셀러로 나와 있다.

≪조선유기략≫은 바로 이 해방 후 한국사 베스트셀러의 간략본으로서, 당시 일제하 한국의 학생 및 일반인들을 대상으로 쉽게 한글로 풀어쓴 국사교과서 같은 책이다. 책이 출간된 1929년의 신문 서평書評들을 보면 이 책의 의미가 한결 돋보인다.

> …… ≪조선유기≫는 문장이 한문식이어서 나이어린 학생에게 난해한 점이 없지 않은 것이 유감이었는데, 새로이 펴낸 ≪조선유기략≫은 구어체를 사용한 점에서 교과서로서의 효과가 크다……
> 권덕규 씨는…… 극히 초심자라도 능히 조선사의 윤곽을 짐작할 수 있을만치 간결하고도 충실하도록 본서를 펴내었다. 이야말로 조선사의 일개 <콘사이스>판이라 할 것이니, 학생의 교재용으로 적당할 것은 물론이요, 일반의 참고에도 큰 도움이 될 것으로 믿는다 ……
> 본서의 특색을 말하면 저자가 조선어연구의 권위자인 만치 책 속의 문장은 전부 한글식에 의하여 기록된 것이다. 다시 말하면 본서는 조선어독본 겸 조선사독본讀本이 될 것이니, 이 방면에 유의하는 인사로는 누구나 한 권씩 지닐 가치가 있다고 할 것이다.
> ― <중외일보中外日報>, 1929년 6월 10일자 서평, 석송생石松生 기자, 정가 70전錢

…… 이것은 수년 전에 출간하엿든 ≪조선유기≫를 더 간결하게 줄이어 만든 것이니 현금現今 중등 정도의 교과용으로 아주 편의

함이 잇고저 함 ······
— 문일평(文一平), <독사한평讀史閑評>, 조선일보, 1929년 10월 3일

아울러 문일평1888~1936년은 ≪조선유기략≫이 다른 교과서와 비교하여 문법적 서술, 상고上古 부분의 풍부함, 문물제도의 변화와 대세에 유의함, 삽화의 풍부함 등의 특색이 있음을 지적하였다.
먼 훗날 미당未堂 서정주徐廷柱, 1915~2000년 시인이 중앙고등보통학교 시절을 회고하는 글에

 ······ 어린 내게 민족의식을 울림 있게 일깨워준 이는 그때 우리 역사를 가르치고 계셨던 애류 권덕규 선생이다. 얄따란 ≪조선유기략≫ 한 권과, 그걸 갖고 차를 타던 애류 선생의 정이 내 어린 느낌을 불 켜 비로소 교표 무궁화 테를 실감 있는 걸로 만들었다.

라고 서술한 것을 보면 실제로 그 당시 저자가 재직하던 중앙고보에서 이 책이 국사교과서로 사용되었던 사실과 저자의 가르침이 학생들에게 깊은 영향을 주었던 것을 알 수 있다.

2. ≪조선유기략≫의 내용

≪조선유기략≫의 내용은 상고上古—중고中古—근고近古—근세近世의 시대 구분에 따라 총 4편으로 구성되어 있는데 제1편 상고시대는 조선의 지리와 종족, 신시神市시대, 단군조선壇君朝鮮, 부여시대에 대해 간결하고 쉽게 그 요체를 서술하고 있다.
특기할 것은 우리 민족의 첫 활동무대를 한반도와 만주로 보되,

백두산 북쪽 송화강松花江 언저리를 한복판주된 활동영역으로 보았으며, 겨레의 시조를 단군檀君으로 보되 단군조선에 앞서 신화神話시대로서 환웅桓雄이 교화하며 다스리던 신시시대를 설정했다는 점이다.

권덕규는 겨레의 공용기원, 즉 단기檀紀를 서기전 2333년으로 원년元年을 삼았으나, 겨레의 시작은 그보다 몇 백 년 이전의 신시시대로 생각했다. 아무튼 이 책에서는 단기를 사용하여 한국사를 서술하고 있는 점이 이채롭다.

제2편 중고사中古史는 상편에서 고구려, 백제, 신라의 삼국시대와 가야시대를 언급하고, 하편은 '남북국南北國시대'라는 제목으로 통일신라사와 발해사를 다루면서 통일신라와 발해가 서로 대치한 시대를 민족분단의 시각이 아닌 우리나라 오천년 역사상의 융성한 시대 중 하나로 규정하였다.

이러한 역사 인식은 1920년대 황의돈黃義敦 : 1887~1964년, 장도빈張道斌 : 1888~1936년의 조선사 책들에서도 볼 수 있는데, 당시 민족주의사학계의 공통된 견해였던 것이다.

제3편 근고사近古史는 고려시대를 다루고 있는데, 고려 건국의 성격을 '…… 발해의 옛 땅을 거두기 위해 후진後晉과 통하여 거란을 치고자 하다가 못 했다제3편 고려시대 제1장.'라고 서술하여 고려가 단군 조선 이래 우리 민족의 고토인 만주의 회복을 염두에 두고 그 실현을 위해 노력했다는 점을 부각시키고 있다. 또한, 고려 예종 10년A.D. 115년에 금金나라를 세우고 거란족의 요遼나라를 멸망시킨 여진족女眞族은 고구려 계승 국가였던 발해의 유민들로 보고 우리 민족과 매우 친연성이 높은 동족으로 생각하였다.

따라서 '…… 이와 같은 북륙조선北陸朝鮮, 즉 북방 대륙의 조선 영토에 금金이 일어나고 반도조선에 고려가 강완強完하니 성종의 뒤 인종의 처음까지 일백오십 년 동안은 고려의 전성기이다제3편 고려시대 제3장 고려의 전성.'라는 독특한 사관史觀을 선보이고 있다.

권덕규의 이러한 북방사관은 고려 말엽 우왕禑王 때 최영의 주도하에 시도한 북방 요동 정벌을 '다른 뜻을 품은' 이성계가 회군하여 좌절시킴으로써 그가 '결코 민족에 옳지 않은 짓'을 한 것으로 보았고, 대신 고려는 마지막까지 북방 고토 회복을 위해 최선을 다한, 민족사에 부끄럼이 없는 국가로 평가하였다고려시대 제9장.

제4편 근세사近世史는 이조李朝시대와 경술庚戌, 1910년의 국치國恥까지 서술하였다.

이조시대의 서술 역시 조선의 창업자 이성계에 대해 '…… 고려에 벼슬하여 …… 고려의 쇠미함을 틈타서 …… 왕실파를 죽이고 왕위에 나아간' 부도덕하고 정통성이 없는 사람으로 혹평하고 있으나, 세종에 대해서는 거룩한 임금으로 찬양했다. 즉 문화부흥정책의 실행과 부국강병책의 일환으로 북방 여진족을 물리치며 압록강 4군과 두만강 6진을 개척한 것, 대마도 정벌을 통한 3포 무역 개시 등의 업적과 특히 단군 묘와 동명왕주몽 묘를 평양에 세워 예부터 내려온 한민족의 신교神敎사상을 회복시키려 했다는 점을 높이 평가했다.

또한, 숙종 21년1965년 어부 안용복이 일본 돗토리현에 왕복하여 대마도주의 울릉도 침범 사실을 꾸짖고 쫓아낸 사건과 숙종 38년 1712년 조선과 청나라 특사들에 의해 세워진 북방 국경선 정계비를 크게 한 장제5편 이조시대 제13장으로 다루며 자국 영토 보존과 회복에 대한 민중들의 경각심을 드높이고 있다.

≪조선유기략≫은 1929년에 서술된 간략한 한국사이면서도 당시 나라 잃은 한국인들에게, 특히 학생들을 위해 우리 민족의 뿌리문화와 강역 문제를 틈만 나면 강조하여 독자들로 하여금 직시하게 하고 잊지 않도록 하기 위해 무척 공을 들였음을 알 수 있다.

특히, 우리 민족의 뿌리문화를 단군 이래 내려온 신교神教, 천신교天神教로 보고 이에 대한 서술을 일제하 출간된 어떤 한국사서들보다 상세하게 하여, 일관된 사관 아래 저자의 확신과 중심성을 느낄 수 있도록 배려하였다. 아래 인용된 내용들은 한국사의 정신문화 서술 면에서 현재에도 참고할 부분이 많다.

1) 단군조선
…… 님검이 하느님의 아들이라하여 나라를 다스리시며 백성도 하느님의 뒤임을 믿어 소도(蘇塗), 제천단을 베풀어 하늘에 굿하며 농사를 크게 힘쓰는 가운데에 고시씨(高矢氏) 같은 큰 농신(農神)으로 일컫는 이도 있었고 ……
— 제1편 상고시대, 3장 단군조선에서

2) 부여시대
여러 나라가 모두 부여와 같은 겨레이다. 앞서 단군시대로부터 하늘과 조상을 받드는 성령(聖靈)이 있으니, 이는 신교(神教)라. 해마다 10월에 온 나라가 소도(蘇塗)에 모여 하늘에 굿(제사)하고 노래와 춤으로 잘 놀며 신교(神教)의 갈래에 신선교(神仙教)가 있어 나중에는 중국에까지 퍼졌고 ……
— 제1편 상고시대, 5장 부여시대의 문화에서

3) 삼국시대
…… 종교는 신교(神教)를 받들어 소도에 모여 하늘에 제사함은 삼국이 다 같으며 각국이 묘(廟 : 사당)를 세워 선조들을 선(仙), 선인

(仙人), 선왕(仙王), 신(神)이라 하여 제사하고 오계(五戒)와 팔관(八關)들의 의식이 있고, ……
— 제2편 삼국시대, 8장 삼국 상기(上期)의 문화에서

4) 발해시대
…… 신교(神敎)를 받들어 촌락에까지 단(壇)을 쌓아 제사하며 명절날에는 남녀가 모여 춤추고 노래하고 …… 풍류생활을 하였다.
— 제3편 남북국시대, 4장 발해의 제도와 신라의 문화에서

5) 고려시대 : 종교 중 신교는 팔관(八關)으로 천령(天靈) 곧 신(神)을 섬김이 국가의 제전이 된지라 대관령 밖 사람이 더욱 신교를 믿었고 군주는 매년 음력 10월에 하늘에 제사하는데, 고기나 생선이 안 들어간 소찬을 갖추어 팔관제라 하며 음력 2월 보름날에 전국에 등을 달아 연등제로 하늘에 제사했으며, 북방의 금족(金族) 곧 여진족들도 하늘신을 섬김이 대단하였고 ……
— 제4편 고려시대, 11장 고려의 문화에서

6) 이조 초기
…… 신교(神敎)는 국초에 호기(呼旗)의 풍속이 오히려 행해졌으나, 떨치지는 못하므로 세종께서 단군묘(단군 사당)을 세워 소도의 사상을 회복케 했다.
— 제5편 이조시대, 4장 이조 초의 제도와 문화에서

7) 이조 후기
…… 신교의 교리와 의식이 풍속과 섞여 음력 10월 천신(天神 : 하늘신) 제사의 유속(遺俗)만 전하고, 선교(仙敎)는 신교(神敎)의 일파라 청학상인(靑鶴上人), 단세인(檀世人), 이의백(李宜白)들이 그 정수(精髓)를 전하고 ……
—제5편 이조시대, 21장 조선의 문화에서

당대의 서평에서 지적했듯이 1920년대 출간된 한국사 책들 중 가장 우수한 국사교과서로 호평을 받은 이유 중 하나로 당시의 한문투 문장 대신, 누구나 손쉽게 이해할 수 있는 한글식 문체로 풀어쓴 점을 들고 있는바, ≪조선유기략≫ 전편을 통해 돋보이는 한글 표현들은 현대에도 다시금 활용되었으면 하는 바람을 불러일으킨다.

≪조선유기략≫의 한글 표현들
1. 싸움과 풀기   전쟁과 평화
2. 검, 님검   신神, 임금
3. 쳐 쫓았으며   구축驅逐 했으며
4. 굿하고   제사하고
5. 천문에 용하고   능能하고
7. 꾸미개   장식裝飾
8. 없앤 배 되고   멸망당하고
9. 마만지며   정돈整頓하고
10. 얼쌔게   왕성旺盛하게
11. 구실   세금
12. 나라가 가멸어   윤택潤澤해져
13. 거룩한 이   성자聖者
14. 트격   싸움, 전쟁
15. 뒷걱정을 푸니   후환後患을 푸니
16. 죽임을 입고   피살被殺 당하고
17. 쳐 깨치고   격파擊破하고
18. 크게 깨치고   대파大破하고
19. 들이빼고   함락陷落시키고
20. 누리   세상世上
21. 잣   성城
22. 이세민이 3회나 왔다가 패하여 분통에 죽었다(너무 재미있는 표현!)

23. 졸가리　　　　　정신貞信, 곧고 믿음직함
24. 시위　　　　　　홍수洪水
25. 알안불　　　　　나라의 재상宰相
25. 사날　　　　　　세력勢力

3. 다시 애류 선생을 생각함

≪조선유기략≫을 읽다보면 짧은 글인데도 저자 권덕규의 열렬한 겨레 사랑과 한글에 대한 지극한 정성을 감지할 수 있다. 한글학자로서는 드물게 민족사에 대한 깊은 이해와 고금古今의 전적典籍들을 꿰뚫는 박람강기博覽强記의 면모를 두루 갖추었으며, 평생토록 국어와 국문을 통해 민족혼과 민족의 자주독립 정신을 무수한 후배와 온 겨레에게 고취해온 당대의 논객論客이자 국학계의 선각자였던 그가 해방 이후 현대 한국 문화계에서 이토록 철저히 잊혀진 까닭은 무엇일까?

도무지 이해가 안가는 불가사의한 대목이다. 그는 그 흔한 친일도 안했고, 월북도 안했으며, 단지 1949년 집을 나간 뒤 다시는 이 세상에 나타나지 않았을 뿐이기 때문이다.

일제시대 중앙고보를 다녔던 근원近園 김용준金瑢俊 : 1904~1967년은 국어와 국사를 배웠던 자신의 은사 권덕규 선생을 회상하는 글에서

…… 선생은 확실히 현세의 기인奇人이었습니다. …… 그야말로 강직하고 대담하고, 백번 꺾어 굽히지 않는 성격은 아마 선생밖에는 없을 것입니다. 선생은 청빈淸貧과 고절孤節을 꾸준히 지키면서, 수많은 기행奇行 속에서 숱한 일화를 남겨 놓았습니다. …… 선생은 주시경 선생의 뒤를 이어 한글학계에 잊지 못할 공적을 쌓으

신 분입니다. …… 나는 선생 같은 불우한 인사를 한 마리의 벌레
인양 본체만체하는 세상이 원망스러울 뿐이외다. ……
― 본문 부록 1에서

라고 하며 가난 속에도 꿋꿋이 학문의 정도를 걸었던 스승에 대한 애틋한 추모의 정을 표현하였다.

권덕규 선생은 한국사 저술뿐 아니라 한글의 모든 분야에 대한 논설집 ≪조선어문경위朝鮮語文經緯≫를 비롯 수필집 ≪을지문덕乙支文德≫ 등과 각종 신문, 잡지에 100편이 넘는 글들을 기고하였고 수많은 강연회, 강습회 참여, 라디오 방송 한글프로 진행자까지 맡는 등 전방위적으로 민족문화 청달과 보급에 헌신하였다. 올해로 선생의 서거 60주년이 되었음에도 아직껏 남겨진 글들을 모아 정리한 그 흔한 <전집全集> 하나 세상에 없다는 사실은 이 나라 국어학계나, 국학계에 정말로 부끄러운 일이다.

끝으로 선생의 수필 한 구절을 음미해본다.

우리에게는 녯것은 이미 무너지고 새것은 아직 이루지 못하얏으니, 어디를 보든지 조선 사람과 세계와의 영향이 그리 크지 못함은 물론, 조선 사람 스스로도 말미암을 길이 없으매 조선 사회는 과연 정돈되어 가는 사회가 아니라, 질서 있게 나아가는 사회가 아니라 가위 난장판이요, 헤매는 판이라.
따라서 오천년 역사가 그리 자랑할 것이 못되며 금수강산이 그리 아름다울 것이 없도다. 그러나 역사에 눈 찡그리지 말어라. 강산에 침 배앗지 말어라. 현재 이미 과거만 못하고 미래 또한 의문에 부쳤으니, 이 의문을 잘 해결하고 조선겨레가 존재의 가치를 얻고저하면 이는 세계사상世界史上에서 영광스러운 지위를 차지함이니

조선 사람이 이 영광된 지위를 얻는 길은 오직 하나요, 다시 없는 문화의 길이요, 조선 사람의 것이라고 일컬을 그러한 문화의 길이로다. 세계의 문명이 아즉 완성한 것이 아니며 조선 사람이라고 문화인이 되지 말라는 이치가 어데 있으리요. 하물며 문명을 가졌던 민족, 조선 사람이리요. ……
— '조선 생각을 찾을 때', <개벽>(1924년 3월 1일)에서

이 글은 85년 전에 쓰였으나 아직도 현재 진행형의 글이다. 오늘의 한국인 중 그 누가 이 글을 철 지난 글이라 내칠 수 있으랴.

이 책을 펴냄에 도움을 주신 분들을 소개한다. 우선, 처음으로 권덕규 선생의 일화들을 구전으로 들려주신 봉우鳳宇 권태훈權泰勳 : 1900~1994년 선생님과 문우서림 김영복金榮福 선생께 깊은 감사를 드린다.
또한, 최기영崔起榮 교수의 ≪식민지시기 민족지성과 문화운동≫ 2003년 안의 <애류 권덕규의 생애와 저술>에서 크나큰 도움을 받았음을 밝히고자 한다. 이 논문이야말로 권덕규 선생의 진면목을 처음으로 학계에 알린, 지금까지도 유일한 저술이기 때문이다. 애류 선생의 거의 모든 저작물들을 통람通覽하는 과정에서 이 논문은 충실한 안내자 역할을 자임自任해주었다. 역주자의 바람이 있다면 더 늦기 전에 많은 분들이 나서서 ≪애류 권덕규 선생 전집≫이 하루빨리 출간되었으면 하는 것뿐이다. 이 책이 그 전집 출간의 첫걸음을 내딛는 계기가 되기를 기원한다.

권덕규 선생님의 '조선 생각'을 기리며
단기檀紀 4342년2009년 2월
후학 정재승 지죄근서知罪謹書

| 목차

《우리국학총서》를 펴내며 ·· **8**
해제 ·· **10**

제1편 상고시대上古時代

1 | 조선의 지리地理와 종족種族 ·· **27**
2 | 신시神市시대 ··· **28**
3 | 단군檀君조선 ··· **30**
4 | 부여扶餘시대 ··· **34**
5 | 부여시대의 문화 ··· **37**
6 | 조선 사람의 해외 발전과 중국인의 입거 ································ **39**

제2편 삼국시대三國時代

1 | 삼국의 흥기興起 ··· **43**
2 | 가락의 흥기興起 ··· **45**
3 | 삼국의 제도制度 ··· **46**
4 | 삼국의 발전 ·· **48**
5 | 여제麗濟의 전성全盛 ·· **50**
6 | 신라의 흥성興盛 ··· **52**
7 | 유학儒學의 왕성旺盛과 불교의 수입 ······································ **54**
8 | 삼국 상기上期의 문화 ··· **56**
9 | 삼국의 쟁탈과 여수麗隋 전쟁 ··· **59**
10 | 삼국의 형세와 여당麗唐 전쟁 ·· **61**
11 | 여제麗濟의 멸망 ·· **63**
12 | 불교의 융성과 삼국의 문화 ·· **65**

21

제3편 남북국시대南北國時代

1 | 남북국 ·· 71
2 | 신라의 전성全盛과 발해의 흥기興起 ·· 72
3 | 혜초삼장慧超三藏의 구법求法 ·· 74
4 | 발해의 제도와 신라의 문화 ·· 75
5 | 발해의 강성强盛과 신라의 쇠징衰徵 ·· 77
6 | 남북국의 멸망과 남조南朝의 군웅群雄 ··· 78
7 | 남북국 말기의 문화 ··· 79

제4편 고려시대高麗時代

1 | 반도의 통일과 성종成宗의 왕업王業 확립 ·· 83
2 | 제도의 완비完備 ·· 84
3 | 고려의 전성全盛 ·· 85
4 | 내란內亂과 외구外寇 ··· 89
5 | 활자活字 창제創製와 경판經板 재영再營 ··· 91
6 | 삼별초三別抄의 난과 일본 정벌 ·· 92
7 | 안유安裕의 흥학興學 ·· 93
8 | 공민왕의 회복과 홍적紅賊의 난 ·· 94
9 | 북정北征의 성언聲言과 왜구倭寇의 평정 ·· 95
10 | 고려의 멸망 ·· 97
11 | 고려의 문화 ·· 98

제5편 이조시대李朝時代

1 | 조선의 창업과 골육骨肉의 상잔相殘 ··· 107
2 | 세종의 공덕 ·· 108
3 | 세조世祖의 찬립簒立과 이 뒤의 치적治績 ······································ 109

4	이조 초李朝初의 제도와 문화	111
5	연산군燕山君의 실정失政과 사화士禍의 속출續出	117
6	불교의 쇠잔衰殘과 유교의 융성 및 그 문화	119
7	외교의 개요概要와 남북구경南北寇警	122
8	당쟁黨爭과 외구外寇	123
9	광해의 실정失政, 인조의 반정과 이괄李适의 반란	125
10	승병僧兵의 설치	126
11	만주의 입구入寇와 효종의 웅지雄志	127
12	당쟁의 번복	128
13	안용복安龍福의 변변辨과 백두산의 정계定界	129
14	노소론老少論의 상알相軋	130
15	문운文運의 융창隆昌	131
16	천주교의 수입과 사옥邪獄	133
17	국정國政의 부패와 홍경래의 거병擧兵	134
18	광무제光武帝의 승통承統과 대원군의 섭정	135
19	임오군란壬午軍亂과 갑신정변甲申政變	137
20	동학난東學亂과 일본의 간섭	138
21	조선의 문화	139
22	국호國號의 개칭과 일로전쟁日露戰爭	143

　권덕규 연보 ················· 145
　참고문헌 ················· 151

부록 1 권덕규를 말하다

| 1 | 애류 권덕규 선생 | 155 |
| 2 | 권덕규론 | 159 |

3 | 권덕규 씨 가정방문기 ·· 167
4 | 선술집 술청에서 본 권덕규 씨 ······································ 171
5 | 비중비화, 백인백화집秘中秘話, 百人百話集 ······················ 173

부록 2 권덕규의 명문
1 | 가명인假明人 두상頭上에 일봉一棒 ······························ 177
2 | 경주행慶州行 ·· 186
3 | 조선 생각을 찾을 때 ·· 215
4 | 조선에서 배태한 지나의 문화 ······································ 227
5 | 내가 자랑하고 싶은 조선 것 ·· 236
6 | 조선근대사중朝鮮近代史中에 통쾌한 일 ························ 242
7 | 량미만곡涼味萬斛의 제주도 ·· 243

부록 3
조선유기략 원문(1929년도 판본) ·· 257

제1편

상고시대 上古時代

1 | 조선의 지리地理와 종족種族

옛적의 조선은 이제의 조선과 만주를 아울러 이름이니 그때 조선의 복판은 태백산太白山 : 백두산 북쪽 송화강松花江 언저리라. 이로부터 환桓 : 하늘[天]이라 하는 조선겨레族가 사방으로 퍼지어 군데군데 뭉치어 사는 단부團部 : 부족가 삼천이나 되다.

환족桓族 곧 조선 사람은 몸이 크고 마음결이 맑고 날래며 활을 잘 쏘므로 서쪽 한漢 : 중국 사람은 우리를 대인大人이라, 군자君子라 일컬으며 또한 활을 잘 쏘는 동방東方 사람이라 하여 이夷*라 일컫기도 하였다.

---

* 궁대인(弓大人), 즉 활을 쏘는 큰 사람의 뜻을 합한 글자.

2 | 신시神市시대

처음 조선 사람을 가르쳐 이끌기는 환웅桓雄 : 天王이라 하는 검神이시니 이는 자기가 한우님하느님의 아들환국서자桓國庶子*로서 우님의 명령을 받아 인간을 건져주려 누리世上에 내려왔다 하고 천부인天符印 3개를 가지고 무리를 거느리어 태백산太白山의 신단神壇 : 신성한 제단 곧 소도蘇塗 나무 아래 터를 잡아 신시神市라 하고, 곡穀 : 곡식, 명命 :

---

* 환(桓)나라의 여러째 아들이란 뜻. 서자(庶子)란 원래 한문에서 장자(長子 : 맏아들)를 적자(嫡子)라 하고 그다음 아들을 지칭하는 것으로 곧 몇째 아들이란 뜻이다.
≪삼국유사(三國遺事)≫는 필사본과 판각본 등 여러 종류가 있는데 대개 맨 처음 1권의 고조선(古朝鮮) 항목에 ≪고기(古記)≫를 인용하여 '석유환인(昔有桓因) 서자환웅(庶子桓雄)'이라 서술되어 있다. 즉 '옛적에 환인이 있어 그 몇 째 아들 환웅이 ……'라는 뜻으로 천신(天神) 환인이라고 되어 있었으나, 해방 후 발견된 가장 오랜 판본인 정덕본(正德本 : A.D. 1512년 중종 7년 간행본)에는 '석유환국(昔有桓國)'으로 되어 있어 논란이 일었다. 최남선은 환국(桓國)을 정본(正本)으로 보고 단군조선을 '환나라'로 해석하였고, 권덕규 또한 이 설을 지지하되 '옛날에 환국서자(桓國庶子) 환웅이 있었다(昔有桓國庶子桓雄)'라고 종전의 해석처럼 석유환국, 서자환웅을 나누지 않고 한 번에 해석하였다.
최근 연구에 의하면 일제는 1920년대 의도적으로 환국(桓國)을 환인(桓因)으로 원본 조작한 것으로 드러났다. 환국을 그대로 놔두면 단군조선 이전에 이미 한민족이 세운 나라가 있었다는 얘기가 되므로, 이를 환인(하느님)으로 바꿔 그 증거를 없앴다는 것이다. 일제 변조설을 처음 제기한 것은 육당 최남선으로 조선사편수회 제6차 위원회에서 강경하게 이의를 제기했던 사실이 당시 회의록에 나와 있다. (성삼제, ≪고조선, 사라진 역사≫, <제7장 일본은 ≪삼국유사≫를 변조했다>, 158~196쪽, 2005, 동아일보사)

생명, 병病 : 질병, 형형刑 : 형법, 선악善惡을 주장하여 누리를 다스리니 사방의 어둡던 무리가 점점 교화敎化를 입어 머리 짜고 갓 쓰고 옷, 밥과 집짓는 것이며 계집과 사내, 아비와 아들의 가름분별分別과 님검임금, 종남신하臣下의 구실을 알게 되다. 이때로부터 조선 사람은 호반虎班 : 무관이 소속한 반열의 무적武的 : 무술적 활동이 커져서 단부團部와 단부 사이, 자국과 타국 사이에 싸움과 풀기평화를 잘하였나니 서쪽 조선청구靑丘 같은 것*의 사람은 자주 한漢의 겨레와 시비를 겨루어 가끔 무서운 바람을 황하黃河 북쪽에 일으킨 일이 있었다.

---

* 청구(靑丘)는 우리나라를 부르는 다른 이름의 하나로, 청구(靑邱)라고도 쓴다. ≪산해경(山海經)≫ 권9 해외동경조(海外東經條)에 처음 나타나는 옛 지명으로 동방(東方)을 뜻하는 말이다. 여기서는 고조선의 서부 지역인 현재의 요서 지방과 발해만 일대를 가리킨다. 사마천의 ≪사기(史記)≫ <사마상여(司馬相如)> 열전에는 춘추전국시대 제(齊)나라 동쪽—산동 지방—의 바다를 접한 지역 이름으로 나옴.

3 | 단군檀君조선

조선 기원전 오백년께*에 환웅桓雄의 아들 거룩한 이가 계시어 님검왕검王儉이 되시니 이분이 곧 단군壇君**이시며 조선의 시조始祖이시다. 대대로 님검이 단군壇君 : 檀君이라고도 함이라 하시며 오백년을 지내어 이때의 단군은 서녕불서울을 왕검성王儉城 : 평양에 정하시고 나라 이름을 조선朝鮮이라 하시니 이 단군의 즉위 원년元年은 이제로부터 4261년 전 무진戊辰 : B.C. 2333년이라. 이 해로써 조선기원紀元 원년을 삼다.

단군기원 50년B.C. 2283년경으로부터 시위홍수洪水가 덮치거늘 알안불국상國相 : 나라의 재상 팽우彭虞***를 시켜 물을 다스릴새 북으로 흑수

---

* 대략 서력기원전(B.C.) 2833년경. 여기서 조선 기원은 단군조선기원(紀元)으로 B.C. 2333년이다. 단군기원 연도의 설정은 여러 설이 있었으나, 권덕규는 일단 ≪삼국유사≫의 기록을 따랐다.

** 단군에 관한 현존하는 가장 오래된 서적인 ≪삼국유사≫(A.D. 281년경 추정)에는 제단의 우두머리란 뜻으로 '단군(壇君)'으로 표기되어 있으나, 그 후 고려시대 책인 ≪제왕운기(帝王韻紀)≫(1287년)와 이조 초엽의 ≪응제시주(應製詩註)≫ ≪세종실록지리지≫ ≪고려사 지리지≫ ≪동국통감≫ ≪동국여지승람≫ 등에는 모두 박달나무 임금 '단군(檀君)'으로 되어 있다. 단군의 원래 의미로 볼 때 이 차이는 그리 큰 문제가 되는 것은 아니라 본다.

*** 단군시대의 사람 이름. 발해시대에 쓰인 ≪삼일신고(三一神誥)≫ <천훈(天訓)>에 나온다. 안재홍(安在鴻)은 비어→부루(夫婁)와 같은 뜻의 다른 글자로 보았다.

黑水 : 흑룡강로부터 남으로 우수牛首 : 춘천에까지 하여 백성 살기에 편케 하다. 이때에 지나支那 : 중국의 요堯임금 나라 당唐이 조선 서쪽에 유幽 : 구려하句麗河 곧 요하遼河 서쪽, 광녕廣寧 이서以西와 영營 : 광녕廣寧 이동以東 두 골고을을 둔다하는지라 단기 67년, 즉 당요唐堯 91년 갑술甲戌 : B.C. 2266년에 태자太子 부루扶婁를 보내어 당唐의 하우夏禹 : 하나라의 우임금와 도산塗山 : 직예성直隷省 곧 지금의 하북성河北省 임유현臨楡縣에 모여 나라 지경地境 : 국경을 정하다.

단기 567년B.C. 1766년, 즉 하夏나라 걸왕桀王 52년 갑오甲午에 지나支那의 하夏와 은殷이 싸울새 하걸夏桀이 아동我東 : 우리 동방의 구원을 얻어 싸움을 이기었다.

여러 단군이 다스리는 동안에 혹은 서울을 아사달阿斯達에 옮기고 혹은 장당경藏唐京에 옮기었으며 그 지낸 햇수는 단기 원년으로부터 1048년이며, 단군 기원전까지 합해 세면 1500년이나 되나니 옛 사기史記에 어국御國 : 개국 또는 건국 1500년이라 함이 이를 이름이다.

이때, 환족桓族들은 여러 갈래가 있어 송화강松花江 동북에 있는 자를 식신息愼 : 뒤에 숙신肅愼이라 함이라 하고 식신의 남쪽과 개마대산蓋馬大山 동쪽에 있는 자를 옥저沃沮라 하고 남쪽으로 한반도에 있는 자를 한韓 혹은 안犴이라 하고 오열烏列 : 요동遼東 벌판의 남북으로 한반도 북부까지 걸친 자를 예맥濊貊이라 하고 하서河西 : 구려하句麗河, 즉 요하遼河의 서쪽와 발해渤海 북안北岸 : 북쪽 해안에는 영지令支와 고죽孤竹*, 청구靑丘들이 있었다.

---

* 고죽국(孤竹國)이라 함. 중국 은(殷)나라 때 제후국의 하나로 현재 하북성(河北省) 노룡현(盧龍縣) 부근에 있었다. 은나라는 동이족이 세운 나라로서, 주나라

님검임금이 한우님하느님의 아들이라 하야 나라를 다스리시며 백성도 하느님의 뒤후손임을 믿어 소도蘇塗: 제천단祭天壇를 베풀어 한울하늘에 굿祭하며 농사를 크게 힘쓰는 가운데에 고시씨高矢氏* 같은 큰 농신農神으로 일컫는 이도 있었고 잣성城: 강화도 삼랑성三郞城 따위을 쌓으며 가죽옷, 질그릇이며 활을 잘 만들었으며 검때신대神代**로부터 글자가 있은 듯하여 이때에는 벌써 글을 맡은 신지神誌 혹은 臣智 벼슬이 있어 신지가 지은 ≪비사秘詞≫***란 것은 조선글월의 처음이며 왕랑王郞: 왕자 부소扶蘇****는 풀을 맛보아 약을 내리었으며 단기 7세기 사람 왕명지王明智는 농력農曆을 만들었다.

에게 멸망당한 후에도 이 고죽국 지역은 은나라 왕족 기자(箕子)에 봉(封)해졌다. 고죽국의 중심지는 지금의 난하(灤河)강 하류 지역을, 넓게 보면 요서(遼西) 지방을 통칭하기도 함.

* 환웅천왕(桓雄天王)시대에 농업과 목축을 주관한 신하. 1675년(숙종 2년) 북애자(北崖子)가 지은 역사책 ≪규원사화(揆園史話)≫ 단군기(檀君記)에 나옴. 고대로부터 농목신(農牧神)으로 한민족의 존숭을 받았던 존재이며, 민간신앙에서도 '고시레, 고수래' 등 어떤 일을 하기 전에 먼저 음식을 바치고 시작하는 풍속으로 지금까지 내려오고 있다.

** 신화시대. 아득한 상고(上古)시대를 말함.

*** ≪고려사(高麗史)≫ 권122, 열전35 김위제(金謂磾) 전(傳)에 일부가 실려 있다.

**** 국조(國祖) 단군왕검의 네 아들 중 하나. 네 아들은 부루(夫婁), 부여(夫餘), 부우(夫虞), 부소(夫蘇)이다. 조선시대 선조 때 문집 ≪청학집(靑鶴集)≫과 숙종 때 역사책 ≪규원사화(揆園史話)≫에 보인다.

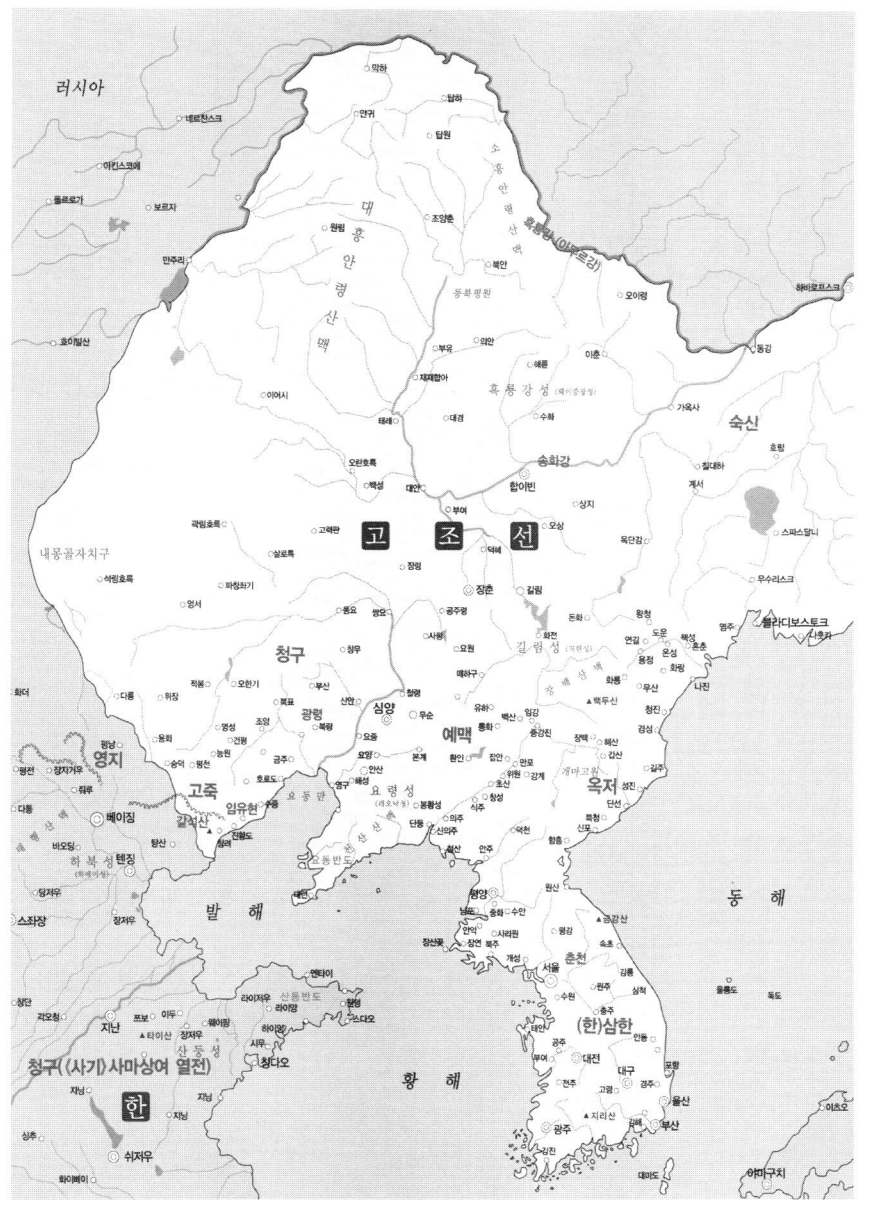

<조선 강역 지도>

4 | 부여扶餘시대

단군조선을 지내어 북쪽 예맥濊貊조선 사람은 부여扶餘 : 풍이風夷라고도 함라는 새 나라를 세우니 부여는 이때 조선 가운데 가장 큰 나라이라.

처음 녹산鹿山 : 길림성吉林省에서 서울하였다가서울을 삼았다가 다시 예맥 땅*에 서울하여 북쪽 조선의 대부大部 : 대부분를 다스렸으며 그 남쪽으로 강북江北 : 압록강북, 하동河東**에 진번眞番 : 졸본卒本, 구려句麗, 양맥梁貊***, 소수맥小水貊****이 있고 강남江南, 악북嶽北*****에는 낙랑樂浪 : 간이艮夷라고도 함의 20여 국이 일어나고 낙랑 동북쪽함경도의 옥저沃沮는 뒤에 남북으로 나뉘고 그 남쪽강원도에 동예東濊 : 영동嶺東 지방, 동맥東貊 : 영서嶺西 지방이 있고 부아악負兒嶽 : 삼각산三角山, 계립령鷄立嶺 : 태백산맥 이남에는 삼한三韓이 일어났다.

따라서 마한馬韓은 서쪽, 지금의 경기도, 충청도, 전라도에 있어 50여 국이요, 진한辰韓은 동쪽 곧 지금의 낙동강 동쪽에 있어 12국이요, 변한弁韓은 마한의 동쪽, 진한의 서남쪽낙동강 서쪽에 있어 또한

---

* 조리비서(助利非西) : 지금의 개원(開原). 중국 요녕성 심양 북동쪽의 현(縣)으로 한대(漢代)에는 요동군, 당대(唐代)에는 흑수도독부(黑水都督府), 원대(元代)에는 개원로(開元路)였음.

** 구려하(句麗河), 즉 요하(遼河) 동쪽.

*** 오열홀(烏列忽)—요동성—근방의 종족.

**** 수암하(岫岩河) 이서(以西), 압록강의 북쪽 지류인 혼강(渾江) 쪽에 사는 맥족.

***** 부아악(負兒嶽) 곧 삼각산의 북쪽.

12국이라.

북쪽 대륙 조선의 종주국은 부여扶餘요, 반도북부의 종주국은 왕검성王儉城 : 평양 부근의 낙랑이요, 삼한의 종주국은 마한이며 부여의 북쪽, 약수弱水 : 흑수黑水, 흑룡강 남쪽에는 한예寒濊가 있고 부여 동쪽의 숙신肅愼*은 뒤에 읍루挹婁로 변하였다가 종주국 부여에게 정복되었다.

종주국 부여는 송화강松花江 언저리의 좋은 땅을 차지하여 농업을 힘써 오곡이 흔하고 백성이 세차서 활 쏘고 말달리기를 잘하므로 안으로 진번眞蕃, 구려句麗들을 거느리며 이웃의 읍루挹婁를 쳐 다스리고 밖으로 선비鮮卑**, 오환烏桓***, 산융山戎****들을 억눌러 나라의 평화를 오래 누리고 문명이 가장 앞섰다.

* 만주 송화강(松花江) 유역에 거주했던 부족. 주(周)나라 때는 숙신(肅愼), 한나라 때는 읍루(挹婁)라 했고, 6세기 중엽 말갈(靺鞨)로 불렸다. 중국 사서 ≪북사(北史)≫에는 동이족 중 최강의 부족이라 하였다. 10세기 이후 고려, 조선조에는 여진(女眞)이라 부르고, 청나라 때는 만주족(滿洲族)이 되었다.

** 만주 대흥안령(大興安嶺)산맥 지역에서 기원하며 기원전 1세기경부터 기원후 6세기까지 중국 북방 지역을 누비던 유목민족으로 위진 남북조시대에는 남하하여 북위(北魏) 등을 건국하였고, 뒤에 통일왕조 수(隋), 당(唐)의 건국세력 또한 여기서 배출되었다. 고구려와 밀접한 관련이 있고 원래 단군시대 때 다 같은 뿌리에서 나온 형제이자 경쟁자 관계의 종족이라는 설이 유력하다. 단재(丹齋) 신채호(申采浩)도 ≪조선상고사≫에서 같은 민족의 갈래로 서술하였다.

*** 중국 고대 북방민족 중 하나로 선비족과 함께 동호(東胡)족의 남방 갈래이다. 진(秦)나라 말에 B.C. 3세기 말 동호가 흉노에게 멸망하자 요하 상류 시라무렌강 이북에 정착. 이곳 오환산(烏丸山) 부근에 살았으므로 오환이라 불림. A.D. 3세기 초 한족과 섞여 동화됨.

**** 고대로부터 중국 동북 지방과 하북성(河北省) 일대에 살던 유목민족. 춘추시대에도 제(齊), 연(燕)을 수시로 공격했다.

단군 기원전 2131년B.C. 202년, 중국 한초漢楚 4년에 중국 한왕漢王 유방劉邦이 서초왕西楚王 항우項羽와 싸울새 우리의 맥국貊國 : 한서漢書에 북학北狢이라 함에 구원을 청하거늘 효기梟騎 : 용맹하고 날랜 기병 1만을 보내어 항우를 쳐 쫓았으며 앞서 단기 2116년B.C. 217년에 우리의 예인濊人 : 창해滄海 사람 여도령黎道令이 진시황秦始皇을 추격椎擊 : 쇠뭉치로 저격한 일도 있다.

단기 23세기 중에 해부루解夫婁 님검이 나이가 늙고 아들이 없어 곤연鯤淵 땅의 아이 금와金蛙를 수양收養 : 거둬 기름하였는데 마침 왕족 해모수解慕漱가 난리亂離를 꾸며 나라를 겨루는지라 님검이 알안불나라의 재상의 말을 쫓아 서울을 동햇가東海岸 가섭원迦葉原에 옮기어 나라 이름을 동부여東扶餘라 하니 해모수가 옛 서울을 차지하여 북부여라 하고 때는 단기 2275년B.C. 58년이라. 이에 부여가 둘로 나뉘었다.

5 | 부여시대의 문화

여러 나라가 모두 부여와 같은 겨레이다. 선단先壇 : 앞서 단군시대 때로부터 한울하늘과 조상을 받드는 성령聖靈 : 종교이 있으니 이는 신교神敎라.

해마다 10월에 온 나라가 소도蘇塗에 모여 하늘에 굿祭하고 노래와 춤으로 잘 놀며 신교神敎의 갈래에 신선교神仙敎가 있어 나중에는 중국에까지 퍼졌고 여러 나라가 임금의 아래에 대가大加, 대인大人, 간干, 신지臣智들이 있어 나라를 다스렸다.

부여는 법률, 도덕의 사상이 일찍부터 열려 사람을 죽인 자는 죽이며, 훔침盜이 있는 자는 그 훔친 것의 12배를 물렸다.

맥지貊地 : 맥의 땅에는 구실세금을 20에 1을 거둬들이니 뒤단기 21세기 후에 한고漢賈 : 한나라 장사꾼들의 훔치기로 인하여 반도 중부의 예맥濊貊까지 금령禁令 : 금지하는 법령이 무서워졌다.

단기 12세기 사람 왕문王文*은 신지神誌의 문학을 이었고 남쪽 삼한三韓에도 문자文字 : 남해 석면각문石面刻文** 따위가 있었으며 서쪽 중국과 가까운 땅에는 한문漢文이 섞여 쓰인 듯하며 예濊는 천문天文에 용하고, 옥저沃沮의 조원리曹元理는 수학을 잘하였다.

풍속은 두터워 사내는 부지런히 벌이하고 계집은 졸가리貞信 : 곧고

---

* 부여시대에 이두문(吏讀文)을 만든 사람으로 전해짐.
** 경상남도 남해군 이동면 양아리의 바위에 50cm×10cm 크기로 새겨진 글자. 화상(畵像)문자의 하나로 그 뜻에 대해서는 학설이 분분하여 분명치 않음.

믿음직함를 지키며 혼인婚姻은 거의 남녀가 다 마음에 맞아야 행하며 장사葬事 : 장례는 두텁게 함을 힘쓰되, 숙신肅愼은 죽은 날 곧 행하였고 흰옷을 입음은 하늘을 믿는 생각이요 남북이 다 오곡이 잘되므로 음식은 곡류穀類를 주로 하되, 숙신 같은 데는 짐승을 많이 잡아먹었으며 북쪽 나라 사람들은 이때부터 구들을 놓고 술을 잘 먹었으며 갓옷을 입고 가죽신을 신고 옷갓에는 금은주옥金銀珠玉으로 꾸미개를 하였다.

활을 잘 만든 것은 이를 것도 없고 가죽을 잘 다루며 돌그릇과 질그릇을 잘 만들며 북쪽의 잣城과 남쪽의 배舟가 이름나고 명마名馬와 적옥赤玉, 담비가죽貂皮, 아름다운 구슬옥美珠들이 많이 나므로 중국 사람의 흥정을 끌었다.

북쪽 대륙北陸 조선에는 자모전子母錢이 있고 진한辰韓과 옥저는 철로써 돈을 삼아 장사에 쓰니 조선의 철화鐵貨를 씀이 이때에 비롯하였다.

6 | 조선 사람의 해외 발전과 중국인의 입거*

이때 조선 사람은 큰 사날세력로써 밖으로 사방에 퍼져 북으로 흑수黑水 : 흑룡강 북쪽 5만여 리 땅에 비리裨離, 양운養雲, 구막한寇莫汗 : 구만한寇漫汗 일군들의 나라를 열었다.

서쪽으로 중국 산동山東 반도로부터 그 이남 지역에는 예로부터 조선 사람의 들어간 자가 많았었는데 단기 12세기 중B.C. 13세기에 그 내지內地로 들어가 회淮 : 회수淮水**와 대岱 : 태산泰山의 사이를 차지하여 회淮 : 회이淮夷와 서徐 : 서이徐夷 양국兩國으로 나뉘어 한족漢族과 다투었다.

그러자 서徐는 초楚에게 멸망당했고—단기 14세기—회淮는 뒤에 진秦의 없앤 바가 되었고—단기 20세기—남쪽으로 예왜倭에 들어간 자는 축자筑紫***로부터 출운出雲****을 거쳐 점점 북으로 나아가며 각기 기술을 그곳에 전하였다.

그곳에 간 이들을 거느려 다스리는 종주宗主의 땅은 이토怡土*****였다. 조선 사람이 그곳에 퍼지는 한쪽에 그곳 사람도 곧 변한弁韓 갯가포구가浦口邊에 와서 장사를 한 듯하다.

---

* 입거(入居) : 들어와 살음.
** 회하(淮河). 중국 대별(大別)산맥에서 시작되어 동쪽으로 홍택호(洪澤湖)를 지나 양자강으로 흘러가는 강. 길이 560km.
*** 쓰쿠시, 규슈 후쿠오카현.
**** 이즈모, 혼슈 시마네현.
***** 지금의 후쿠오카시(福岡市) 서쪽.

조선의 서쪽*에는 조선 겨레와 다른 겨레가 섞여 사는 호맥胡貊: 호학胡貉이 있었는데, 단기 20세기와 단기 21세기의 두 세기중국의 전국시대와 춘추시대를 걸쳐 중국 사람이 전란을 피하기 위해 이 호맥지胡貊地: 호맥의 땅에 들어와 나라를 하니 이것이 기자조선箕子朝鮮이라.

그 영토가 하동河東**으로부터 한반도 북부에까지 걸쳐드니 말왕末王: 마지막 왕 준準이 연망인燕亡人*** 위만衛滿****에게 없앤 배바가 되고 위만의 손자 우거右渠가 중국 한漢나라의 없앤 배 되매 한漢이 여기에 사군四郡을 두니 단기 21세기로부터 삼국 초까지 부여의 남쪽, 삼한의 북쪽에 중국 사람의 세력이 끼었다.

---

* 구려하(句麗河), 즉 요하(遼河) 동서(東西)쪽.

** 구려하(句麗河) 동쪽.

*** 연나라의 망명객.

**** 대략 B.C. 3세기 말에서 2세기 초 연나라 지역에서 고조선으로 망명 온 사람.

제2편

삼국시대 三國時代

1 | 삼국의 흥기興起

  남북의 조선 사람이 한군漢郡 : 한사군漢四郡의 성가심을 한 가지 깨달아 혹 옛 나라를 마만지며정돈整頓하며 혹 새 나라를 세우니 삼국三國이 얼째게 일어남은―단기 21세기 말에―참으로 이를 말미암음이다.

  1) 고구려는 삼국 가운데 가장 오랜 나라이다. 시조 해주몽解朱蒙 : 추모鄒牟이 동부여東扶餘로서 졸본부여卒本扶餘*에 와서 이를 차지하여 나라를 고쳐 고구려高句麗라 하고 동東으로 북옥저北沃沮를 없애고 동북으로 읍루를 물리치며 북으로 부여에 닿고 서로 한군漢郡과 다툼을 비롯하였는데 아들 유리왕검琉璃王儉 : 유리임금은 서울을 국내성國內城**에 옮기고 서쪽 여러 맥국貊國을 빼앗으며 또 서쪽으로 선비鮮卑***을 쳐서 항복받았으며 한漢나라와 더욱 다투어 요서遼西 : 요하 서쪽를 여러 번 이아치고손해를 입히고 유리의 아들 대무신大武神 왕검王儉은 동부여를 쳐 대소帶素 왕검을 죽이고 그 나라를 빼앗았다.

  2) 백제百濟 : 혹 백잔百殘은 구려句麗보다 좀 뒤에 마한馬韓 북쪽 백제伯濟에 일어나니 시조 해온조解溫祚 : 혹 은조恩祖가 고구려로부터 내려와 하남河南****, 위례慰禮*****에 서울을 정하고 낙랑樂浪들의 이웃나라

---

* 서간도(西間道) 지방.
** 중강진(中江鎭) 맞은편 연안.
*** 몽골 동쪽의 동호종족(東胡種族).

와 겨루며 나라하기에 애쓰다가 드디어 마한을 쳐서 그 땅을 다 차지하였는데 아들 다루어라하多婁於羅瑕가 이어서는 농업을 잘 발달시켜서 볏논을 만들며 해를 따라 구실세금을 받았다.

　백제의 남쪽 해중海中 : 바다 가운데에는 섬나라耽羅 : 제주도가 있어 양을나良乙那, 고을나高乙那, 부을나夫乙那 세 사람이 나누어 다스리더라.

　3) 신라新羅는 진한辰韓 사로斯盧 : 경주慶州국의 발달한 나라이니 삼국 가운데 맨 나중된 것이라. 시조 박혁거세朴赫居世가 육부六部 : 여섯 부족 사람의 받듦으로 님검임금이 되어 잘 다스리매 나라가 가멸어윤택해져 살기에 좋은지라 변한弁韓의 한쪽*이 와서 붙고 낙동강 동쪽의 땅을 다 차지하니 낙랑과 예濊사람이 다 거룩하게 여겨 이와 같이 아들 남해차차웅南解次次雄과 그 아들 유리이사금儒理尼師今 때까지 가서 모든 것이 다 마련정돈되다.

　신라의 동해 가운데에는 우산국于山國 : 울릉도이 있고 남해 가운데에는 대해국對海國 : 대마도이 있드라**.

**** 욱리하(郁里河)―한강―남쪽.
***** 경기도 광주의 옛 고을.
* 삼천국(三千國) : 삼천 개의 나라들.
** 고대로부터 대마도(對馬島)는 우리 땅이었음을 알 수 있다.

2 | 가락*의 흥기興起

신라가 일어난 지 한 세기를 뒤하여 변한弁韓 구야狗耶: 김해金海국에 뇌질청예惱窒靑裔라는 거룩한 이가 있어 변한의 모든 나라구천국九千國를 통일해 거느려 임금이 되니 이 가락駕洛: 弁韓의 시조 김수로왕金首露王이라.

임금이 나이 늙고 슬기가 많으므로 그 이름이 이웃나라에 떨치었고 뒤에 나라 이름을 금관金官이라 하다.

이 밖에 다섯의 작은 가야伽耶가 있으니 그 이름은 아라가야阿羅伽耶: 경남 함안咸安, 소가야小伽耶: 경남 고성固城, 대가야大伽耶: 고령高靈, 벽진가야碧珍伽耶: 경북 성주星州, 고령가야古寧伽耶: 함창咸昌이요, 그 위치가 낙동강 상류 서쪽慶北으로부터 하류 서쪽수로판도首露版圖 안까지 띄엄띄엄 떨어져 있었다.

---

* 가락(駕洛: 가라加羅, 가야伽耶).

3 | 삼국의 제도制度

　관제官制는 고구려는 대로對盧 : 막리지莫離支 이하 12등等이 있고, 또 제가諸加와 고추대가古鄒大加 : 빈객─손님─을 맡음가 있으며 국國을 오부五部로 나눠 주군州郡을 붙이고 백제는 좌평佐平 이하 16품品이 있고 서울과 시골을 오부五部로 나눠 다스리고, 신라는 이벌찬伊伐湌 : 서발한舒發翰 또는 각간角干 이하 17등等이 있고 시골은 주군州郡으로 하여 다스렸다.

　병제兵制는 삼국이 다 국민개병皆兵의 제制요, 보군步軍과 수군水軍이 있으니 고구려는 막리지가 총령總令 : 총사령관하고 대형大兄, 욕살褥薩이 분솔分率 : 나눠 거느림하는데 상비 병사가 30만이었고, 백제는 위사좌평衛士佐平과 병관兵官좌평이 분솔分率하고 신라는 군영軍營을 정停, 군대를 당幢이라 하여 감監, 주主들이 이를 다스리고 각국이 다 국도國都와 변경邊境에 성책城柵이 있으니 신라는 흔히 토축土築이었다.

　형법刑法은 고구려는 반역자를 작살灼殺 : 불에 태워 죽임하고 집을 적몰籍沒 : 호적을 없앰하며 전쟁에 패해 적에게 투항한 자敗北降敵者와 사람을 죽이고 겁탈하는 자殺人行劫者를 참斬 : 죽임하고 도둑질한 자는 노비奴婢 : 종가 되니 백제와 신라가 거의 같은데 형벌을 더할濟刑 때는 허리를 베어 죽였다腰斬.
　전화錢貨 : 화폐는 철전鐵錢 : 쇠돈을 쓰는데 신라전新羅錢 : 신라 쇠돈은 무문無文 : 글자가 없음이다.

　풍속風俗은 인민人民이 부지런하고 후덕하여勤厚 시집가고 장가듦嫁娶에 재물을 요구함財聘이 없고 상장喪葬 : 장례를 후厚히 하며 부모의 상喪은 3년을 입었다.

　의제衣制 : 의복 입는 법는 관민官民 : 관리와 백성의 다름이 있어 인민은 보통 흰색을 입는데 신라는 조복朝服 : 궁중 조례 때 입는 관복까지 흰빛을 세우고 고구려의 귀인貴人은 관冠 : 모자에 새 깃을 꽂고 부인은 괵幗 : 부인의 머리장식 헝겊을 쓰고 백제의 부인은 머리를 두 가닥으로 땋아 서려 얹고 계집애는 한 가닥으로 늘이며 신라의 부인은 머리를 틀어 얹었고 신라 임금의 자손은 골품骨品 : 혈육 관계의 등급을 보았다.

　거처는 고구려는 구들土炕을 만들어 그 위에 처하고 신라는 집을 짓는 데에 제한이 있었고 여탄礪炭 : 석탄을 썼으며 음식은 모든 나라가 밥을 주로 하는데, 고구려는 술을 잘 빚으며 신라는 얼음을 써서 빙고氷庫 : 얼음 창고의 제도가 이제까지 남아 있다.

4 | 삼국의 발전

고구려는 모본慕本왕검―5대五代 : 재위 A.D. 48~53년―의 뒤 서천西川왕검―13대재위 270~292년―까지 250년 동안에 내정內政 정리와 영토 개척을 부지런히 하였다.

태조太祖―6세六世, 재위 53~146년―는 동옥저東沃沮들의 작은 나라를 아울러 가지고 산상山上왕검―10대재위 197~227년―은 서울을 안촌홀安寸忽 : 환도丸都에 옮겼으며 동천東川왕검―11대재위 227~248년―은 위魏를 이루어 요동遼東을 차지하다가 위와 트격싸움, 전쟁*이 나 환도丸都가 함락되고 겨우 회복하였으며 남南으로 평양까지 국경을 늘렸고 서천西川왕검―13대―은 물길勿吉 : 옛 읍루挹婁을 쳐서 속국附庸을 삼고 남南으로 평양 이남을 경영하고 예濊와 국교를 단기 2609년A.D. 276년 비롯하였다.

이 동안 구려句麗 북쪽의 부여는 남으로 구려를 막으며 한군漢郡 : 한사군漢四郡을 치기도 하고 한漢과 평화롭게 지내기도 하다가 이때 서쪽의 선비鮮卑와 싸워 나라가 망하고 그 땅이 이내 구려의 가진 바가 되었으며 일파―派는 북으로 한예寒濊로 옮기어 두막루豆莫婁 : 달말루達末婁 국國**을 세웠다.

---

* A.D. 242년에 동천왕은 요동 서안평(西安平)을 공격하였으나 실패하였고 246년에 위나라 관구검의 침략을 받아 막아내긴 했으나 큰 피해를 입음.
** 중국 사서 ≪위서(魏書)≫ 두막루(豆莫婁)조에 「두막루국재물길북천리(豆莫婁國在勿吉北千里) …… 구북부여야(舊北夫餘也). (두막루국은 물길의 북쪽 천리에 있다…… 옛 북부여이다.)」라고 나옴. 대략 A.D. 5~8세기까지 존속했던 부여의

백제는 국초國初로부터 신라를 눌러오다가 신라가 차차 강하매 백제가 낭자곡성娘子谷城 : 지금의 청주淸州을 차지하여 다루多婁 36년 그 이동以東을 경영하려 150년 동안 서로 싸웠으며 북으로 대방帶方 : 임진강臨津江 남북 한쪽과 맥貊 : 영서嶺西 지방의 한쪽을 빼앗았으며 제5대 초고어라하肖古於羅瑕 : 초고왕 때—단기 2533년A.D. 200년—로부터 왜倭와 통하여 8대 고이古爾 어라하는 왜의 응신천황應神天皇 : A.D. 270~309년의 요청으로 봉의녀縫衣女 : 옷 만드는 여자와 양마良馬 : 좋은 말를 보내었다.

　　신라는 힘이 폄을 따라 백제와 맞서게 되며 오랫동안 싸웠으며 한쪽으로 왜와 관계가 생긴—단기 2392년A.D. 59년 뒤 석우로昔于老 : 11대 조분助賁 이사금尼師今 때의 희언戱言 : 희롱하는 말 사건으로 틈이 있어 오다가 14대 유례儒禮 이사금 때—단기 2624년A.D. 291년에는 크게 왜應神天皇 때를 쳤다.

계승 국가.

5 | 여제麗濟의 전성全盛

고구려와 백제가 남북으로 낙랑樂浪, 대방帶方을 먹어들어 갈새 고구려 제15대 미천왕검美川王儉 : 재위 A.D. 300~331년은 조선 안의 한인漢人을 다 내쫓고 선비족鮮卑族인 모용연慕容燕과 다투니 고국원왕검故國原王儉 : 재위 331~371년이 이어 또 연燕과 다투다가 연왕燕王 황皝*에게 서울 환도丸都 : 만주 집안현가 또 함락되고 국력이 도리어 떨어졌다.

백제가 이 틈을 타서 분서汾西 이후 국력을 길러오다가 제13대 근초고近肖古 : 재위 346~375년 어라하於羅瑕가 20년 교양敎養 : 가르쳐 기름한 정병精兵 : 정예병사을 몰아 고구려를 쳐 평양을 뺐고 고국원왕검을 죽인 뒤 동쪽으로 지금의 강원도 대부분과 북으로 고소어古所於 : 지금의 황해도 수안遂安까지를 차지하고 서울을 북한성北漢城 : 한양漢陽의 옛 성에 옮기니 백제가 이에 전성全盛하였다.

고구려는 이렇듯 서남西南 두 나라의 해害를 입은 중에 제17대 소수림小獸林왕검재위 371~384년이 또한 거란契丹**에게 북부 8군郡을 빼앗

---

* 모용황(慕容皝 : 재위 337~348년) 중국 5호 16국시대 전연(前燕)의 수도는 용성(龍城 : 현재 요녕성 조양시朝陽市).

** A.D. 4세기 이래 동몽골을 중심으로 활약한 몽골계 유목민족. 5세기 중엽 내몽골 시라무렌강 유역에 거주하였고, 백마를 타고 온 신인(神人)이 푸른 소를 타고 온 천녀(天女)와 결혼, 8명의 아이를 낳아 8부족의 시조가 되었다는 신화. A.D. 907년 야율아보기가 전 부족을 통합. 요(遼)나라를 건국하고 발해를 멸망시킴. 러시아, 중앙아시아에서 중국을 뜻하는 '키타이'와 영어권에서 고대 중국을 뜻하는 '캐세이(Cathay)'는 원래 거란족이 세운 요제국을 나타내는

기더니 제19대 광개토廣開土왕검재위 391~412년—곧 호태왕好太王이 힘써 국력을 회복할새 거란을 쳐서 8군을 찾고 백제를 쳐 크게 이기고 회군回軍하니 그동안에 서쪽의 후연後燕*이 하동河東 : 요하遼河의 동쪽 700리 땅을 앗아간지라 바로 이를 쳐서 죄모두 회복하고 기뻐 돌아왔다.

또 이 사이에 백제가 왜倭의 구원을 얻어 침입하는지라 왕검이 도로 내려가 이를 쳐 깨뜨리고 동으로 부여夫余 : 곧 영동嶺東으로 예濊까지 평정平定하여 국경이 신라와 닿도록 땅을 늘리었다.

그런데 왕검의 아들 장수왕검長壽王儉 : 재위 413~391년이 또한 부업父業을 이어 동북으로 물길勿吉 : 읍루挹婁을 달래고 서울을 평양平壤으로 옮긴 뒤 전력全力으로 백제를 칠새, 반간反間 : 간첩을 놓아 백제를 곤궁하게 하고 대군을 몰아 제도양성濟都兩城 : 백제의 수도 남북쪽을 쳐 뺏고 개로왕蓋鹵王 : 재위 455~475년을 죽인 뒤 남으로 사산蛇山 : 직산稷山 서쪽으로, 구려하句麗河 : 요하遼河의 서북으로 이제 하얼빈哈爾濱까지 차지하여 대륙과 반도를 걸친 큰 제국帝國을 이루니 백제는 개로의 아들 문주왕文周王이 수부首府 : 서울를 웅진熊津 : 지금 공주으로 옮기었다.

말이다.

* 5호 16국시대 선비족 모용씨(慕容氏)가 세운 나라(A.D. 383~409년). 전성기 때 하북(河北), 산동(山東), 산서(山西), 하남(河南), 요녕성 등을 지배했으나, 407년 광개토대왕의 5만 대군 앞에 멸망당함.

6 | 신라의 흥성興盛

신라는 제15대 기림基臨 이사금尼師今 : 재위 298~310년으로부터 여러 대를 고구려, 백제, 왜倭와 혹은 화친和親 혹은 전쟁으로 겨우 겨우 지내었다.

제21대 소지炤智 마립간麻立干 : 479~500년 때 백제의 제24대 동성왕東城王 : 479~501년이 화호和好 : 평화와 우호를 청하여 국제 혼인婚姻 : 결혼을 행하며 공수攻守 동맹을 맺어 북강北疆 : 북방강토 방어에 힘썼으나 백제가 오히려 고구려를 들이어 제26대 성명왕聖明王 : 523~554년이 서울을 소부리所夫里 : 충남 부여에 옮겨 국호를 남부여南扶餘 : 혹은 사비부여泗沘夫余라 하였다.

신라는 소지왕의 다음 지증왕智證王 : 500~514년이 국호를 신라라 원수元首를 왕王이라 하나로 정하고 그 아들 법흥왕法興王 : 514~540년이 남쪽으로 금관가야를 쳐 땅을 한해瀚海*에까지 넓히었다.

이때 마침 고구려가 백제를 치는지라 백제 성왕聖王 : 聖明王과 신라 진흥왕眞興王 : 540~576년이 함께 고구려군을 독산성獨山城 : 현 충주忠州에서 쳐 깨치고 또한 고구려가 양원왕陽原王 : 545~559년 7년에 돌궐突厥**과 싸우는 틈을 타서 다시 어울려 백제는 성왕聖王 29년에 고

---

* 청주淸州 이북의 조선해朝鮮海.

** 고대 알타이산맥에서 발원한 철륵 종족의 하위 부족으로 '튀르크'족이라 한다. A.D. 6세기경 당시 북방의 강자이던 '유연'제국을 멸망시키고 만주에서 중앙아시아 흑해까지 이르는 대제국을 건설. 그 뒤 동서로 분열되어 동돌궐은 당나라에 복속하였고 서돌궐은 이슬람화되었는데, 그 중 오구즈 투르크멘 부

구려의 평양성을 쳐들어가 빼앗고 신라는 진흥왕 12년에 고현高峴 이남 열 개의 성들을 차지하였다.

　두 나라 백제, 신라가 국력이 펴매 서로 야심을 가지다가 이내 전쟁을 이루어 백제가 크게 쇠하고 신라는 이미 대가야大伽耶들의 오가야五伽耶를 쳐 낙동강 서쪽을 다 가지고 또 서남으로 비사벌比斯伐 : 완산完山, 서쪽으로 한산漢山, 북으로 비열홀比列忽 : 평북 안변安邊에 고을을 두어 대수帶水 : 임진강와 비열홀 이남의 땅을 차지하며 진흥왕이 북한산으로부터 황초령黃草嶺 : 함흥에까지 순수巡狩*하였다.

족이 셀주크제국의 기원이 되었고, 1299년에 오스만제국을 건설했다. 현재의 터키인들은 돌궐족을 자신들의 조상으로 여기며, 고구려와는 6세기엔 대립 관계였으나 7세기에는 동맹체제로 전환된다.

* 임금이 나라 안을 두루 살피며 돌아다님.

7 | 유학儒學의 왕성旺盛과 불교의 수입

　유교儒教는 지나로支那魯 : 중국 노나라의 공구孔丘의 일으킨 바니 그 의미義가 자신을 수양하고 세상을 다스리는修身治世 법을 강講함이라. 이 유학이 조선에 들어오기까지는 부여시대에 벌써 서쪽 중국 가까운 땅에서였다.

　그리하여 고구려는 국초國初로부터 유학이 행하다가 제17대 소수림小獸林 왕검이 문묘文廟 : 공자를 모신 사당를 세우고 백제도 일찍부터 행하여 제13대 근초고近肖古 어라하於羅瑕 때에 크게 성하고, 신라는 맨 뒤에 지증왕 때에 비로소 성하였다.

　백제는 제8대 고이古爾 : 234~286년 어라하 때로부터 아직기阿直岐, 왕인王仁 같은 유명한 박사들을 왜倭에 보내어 이를 전해주니 왜의 한학漢學 : 한문학이 응신천황조應神天皇朝에 처음 들어갔다.

　불교는 인도의 석가모니가 일으킨바 종교니 조선에 들어온 길은 고구려로부터 백제를 거쳐 신라에 미쳤는데 고구려는 광개토왕검 때에 그 신봉信奉 : 믿고 받듦을 공개적으로 허용하고公許 백제는 제15대 침류왕枕流王 : 384~385년 때에 공허되고 신라는 이로부터 100년 뒤 법흥왕 때에 되니 이는 사인舍人* 이차돈異次頓**의 힘이요, 다음 진흥왕

---

* 국왕을 가까이 모시는 신라의 관직.
** 신라 최초의 불교 순교자(?~527년). 성은 박씨. 순교 당시 내사사인(內史舍人)의 직책에 있었다.

은 인민人民의 출가出家까지 허용하였다.

이때 백제는 성왕聖王 때라 불교가 한참 성행하여 겸익謙益*들의 고승高僧이 천축天竺 : 인도에 왕래하며 경전을 직역直譯하기에 이르렀는데 성왕 30년단기 2885년 : A.D. 552년에 노리사치怒唎斯致**로 금동金銅 불상과 불경佛經을 왜倭에 보내니 때는 흠명천황欽明天皇 13년이며 왜의 불교가 이에 비롯되었다.

---

* 백제의 승려. 생몰연대 불명. 백제 율종(律宗)의 시조로 A.D. 526년 인도로 건너가 중부의 상가나사(尙伽那寺)에서 율부(律部)를 공부한 뒤 530년 인도 승려 배달다(倍達多) 삼장법사와 함께 귀국. 왕명으로 흥륜사에 머물며 인도에서 가져온 산스크리트어 율문을 국내 고승 28명과 함께 율부 72권으로 번역. 겸익의 율학으로 백제 불교는 이후 예의와 의식에 치중하는 계율 중심의 불교가 되었고 일본 율종의 토대가 되었다.

** 노리사치계(怒利斯致契)라고도 함. 백제의 귀족, 생몰년 미상, 백제 서부의 희씨(姬氏)로 관직은 달솔(達率)이었다. 552년 10월 성왕(聖王)의 명으로 석가모니불 금상 1구, 번개(幡蓋) 약간, 경론책 약간을 일본에 전함.

8 | 삼국 상기上期의 문화

　종교는 신교神敎를 받들어 소도蘇塗에 모여 하늘天에 제祭함은 삼국이 다 같으며 각국이 묘묘廟를 세워 선조先祖를 선仙, 선인仙人, 선왕仙王, 신神이라 하여 사祀하고 오계五戒 : 다섯 계율와 팔관八關들의 의식儀式이 있다.

　교敎의 의식을 따라 음악이 발달하니 악樂이 7음계를 이룸은 물론이요, 관현管絃과 격타擊打 : 치고 때림들의 악기가 다 갖추어져 있고 고구려의 거문고玄琴와 가야伽耶의 고가얏고 : 가야금伽耶琴와 고구려, 백제의 공후箜篌고가 더욱 유명하였다.

　고구려의 왕산악王山岳 : 미천왕美川王 때?*과 신라의 자비왕慈悲王 때 백결百結** 선생, 가야의 도설지왕道設智王*** 때 우륵于勒****이 모두 신금神琴으로 일컬었고 법지法知의 노래와 만덕萬德의 춤이─모두 진흥

---

* 고구려의 국상(國相 : 재상)으로 생몰년 미상. ≪삼국사기≫ 악지(樂志)에 인용된 ≪신라고기(新羅古記)≫에 이름이 전한다. 거문고를 만들어 100여 곡을 창작했다 함.

** 5세기 중엽 신라의 거문고 명인. ≪삼국사기≫에 의하면 백결 선생은 경주 낭산(狼山) 아래 살았는데 집이 가난하여 헤어진 옷을 100군데나 잡아 매 입고 있었다 하여 이런 이름이 생겨났다 함.

*** 대가야(大伽耶)의 마지막 16대왕. 재위는 ?~562년. 562년 사다함의 5천 기병을 선봉으로 한 이사부 장군의 대군에게 항복함으로써 520년에 걸친 대가야의 역사에 종지부를 찍었다.

**** 가야금의 명인으로 6세기 중엽에 활동함. 가야국 사람이었으나 뒤에 신라 진흥왕에게 투항.

왕 때 가무의 명인—이름나고 백제의 삼근三斤 : 성왕聖王 때이 악樂에 용하였고 고구려 유리왕의 황조가黃鳥歌와 신라의 회소곡會蘇曲은 속악俗樂 중 가장 슬픈 것이었다.

학술學術은 국학國學을 힘쓰며 국문國文의 밖에 한자漢字를 빌어 국어를 적는 향찰鄕札 : 또는 이두吏讀이 있는데 신라의 탈해脫解 : 57~80년 이사금尼師今은 글을 잘하니 곧 국문國文 : 한글 산문이요, 고구려의 을파소乙巴素 : 고국천왕故國川王 때*는 국시國詩 : 한글 시에 용하였고 또 고구려 초기의 남계南季는 조원리曹元理의 학學을 이어 산술算術에 밝고 계는 또 항도項蹈에게 전하였으며 신라의 부도夫道 : 점해이사금沾解尼師今 때 : A.D. 247~261년**는 글씨와 산술에 용하고 백제의 단양이段陽爾 : 무녕왕武寧王 때 501~523년는 이름난 한학자漢學者요 신라의 솔거率居 : 진흥왕 때는 신화神畵 : 신통한 화가로 일컬었고 백제의 왕유전王有悛 : 성왕 때은 의학에 용하였다.

저술著述은 고구려는 국초부터 역사를 ≪유기留記≫라 하여 적었고, 또 ≪단군기檀君記≫ ≪해동고기海東古記≫ 등이 있으며, 또 대영홍大英弘은 ≪신지비사神誌秘詞≫를 한역漢譯할새 서序와 주註를 하였으며 백제는 근초고近肖古 어라하가 고흥高興***을 시켜 국사國史를 만드

---

* 고구려의 국상(國相)으로 유리왕 때 대신 을소(乙素)의 후손. (?~203년) 서압록곡 좌물촌에서 농사를 짓던 중 왕이 국정을 맡길 인물로 추천되었다. 고국천왕 때는 고구려왕권 확립에 획기적 시기로서 을파소는 왕권을 중심으로 고구려의 새로운 정치 질서를 확립하는 데 큰 공헌을 했다.

** 생몰년 미상. 신라의 관리. 신라 6부의 하나의 한지부(漢祇部) 출신으로 집이 가난했으나, 아첨하지 않고 서(書)와 산(算)을 잘해 유명함.

*** 백제의 박사로서 ≪서기(書記)≫를 편찬. ≪삼국사기≫에는 ≪고기(古記)≫를 인용, '백제는 개국 이래 아직 문자로써 사실을 기록함이 없더니 이에 이르러 박사 고흥을 얻어 비로소 ≪서기≫를 갖게 되었다.'라고 기록되어 있다.

니 ≪서기書記≫와 ≪신찬新撰≫들이 있으며, 신라는 진흥왕이 거칠부居漆夫*를 시켜 국사國史를 만드니 ≪고사古事≫와 ≪고기古記≫들이 있었다.

공예工藝는 고구려, 신라의 조각 중 점제黏蟬 신사비神祠碑**와 호태왕비好太王碑***, 이차돈비異次頓碑, 진흥왕순수비眞興王巡狩碑들은 현존한 것이요, 신라의 주紬****, 초綃*****, 금錦*의 직직織이 유명하고 활, 살, 칼, 창을 만듦은 삼국이 다 잘하는데 신라의 신득身得 : 진흥왕 때은 쇠뇌를 잘 만들었다.

이와 같이 삼국의 문화는 본토의 것을 지키며 혹 중국의 것을 참조도 하다가 불교가 들어오며 이후 큰 변동을 일으키게 되었다.

생몰년 미상.

* ?~579년(진지왕 4년). 신라 중고기의 장군. 재상. 545년에 왕명을 받아 국사를 편찬함.

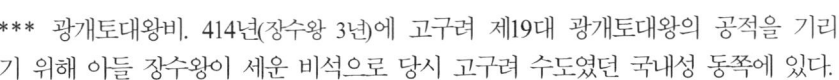

** 평남 용강군 해운면 성현리에 있는 고구려 고비(古碑). 1914년 조선총독부 고적조사단이 발굴한 우리나라의 가장 오래된 비석이다. A.D. 85년경에 세워진 것으로 산신(山神)에게 제사지낸 내용이 새겨져 있다. 조선총독부의 한국고대사 날조 주범인 일본학자 금서룡(今西龍)이 주도한 발굴이라 그 진위가 의심받고 있다. 북한 학계에서는 이미 1990년대에 이 비석의 석질이 평안도 용강 지역 것이 아님을 증거로 일제의 조작품(타 지역 비석을 반입)이라 결론을 내린 상태다.

*** 광개토대왕비. 414년(장수왕 3년)에 고구려 제19대 광개토대왕의 공적을 기리기 위해 아들 장수왕이 세운 비석으로 당시 고구려 수도였던 국내성 동쪽에 있다.

**** 굵은 비단.

***** 삶아 익히지 않은 명주실.

* 여러 색을 섞어 짠 비단.

9 | 삼국의 쟁탈과 여수麗隋* 전쟁

고구려가 돌궐突厥과 싸우는 틈에 신라, 백제에게 남쪽을 많이 빼앗기고 겸하여 내란과 흉작을 거듭 당하는 중이요, 신라는 얻은 땅을 정리하며 비사벌比斯伐 : 전주과 알야산성闕也山城 : 여산礪山을 백제에 돌려주어 그 복수심을 풀려 하며 더욱 제26대 진평왕眞平王 : 579~632년은 선부서船府署 : 배 만드는 부서를 두어 수군을 늘려 왜倭를 치며 외교를 힘써 영객부領客府와 왜전倭典을 두는 등 국세國勢를 떨치었다.

고구려, 백제는 다 신라와 수국讎國 : 원수 나라이라 각자 보복을 주장하여 전쟁을 일으키며 고구려는 평원왕平原王 : 559~590년 때 중국의 후주後周**와 싸우며 또 신흥新興***하는 중국 수나라 때문에 준비가 컸다.

제26대 영양왕嬰陽王 : 590~618년은 제세안민濟世安民****을 자임自任하는 영특英特한 임금이라 신라를 자주 치며 수나라의 세력을 꺾고자 항상 말갈 병사로 선봉을 삼아 하북河北 : 황하 이북을 짓치었다.

왕의 9년에 수주隋主 : 수나라 왕 양견楊堅이 수륙군 30만을 거느려 대들다가 완패해 가고 그 아들 광廣이 이어서 영양왕 23년에 전날

---

* 고구려와 수나라.
** 중국 위진(魏晉) 남북조시대에 북위(北魏)가 동서로 분열한 뒤 서위(西魏)의 우문각이 세운 나라. 서울은 장안으로 5대 26년 만에 수(隋)나라에 멸망 (556~581년). 북주(北周)라고도 함.
*** 새로 흥성함.
**** 세상을 구제하고 백성을 안정시킴.

의 치욕을 씻고자 수륙군 130만을 거느리고 쳐들어오거늘 대장군 을지문덕乙支文德이 수군을 패강浿江 : 대동강에서 막아 격파하고 육군을 살수薩水 : 청천강淸川江에서 격파하니 적군의 살아간 자가 겨우 2,700명이었다.

  광廣 : 수나라 황제의 이름이 군사를 내기 3회에 모두 실패하고 고구려는 경관京觀*을 세워 싸움에 이김을 기념하다.

---

* 수나라 병사의 뼈로 쌓은 큰 대(臺).

10 | 삼국의 형세와 여당麗唐* 전쟁

영양嬰陽이 돌아가고 영류왕榮留王 : 618-642년이 서니 때에 수隋가 망하고 당唐이 일어나고 고구려가 한참 강성한지라.

먼저 수隋를 통하여 고구려를 곤란케 하던 백제, 신라가 다시 당나라를 통해 침략코자 하거늘 영류왕이 제라濟羅 : 백제, 신라와 당唐과의 교통을 막고 제라를 치며 요동遼東에 천리장성千里長城을 쌓고 병사를 길러 전쟁을 준비하더니 대인大人 : 관직명 개소문蓋蘇文이 왕과 대신을 죽이고 보장왕寶藏王을 세우고 막리지莫離支가 되어 국정國政을 전제專制하였다.

이때 백제는 제30대 무왕武王의 아들 의자왕義慈王이 서고 신라는 제27대 선덕여왕 때라. 백제가 신라를 자주 치니 40여 성을 빼앗았다.

신라가 김춘추金春秋로 고구려에 구원을 청하는지라 고구려가 응하지 않으니 춘추가 돌아가 가만히 구원을 당나라에 청하였다.

이에 고구려는 보장왕 2년에 백제의자왕 3년와 동맹하여 신라를 치며 나당羅唐의 통로를 끊으니 신라가 크게 곤困하게 되었다. 이때 신라가 꾀꾀로 구원을 당에 청하니 당주唐主 : 당나라 임금 이세민李世民이 사신을 고구려에 보내어 평화하기를 권하는지라.

소문蘇文이 이를 듣지 않고 그 사자使者를 동여 굴속에 가두었다. 이에 세민이 크게 노하여 보장왕 4년기원 2978년, A.D. 645년에 수륙군

---

* 고구려와 당나라.

30만을 거느리고 덤벼들거늘 소문蘇文이 대군으로 물리칠새 세민世民이 안시성주安市城主 양만춘楊萬春에게 패하여 눈을 상傷하고 돌아갔다.

세민이 3회나 왔다가 패하여 분忿통에 죽었다.*

---

* 표현이 너무 재밌다! 중국 사서들이나 김부식의 ≪삼국사기≫에는 전혀 언급되지 않은 사실이다. 하지만 우리나라 학자나 시인들의 글 속에 가끔 나오고, 만주 지역의 민간 전래 설화에는 아직도 당나라의 패전 사실과 이세민이 눈에 활을 맞고 도망간 얘기들이 전승되어 남아 있다.

11 | 여제麗濟의 멸망

신라가 고립하여 위태함이 눈앞에 있으매 해마다 구원사救援使를 당나라에 보내더니 진덕여왕眞德女王이 다시 김춘추를 보내어 일을 거의 이루었는데 때에 고구려는 당을 물리치고 신라는 춘추가 왕태종太宗이 되고 백제는 또 일본과 더불어 평화한지라.

고구려, 말갈靺鞨*, 백제가 신라의 30여 성을 쳐 빼앗더니 백제 의자왕義慈王이 교만과 사치에 빠지고 모신謀臣** 성충成忠이 죽는다.

신라가 이에 당唐에게 백제를 치기를 청하여 신라 장수 김유신金庾信과 당나라 장수 소정방蘇定方이 병력 18만을 합하여 백제를 치니 백제 장수 계백階伯이 오천 병력으로 황산黃山 : 충남 연산連山에서 전몰戰歿***하고 다른 군사도 다 무너지니 서울소부리所夫里 : 부여이 빠지고 왕이 잡혀 백제가 망하니 때는 단기 2993년A.D. 660년, 신라 태종 7년이다.

이 해에 왕족 복신福信, 의사義士 지수신遲受信들이 군사를 일으켜 200여 성을 회복하며 일본병日本兵 : 왜나라 병사을 합하여 나당군羅唐軍 : 신라, 당나라 연합군을 치다가 3년 만에 패망하였다.

---

* 6~7세기경 한반도 북부와 만주 동북부 지역에 거주했던 동이족 계열. 고대의 물길(勿吉)과 읍루(挹婁)와 같은 종족이며, 흑룡강 중하류까지 분포해 흑수(黑水) 말갈로 부르기도 함. 고구려 대제국의 주요 일원이었으며 발해 건국에도 주도 세력으로 참여했고, 발해 멸망 후에는 '여진(女眞)'으로 불렸다.
** 모사를 맡은 신하.
*** 싸워 모두 죽음.

이때 고구려는 강성한 중이라 나당羅唐의 연합군이 백제를 멸망시킨 뒤 여러 번 고구려를 쳐보았으나 겨루지 못하더니 비상한 영웅 개소문蓋蘇文이 죽은 뒤, 그 아들 남생男生, 남건男建 형제가 권세를 다투다가 남생이 당나라의 향도嚮導 : 앞잡이가 되매 연정토淵淨土 : 개소문의 동생는 신라에 항복하고 나당연합군 70만이 평양을 쳐 뺏어 왕이 잡히고 고구려가 망하니 때는 백제가 망한 뒤 8년—신라 문무왕 8년A.D. 668년, 당고종 총장總章 원년元年—이었다.

고구려가 망한 뒤에 그 구신舊臣 : 옛 신하 연무延武와 구장舊將 : 옛 장수 검모잠劍牟岑이 병사를 일으켜 회복을 꾀하니 신라가 이를 이용하여 당나라를 막는지라 당이 옛 고구려왕 장藏을 보내어 고민故民 : 옛 백성을 어루만지라 하거늘 장이 와서 또한 일을 꾸미다가 이루지 못하고 검모잠의 무리도 이 사이 뜻이 갈려 결단이 나니모두 멸망하니, 고구려의 회복이 할 수 없이 되었다불가능해졌다.

12 | 불교의 융성과 삼국의 문화

불교가 들어와 아토我土 : 우리나라에 널리 퍼지며 삼국의 고승들이 중국, 인도에 구법求法 : 불법을 구함하고 왜에 전법傳法하여 구법, 전법의 고승이 대대로 끊이지 아니하였다.

단군기원 30세기 초에 고구려 승려 파라波若 : 영양왕 때는 수나라 승려 지자智者와 한토漢土 : 중국에서 천태종天台宗*을 개창開創 : 새로 만들다하고 혜관慧灌은 단기 30세기 중엽에 왜에 삼론종三論宗**을 전하여 이 종파의 시조가 되었으며 30세기 말엽에 신라의 원측圓測과 자장慈藏 : 선덕여왕 때, 의상義湘 : 문무왕 때은 중국에 구법하고 고구려의 현유玄遊***, 신라의 대범大梵****, 현각玄覺과 현조玄照*****, 혜륜惠輪*, 선덕

---

* 중국 수나라 때, 절강성(浙江省) 천태산(天台山)에서 지의(智顗)가 세운 대승불교의 한 파. ≪법화경(法華經)≫과 용수(龍樹)보살의 ≪중론(中論)≫을 근본 교의(敎義)로 하고 선정(禪定)과 지혜의 조화를 종지(宗旨)로 한다. 우리나라에서는 고려 숙종 2년(1097) 대각국사가 국청사(國淸寺)에서 처음으로 천태교를 개강함으로써 성립되었다.

** ≪중관론(中觀論)≫ ≪십이문론(十二門論)≫ ≪백론(百論)≫의 세 경전의 교의(敎義)를 종지로 하여 무상개공(無相皆空 : 우주의 실상은 없으며 모든 존재는 공하다)을 베풂을 목적으로 하는 종파. 인도의 나가르주나(용수보살)와 데바(提婆)가 처음 주장하였고 중국 당나라 때와 고구려 때에 성행함.

*** 영류왕(榮留王) 때 사람으로 동축(東竺)―동인도―에서 죽다.

**** 중축(中竺)―중인도―에 유학.

***** 서축(西竺)―서인도―에 유학.

* 건타라(建陀羅)―간다라―에 유학.

여왕 때 혜업惠業, 현태玄泰, 구본求本 또한 진덕眞德여왕 때 아리야발마阿離耶跋摩들이 잇따라 인도에 가서 구법求法하였다.

이와 같이 불교가 유통한 결과 이때의 예술이 크게 발달한 가운데 문학과 풍속 상에까지 큰 영향을 입었나니 문학 방면에 신라의 융천사融天師: 진평왕 때와 백제의 무왕武王과 성충成忠이 향가鄕歌에 용하고 고구려의 정법사定法師, 을지문덕乙支文德, 신라의 김지장金地藏: 경덕왕 때, 설요薛瑤: 신문왕 때 여자는 한시漢詩: 한자 시에 용하다.

저술은 고구려의 이문진李文眞: 영류왕 때은 ≪유기留記≫ 100권을 산수刪修: 편집하여 '신집新集' 5권을 지었으며 승려 도현道顯: 보장왕 때은 ≪일본세기日本世紀≫를 짓고 신라의 원효元曉: 태종무열왕 때, 의적義寂: 문무왕 때, 경흥憬興: 문무왕 때의 불경소의佛經疏義*가 많으며 임강수任强首: 태종 때는 변려문騈麗文**에 용하고 양수良首: 태종 때는 법률에 밝고 설수진薛秀眞: 문무왕 때***의 육진병법六陣兵法과 백제 일라日羅: 위덕왕 때의 병학兵學이 이름나고 천문天文에 백제의 관륵觀勒: 무왕 때과 의술에 고구려의 모치毛治: 영류왕 때와 역술曆術에 신라의

---

* 불교경전을 해석한 저작물.
** 중국의 육조(六朝)와 당나라 때 성행한 한문문체. 문장이 대구로 구성되어 읽는 이이게 아름다운 느낌을 주며, 4자로 된 구와 6자로 된 구를 배열하므로 사륙문(四六文)이라고도 함.
*** 신라 문무왕 때의 군사전략가. 육두품 출신으로 관등은 아찬(阿湌)에까지 올랐다. 그는 진법(陣法)을 연구하며, 특히 당나라의 이정(李靖)이 제갈량의 8진법에 의거해 만든 6진병법(일명 육화진법六花陣法)에 조예가 깊었는데, 이는 대진(大陣)이 소진(小陣)을 싸고 대영(大營)이 소영(小營)을 싸며 곡절(曲折: 굽혔다 끊어졌다) 상대하는 진법이었다. A.D. 674년(문무왕 14년) 9월에 국왕은 영묘사(靈廟寺) 앞에 행차, 열병식을 거행하고 그의 육진병법을 관람했다.

덕복德福 : 문무왕 때이 있다.

　건축에 고구려의 삼릉사三陵師 : 평원왕 때, 백제의 태량말太良末 : 위덕왕 때, 아비지阿非知 : 의자왕 때와 조각에 신라의 양지良志 : 선덕여왕 때와 신라 김인문金仁問 : 문무왕 때의 전篆 : 전서체篆書體, 고구려 승려 담징曇徵 : 영류왕 때의 벽화, 백제의 아좌태자阿佐太子, 백가白加 : 위덕왕 때의 화畵 : 그림가 이름났고, 구진천仇珍川 : 문무왕 때*은 목노木弩**를 잘 만들어 당나라에 초빙되었다.

　건축물에 고구려의 천리장성千里長城 : 만주 심양의 유조성柳條城, 평양성과 백제의 왕흥사탑王興寺塔***과 신라의 첨성대瞻星臺, 황룡사 9층탑이 웅장하고 아름다우며雄雅 더욱 삼국 고분古墳의 벽화와 부장품의 금은세공金銀細工이 정치精緻를 극하여 사람의 눈을 놀라게 하는데, 그 중 신라 고분속의 금관, 대식帶飾 : 허리띠 장식, 완환腕環 : 팔찌, 곡옥曲玉, 유리구슬 등은 그 품질의 가치만으로 해도 절대한 보물이다.

　풍속은 신라는 골품骨品 : 출신 성분을 보더니 진흥왕眞興王 때로부터 이를 보지 않고 젊은이를 모아 그 행의行儀 : 행실을 보아 뽑아 쓰는 국선國仙의 제도가 있으니 곧 화랑花郞이요, 상장喪葬 : 장례는 삼국이 모두 분릉墳陵을 쌓는데 혹 불교식으로 화장火葬도 하였다.

---

* 신라 문무왕 때의 노사(弩師 : ?~?). 천보(千步)나 나가는 활을 만들었다고 함.
** 여기서 노(弩)란 원래 '쇠뇌'라 하여 화살을 여러 발 한꺼번에 발사할 수 있는 장치를 붙인 특수 활을 말하는데 그 장치를 나무로 만든 것으로 추정.
*** 백제 멸망 후 대당평백제국비명(大唐平百濟國碑銘)—당나라가 백제를 평정한 기념비문—을 새기다.

제3편

남북국시대 南北國時代

1 | 남북국

　신라가 고구려, 백제를 평정하고 패강浿江 : 대동강 이남의 땅을 차지하고 그 북쪽의 고구려 옛 땅에는 발해渤海가 일어나니 남북국南北國이라. 큰 판도版圖와 높은 문화로 230년 동안 조선의 주민이 되어 큰 색채를 우리에게 끼치니 남북국은 참으로 우리나라 오천 년 역사상의 성대盛代 : 융성한 시대이다.*

---

* 이러한 시대 구분은 1920년대 대중을 상대로 통사를 저술한 여러 민족주의 사학자들의 공통점이기도 하다. 황의돈(黃義敦)의 ≪신편조선역사≫(이문당以文堂, 1923년)에서는 '남북양조(兩朝)시대'로, 장도빈(張道斌)의 ≪조선역사요령≫(고려관, 1923년)에서는 '남북국'시대로 표현하고 있다.

2 | 신라의 전성全盛과 발해의 흥기興起

신라가 고구려, 백제를 평정한 뒤 백제의 옛 땅을 걷어 가지며 당나라를 배척하여 당병唐兵과 싸우기 백여 번에 모두 이겨 내쫓고 패강浿江과 니하泥河 : 함북 덕원德源의 남쪽을 다스리니 당나라는 많은 병사와 양식을 없애어 오직 신라의 이용물이 되고 말았다.

그러나 고구려, 백제가 망하여 그 문명이 많이 파괴됨은 조선에 큰 불행이다. 신라 문무왕이 돌아가고 신문왕新文王 : 재위 681~692년이 서울을 달구벌達句伐 : 대구에 옮기고자 하다가 못하고 효소왕孝昭王을 지나 성덕왕聖德王 : 702~737년은 문학을 장려하고 왜를 쳤으며 재전再傳하여 경덕왕景德王 : 742~765년은 정치를 힘쓰며 국내를 5소경小京—북원北原 : 원주, 중원中原 : 충주, 서원西原 : 청주, 남원南原 : 남원, 금관金官 : 김해—으로 나누어 다스리고 불사佛事를 많이 일으켰다.

발해고조渤海高祖 대조영大祚榮은 고구려의 장군으로 고구려가 망하매 서북으로 거란契丹에 가서 짬을 보다가 단군 기원 3032년, A.D. 698년에 동쪽으로 태백산太白山 : 백두산 부근을 웅거하여 고구려인과 말갈인靺鞨人을 연합하여 나라를 세워 '진震'이라 하고 당병唐兵 : 당나라 병사을 물리친 뒤 홀한성忽汗城 : 현재 길림성 영고탑寧古塔에 서울을 정하고 터를 잡으매 이후 15년이 지나 나라 이름을 '발해渤海'라 고쳤다.

아들 무왕武王*이 땅을 넓힐새 동으로 대해大海에 닿고 서西로 거란과 가하니접경하니 이웃 작은 나라가 모두 신속臣屬 : 신하로 들어옴하되 흑수黑水 : 흑룡강 말갈이 당나라를 통하여 붙고자 하는지라 임아상任雅相, 대일하大壹夏들로 쳐서 항복받고 다시 장문휴張文休들로 하여금 해군海軍으로 당나라의 등주登州 : 산동성를 쳐 크게 위엄을 떨치니 당나라가 신라에 구원을 청하여 입구入寇 : 적으로 들어옴하다가 대패하여 달아났다. 무왕의 아들 문왕文王 : 재위 737~793년도 왕의 업무를 잘 지키고 이루어냄守成을 잘하며 외교를 힘썼다.

---

* 발해의 제2대왕(재위 719~737년). 이름은 대무예(大武藝). 발해의 시조인 대조영의 아들. 즉위 후 인안(仁安)이라는 독자 연호를 쓰고, 영토 확장 등 당나라와 대등한 관계에서 발해의 기반을 다졌다. 722년 흑수말갈이 독자적으로 당나라에 사신을 보내 조공하자 아우 대문예를 보내 흑수말갈을 치게 했으나, 대문예가 당에 망명해버리자, 이에 격분한 무왕은 723년 장문휴를 시켜 당의 국제 무역항 등주를 기습 공격하고 자사 위준(韋俊)을 죽여버리는 등, 당의 동방 정책에 큰 타격을 주었다.

3 | 혜초삼장慧超三藏의 구법求法

혜초는 신라 성덕왕 때 사람이니 일찍 출가하여 성적聖蹟 : 성스러운 유적 순례를 뜻하다가 마음을 결단하고 당나라에 갔다가 다시 바닷길로 천축天竺 : 인도에 들어가 오천五天 : 인도 전역을 두루 밟고 육로陸路로 돌아올 새 중앙아시아로 하여 안서安西*에 돌아오니 때는 단기檀紀 3060년, 성덕왕 26년, A.D. 727년이었다.

삼장三藏 : 혜초이 이 행정行程 : 여행경로과 견문을 모아 ≪왕오천축국전往五天竺國傳≫ 3권을 지으니 이 전傳이 동서교통사상東西交通史上에 큰 전거典據가 되며 혜초 삼장은 계속 당나라에 체류하면서 연구와 교화敎化에 큰 힘을 들이다 돌아가니 내 고국故國에 돌아오지 못하고 당나라에서 몸을 바꿨다.

---

* 안서도호부(安西都護府)의 준말. 당나라 때 수도 서안(西安)을 중심으로 정벌과 방어기지의 역할을 하는 곳이 도호부인데, 서안의 서쪽에서 타림 분지까지 이어지는 지역이 안서도호부였다. 서역과의 교통을 담당했다.

4 | 발해의 제도와 신라의 문화

발해의 제도는 중앙정부를 성省이라 하여 대내상大內相, 좌우상左右相, 좌우평장사左右平章事, 좌우사정左右司政들이 있어 12부部, 7사寺, 1대臺, 1원院, 1감監, 1국局을 거느리고 부部에 경卿, 낭중郎中, 사寺에 영令 또는 경卿, 대臺에 정正, 원院에 감監, 감監에 장長, 국局에 상시常侍요, 시골은 부주府州, 군郡, 현縣으로 하여 다스렸다.

병제兵制는 수륙군水陸軍을 십위十衛로 나누어 위衛에 장군과 도위都尉가 거느리니 상비병이 10만이었다.

풍속이 무武를 숭상하여 세 사람이 호랑이 한 마리를 당한다 하였고 여자가 남자의 부정不貞을 막았다.

신교神敎 : 천신교天神敎를 받들어 촌락에까지 단壇을 쌓아 제사하며 명절날에는 남녀가 모여 춤추고 노래하였다.

문학은 국문國文 : 나라 글과 한문漢文을 썼는데, 흔히 외교 문서에 나라 글자로 국서國書를 초하였다.

공예工藝에 용하여 마노궤瑪瑙櫃* 와 자자분紫瓷盆**의 완품玩品***이 좋았고, 백성의 힘民力이 부유하여 풍류생활을 하였다.

---

* 마노로 만든 상자.
** 붉은 오지 그릇 화분.
*** 감상용 물건.

신라는 태종太宗 문무왕 이후 문화가 더욱 발달하니 문학 방면에 설총薛聰 : 신문왕 때은 이두吏讀로 구경九經*을 해석하고 신충信忠 : 효성왕孝成王 때과 승려 충담忠談, 월명月明 : 경덕왕 때은 향가鄕歌에 용하고 김대문金大問 : 성덕왕 때의 ≪화랑세기花郎世紀≫ ≪고승전高僧傳≫과 승려 대현大賢 : 경덕왕 때의 ≪불경소의佛經疏義≫가 유명하고 김생金生 : 성덕왕 때은 예서隸書, 행서行書, 초서草書가 모두 용하여 서신書神의 이름을 얻었다.

건축에는 김대성金大城 : 경덕왕 때의 불국사와 석불사石佛寺 : 석굴암의 석불조각이 또없는유례類例없는 것이요, 경덕왕 때에 만불산萬佛山과 오색구유五色氍毹**와 자명종自鳴鐘은 신교神巧***로 일컬었다.

음악 방면에는 신문왕 때에 만든 만파식적萬波息笛****과 또 이제까지 전하는 옥적玉笛*****이 있고, 옥보고玉寶高 : 경덕왕 때는 금琴으로 이름났다.

주조鑄造는 이상택하전里上宅下典과 강고내말强古乃末 : 경덕왕 때이 용하고 주조품 중 현존한 것은 봉덕사종奉德寺鐘 : 에밀레종, 성덕대왕신종이다.

---

* 중국 고전 아홉 가지 경서. 주례, 의례, 예기, 좌전, 공양전. 곡량전, 주역, 시경, 서경을 이르기도 하고, ≪주역(周易)≫ ≪서경(書經)≫ ≪시경(詩經)≫ ≪예기(禮記)≫ ≪춘추(春秋)≫ ≪효경(孝經)≫ ≪논어(論語)≫ ≪맹자(孟子)≫ ≪주례(周禮)≫를 꼽기도 한다.

** 오색 털로 짠 담요.

*** 귀신같은 기교, 최고의 기술.

**** 온갖 파란을 멎게 하는 젓대.

***** 옥으로 만든 피리.

5 | 발해의 강성強盛과 신라의 쇠징衰徵*

발해는 문왕文王의 뒤 오대五代를 지나 선왕宣王: 818~830년이 서니 영웅 임금이라.

나라를 크게 넓힐새 남으로 신라를 치며 북으로 해북海北: 송화강松花江 북쪽의 제국諸國을 빼앗아 강토를 크게 늘리고 궁궐을 고치고 나라를 5경京, 15부府, 62주州, 3독주주獨奏州: 중앙 직속 주를 두어 다스렸다.

교육을 힘써 문물이 크게 열려 '해동성국海東盛國'으로 들리니 신라 헌덕왕憲德王: 809~826년은 패강浿江 장성長城 300리를 쌓아 만일을 준비하였다. 신라가 점점 문약文弱에 흘러 혜공왕惠恭王: 765~780년 이후는 내란과 찬탈簒奪이 계속될 뿐이요, 강진強進할 꾀를 못하나 여러 대代 태평한 끝이라 문예와 호화는 오히려 빛났다.

49대 헌강왕憲康王: ?~886년 때에는 성중에 초가집이 없으며 밥을 숯으로 짓고 주야에 노랫소리가 끊이지 아니하며 재상의 집에는 노동奴僮: 노복奴僕, 하인이 3천 명씩이나 되어 성대盛代의 모양이 있었다.

* 쇠퇴 징후.

6 | 남북국의 멸망과 남조南朝의 군웅群雄

신라가 자주 쇠약하여 지는 중 진성眞聖여왕887~897년 재위은 전대前代의 미풍美風을 돌이키고 고래古來의 사상을 지키고자 국학國學 부흥을 힘썼으나 유학자儒學者의 반대가 일어나며 또한 실정失政이 없지 않은지라.

주군州郡이 구실세금을 들이지 않고 도적이 사면四面에서 일어나니 궁예弓裔와 견훤甄萱은 그 중의 큰 자者이다.

훤萱이 전주에 서울을 정하여 후백제라 하고 궁예는 철원을 서울로 하고 후고려後高麗*라 하여 천하를 다투더니 훤萱은 신라를 쳐 경애왕景哀王: 924~927년을 죽이고 궁예는 잔학하므로 그 부하가 혁명을 일으켜 궁예를 쫓고 왕건王建을 대신 세우니 고려 태조太祖이다.

이때에 북국北國 발해는 태평이 오래되어 쇠약해지더니 서쪽의 거란契丹: 요遼과 싸우다가 패하여 단기 3259년A.D. 926년에 망하고 남국南國 신라는 김부왕金傅王: 경순왕敬順王이 스스로 나라를 지키지 못하고 고려에 항복하니 때는 단기 3268년A.D. 935년이요, 역년曆年이 992년이다.

---

* 뒤에 마진(摩震), 태봉(泰封)이라 함.

7 | 남북국 말기의 문화

이때의 문화도 전대의 문화를 이어볼 것이 많으니 향찰학자鄕札學者에는 신라의 대구大矩 화상和尙, 각간角干 위홍魏弘 : 진성왕 때들이 제일이었다.

시가詩歌에는 승려 영재永才 : 원성왕 때*, 균여대사均如大師 : 경순왕 때**들이 이름나고 한문학漢文學에는 신라의 최치원崔致遠 : 헌강왕 때, 발해의 오소도烏炤度***, 고원고考元固 : 모두 애왕哀王 때 사람의 변려문騈儷文****과 시詩에 신라의 왕거인王巨仁 : 진성왕 때*****, 발해의 배문裴文, 대선

---

* 신라 때 향가(鄕歌)를 잘 지었다는 사람. 당시의 도적들도 익히 그 명성을 알고 있었다 함.

** 신라 말엽~고려 초의 고승이자 향가 시인. 국문학 사상 중요한 향가 ≪보현십원가(普賢十願歌)≫ 114수를 지었다.

*** 발해의 관인(官人). 생몰년 미상. 발해 13대 왕(871~895년)과 14대 왕 시기(895~906년)의 관인으로 일찍이 당에 들어가 빈공시(賓貢試)에 응시하여 급제함. 이때 신라인 이동과 같이 급제했는데 이름은 그의 앞에 있었다.

**** 한문 산문 문체의 하나. 변(騈)은 2마리의 말이 나란히 수레를 끌고 다니는 것을 뜻하고, 려(儷)는 1쌍의 남녀를 뜻한다. 이는 변려문의 문체가 모두 대구(對句)로 이뤄졌기 때문에 생긴 명칭. 변문, 변체문이라고도 하며, 당대(唐代)부터 변려문이 4자와 6자로 이뤄진다고 하여 사륙문(四六文)으로 부르기도 했다.

***** 신라 말의 문인(文人). 합천에서 은거하며 지냈다. 당시 진성여왕을 둘러싼 간신들의 전횡을 고발한 풍자시를 저자거리에 내걸었다는 죄목으로 투옥됐으나, "우공(于公)이 통곡하니 3년간 한재가 들고, 추연(鄒衍)이 슬픔을 머금으니 5월에 서리가 내렸다. 지금 나의 갇힘도 옛일과 다름이 없는데, 하늘은

성大先晟—모두 이진彛震왕 때 사람들—이 이름나고 과학에는 역학曆學에 발해의 서앙徐昻과 병학兵學에 신라의 무오武烏 : 원성왕 때와 감려堪輿 : 풍수리지학에 신라의 도선道詵 : 문성왕 때이 용하고 예술에는 서書 : 글씨에 신라의 승려 영업靈業 : 애장왕 때의 반예半隸 : 반예서, 김육진金陸珍 : 애장왕 때의 반행半行 : 반행서, 요극일姚克一 : 헌강왕 때*의 해서楷書와 김임보金林甫 : 헌강왕 때의 석경자石經字가 세상의 보물이 되고 화畵 : 그림에는 발해의 대간지大簡之를 일컬으며 음악에는 신라 귀금貴金 : 경문왕 때**의 금琴 : 거문고과 처용處容 : 헌강왕 때***의 가무가 이름났다.

  삼국에 불교가 성한 뒤 계귀鷄貴 : 신라 승려의 세력이 커져서 중국 문등文登 : 산동반도에 적산원赤山院 : 절 이름을 세워 일본 승려의 중국 순유巡遊 : 순례여행를 소개하였으며 도육道育 : 경순왕 때과 같은 이는 천태天台 : 절강성 천태현에서 불교를 강설할 때 오직 국어國語 : 신라 말로 하고 화어華語 : 중국어를 쓰지 않았으며 궁예는 불경을 지었다.

말없이 다만 창창할 뿐이로다."라는 시를 써서 하늘에 호소했다. ≪삼국유사≫ 권2 진성여왕조와 ≪삼국사기≫ 권1 진성왕조에 기록이 보임.

* 신라시대의 명필, ≪삼국사기≫ 김생(金生) 열전의 말미에 기록된 바에 의하면 높은 벼슬에 있었고 당나라 구양순체를 습득하여 글씨를 잘 썼는데, 비록 김생에는 못 미쳤으나 기품(奇品)이었다 함. 서거정(徐居正)의 ≪필원잡기(筆苑雜記)≫에서도 그를 김생 다음가는 필법이라 평했다.

** 신라 말엽 거문고의 명인. 진흥왕 때 거문고의 대가인 옥보고(玉寶高)의 금법(琴法)을 계승한 속명득(續命得)의 제자이다.

*** 신라 헌강왕(憲康王 : 재위 875~886년) 때 설화 속에 등장하는 기인(奇人). 처용랑(處容郞). 동해 용왕의 아들로 ≪삼국유사≫ 권2 처용랑 망해사(望海寺)조에 나옴. 역신(疫神)이 처용의 아내를 사모하여 밤에 몰래 동침했으나 처용이 노래를 부르고 춤을 추자 처용 앞에 잘못을 빌고 이후 처용 그림이 붙은 집에는 들어가지 않겠다고 맹세함. 이때 처용이 부른 노래가 <처용가>이며, 궁중무용인 정재(呈才) <처용무>는 여기서 유래함.

제4편

고려시대 高麗時代

1 | 반도의 통일과 성종成宗의 왕업王業 확립

고려 태조는 송악군松岳郡 : 개성開城 사람으로 궁예에게 벼슬하다가 왕이 되어 송악에 서울을 정하고 천수天授 : 연호年號 19년단기 3269년, A.D. 936년에 후백제를 쳐 없애고 압록강 이남을 통일하여 탐라耽羅 : 제주도까지 갖고 발해의 옛 땅을 거두기 위해 후진後晉 : 중국 오계五季의 제3왕조*과 통하여 거란을 치고자 하다가 못했다.

태조의 뒤 혜종惠宗을 지나 정종定宗 : 946~949년은 광군光軍 30만을 두어 거란을 대비했고, 광종光宗, 경종景宗 때에는 나라의 운세邦運가 이 중간에 정체中滯되다가 성종成宗 : 981~997년이 서며 모든 제도를 다 마련하니 이에 왕업의 터가 잡힌다.

---

* 중국 5대 10국시대(907~960년)—당나라 멸망 후에서 송나라 건국 전까지의 혼란기—황하 유역의 화북 지방을 통치했던 다섯 왕조 후량(後梁), 후당(後唐), 후진(後晉 : 936~947년), 후한(後漢), 후주(後周) 가운데 세 번째 국가.

2 | 제도의 완비完備

　태조는 신라와 태봉泰封의 제도를 섞어 쓸 뿐이요, 완정完定치 못하더니 성종成宗이 제도를 개정할새 종묘와 사직社稷을 세우고 중앙정부에 성省, 부部*, 사寺를 두고 지방을 10도道와 2면面과 2경京, 부府, 목牧, 주州, 군郡으로 나누어 다스리고 병제兵制는 6위六衛**와 2군軍***을 두어 전국의 수군과 육군 병사들을 거느리고 형제刑制는 형법에 옥관령獄官令 이하 12율律이 있고 형명刑名 : 처벌의 이름은 태笞, 장杖, 도徒, 유流, 사死의 5종****이 있고 학제學制는 태조 때에 서경西京 : 평양에 학원을 두어 6부의 자제子弟를 가르칠새 의복醫卜 : 의술과 점술 2업을 겸해두고 성종 때에 모든 학문에 박사博士를 두고 국자감國子監 : 대학, 수서원修書院 : 도서관을 세우고 전제田制는 전시田柴의 제制*****가 있고 사전私田도 약간 있었으며, 선거제도는 광종光宗 때에 과거법을 처음 정하였다.

---

* 이(吏), 병(兵), 호(戶), 형(形), 예(禮), 공(工)의 6부.

** 좌우(左右), 신호(神虎), 흥위(興威), 금오(金吾), 천우(千牛), 감문(監門).

*** 용호(龍虎)와 응양(鷹揚).

**** 오형(五刑). 태형(笞刑)은 작은 형장(刑杖)으로 죄인을 치는 것, 장형(杖刑)은 큰 형장으로 치는 것, 유형(流刑)은 귀양 보내는 것, 사형(死刑)은 교수형(絞首刑)과 참수형(斬首刑)이 있었다. ≪고려사≫ 형법지에 실려 있고, 조선시대에는 ≪경국대전≫에서 법제화되었다.

***** 전시과(田柴科)를 말한다. 고려시대에 벼슬아치에게 곡물을 얻을 수 있는 전지(田地)와 땔감을 얻을 수 있는 시지(柴地)를 나누어주던 제도. 이 토지를 받은 자가 죽거나 관직을 물러날 때는 토지를 국가에 반납토록 함.

3 | 고려의 전성全盛

거란의 입구入寇

거란과는 태조 때에 틈이 났는데 성종 4년에 송宋을 구원하여 거란을 쳤더니 왕의 12년에 거란장수 소손령蕭遜寧이 대군으로 쳐들어오거늘 대신大臣 서희徐熙를 보내어 항의하여 그 병력을 물리쳤다.

단기 3342년A.D. 1009년에 강조康兆가 목종穆宗을 폐하고 현종顯宗을 세우매 그 다음해에 거란왕 야율융서耶律隆緒 : 성종聖宗 982~1031년가 몸소 40만 대군으로 들어와 경도京都 : 서울를 빼고 강감찬姜邯贊들에게 낭패狼狽하여 돌아가더니

현종 9년에 다시 단장丹將 : 거란장수 소배압蕭排押이 10여만 병력으로 덤비는지라. 상원수上元帥 강감찬이 흥화진興化鎭 : 의주義州과 귀주龜州에서 쳐 크게 깨치니 적이 도망하여 갈새 장수와 병졸 중에 살아간 자가 겨우 수천 명이다.

현종이 단병丹兵 : 거란 병사을 물리친 뒤 팔관회八關會를 다시 베푸는 등 국수國粹* 보전에 힘쓰며 강감찬의 발의發議로 경도京都에 나성羅城 : 외곽 성벽을 쌓아 뒷걱정을 푸니, 이때에 철리鐵利**, 흑수黑水 :

---

* 국가 문화의 정수.
** 6~7세기경부터 만주 북동부에서 한반도 북부까지 거주해왔던 퉁구스계 몽골인종인 말갈족의 한 부족. 모두 7부족으로 나뉘는데, 철리(鐵利)말갈은 현재 흑룡강성의 하얼빈 지역에 살던 부족이고, 흑수(黑水)말갈은 현재 흑룡강성의

말갈족들의 동북 국가들이 조공朝貢을 바치고 단기 3357년A.D. 1024년에 대식국大食國 : 사라센이 방물方物을 들이었다. 다음 덕종德宗 : 1031~1034년은 거란과 국교를 끊고 압록강 입구로부터 도련포都連浦 : 함흥까지 천여리千餘里 장성을 쌓아 북쪽을 막았다.

문운文運의 진흥과 고려대장경大藏經

거란의 난亂 뒤에 여러 임금이 군사에만 뜻을 두고 문치文治에 겨를이 없더니 제 11대 문종文宗 : 1046~1083년은 현명한 임금이라 근검을 주장하고 현재賢才를 써 안으로 인정仁政을 베풀며 밖으로 송나라와 더욱 교역을 힘쓰고 문학과 예술, 공예 들을 크게 일으키니 고려의 문화가 대성大成하였다.

이때에 최충崔沖, 대각국사大覺國師는 유불계儒佛界에 큰 학자이니 충沖은 구재九齋를 세워 후진을 가르쳐 교육을 대흥大興 : 크게 흥성함시키니 당시 사람들時人이 충沖을 해동공자海東孔子라 하고

대각국사는 문종文宗의 아들로 일찍 출가하여 유학과 불교를 아울러 섭렵하고 송宋나라에 가서 구법求法 : 불법을 구함하고 귀국하여 선종宣宗 3년에 대장경을 간행하니 먼저 간행되었던 현종 2년의 불경들과 아울러 지금까지 2차례의 대장경 간행사업이 이루어졌다.

이 불경들은 부인사符仁寺 : 대구 팔공산에 소장하였고 대각국사는 국

쌍압산시와 자무스시, 학강시, 이춘시와 연해주 하바롭스크 크라이 지방에 분포해 있었다. 철리와 흑수말갈은 고려 왕건이 936년 후백제와 전쟁을 벌일 때 정예 기병 9,500명을 파견하여 같이 싸웠을 정도로 고려의 번방(藩邦)이 되어 밀접한 관계를 유지했다.

청사國淸寺 : 충북 영동에서 천태종天台宗을 부흥하여 해동海東 : 고려 천태종의 중시조中始祖 : 중흥시조가 되고 중국은 오계五季의 난亂*에 천태종이 끊겼다가 먼저 광종光宗 때에 제관諦觀 법사**의 전수를 얻어 겨우 부활되었다.

발해인의 부흥운동과 금金의 흥기興起

발해가 망한 뒤 50여 년 곧 경종景宗 : 975~981년 때에 그 유족의 담부왕談府王이란 자가 국가운동을 일으키고 또 정안국定安國이 있어 거란을 치다가 패하였고 이후 40여 년을 지나 현종 20년1029년에 발해 고왕高王의 7세손七世孫 대연빈大延彬이 흥요국興遼國을 세우다가 거란에 패한 바가 되고 또 일세기를 지나 예종1105~1122년 때에 발해 유민遺民이 각처에서 일어나며, 그 중에 고영창高永昌은 요遼나라의 동경東京 : 지금의 요양遼陽에 나라를 세워 '대원大元'이라 하고 회복을 꾀하다가 금인金人 : 금나라 여진족에게 제거되었다.

금金은 발해유민이었던 여진女眞족의 변칭變稱 : 변화된 칭호이라. 고려 제15대 숙종肅宗 때에 동여진東女眞이 강성하여 북계北界에서 다툼이 있더니

---

* 오대십국(五代十國)시대—907~960년—의 혼란기.

** 고려 광종 때의 승려. 중국 오대십국의 오월왕(吳越王) 전숙(錢俶)이 천태종 삼대부(三大部)가 난리 때 해외로 흩어져 없어진 것을 알고 고려 왕조에 관계 서적을 구하자, 제관(諦觀)은 왕명에 따라 천태학 관계 논소(論疏) 등을 지니고 중국으로 건너갔다. 그 후 중국 천태종의 대가 나계사(螺階寺)의 의적(義寂) 스님 제자가 되어 함께 연구하다가 그곳에서 죽었다. 저서에 천태종 사상의 요지를 전술한 입문서 ≪천태사교의(天台四敎儀)≫가 유명하다.

예종睿宗이 서며 윤관尹瓘, 오연총吳延寵들로서 여진을 쳐 북계 9성을 두니 그 추장酋長 오아속烏雅束이 9성을 돌려달라고 애걸하므로 9성을 돌려주었다.

　얼마 아니하여 오아속이 죽고 그 아우 아골타阿骨打가 일어나 예종 10년1115년에 금국金國 황제가 되어 여진족을 통일하고 거란족이 세운 요나라를 없앴다인종 3년 : 1125년.

　이와 같은 북륙조선北陸朝鮮*에 금金이 일어나고 반도조선半島朝鮮에 고려가 강완強完하니 성종成宗의 뒤 인종仁宗의 처음까지 일백오십 년 동안은 고려의 전성기이다.

---

* 북방 대륙의 조선 영토.

4 | 내란內亂과 외구外寇*

　인종仁宗: 1125~1146년이 서며 이자겸李資謙, 척준경拓俊京들이 전권專權**하더니 그 13년에 묘청妙淸의 난亂이 일어나니 이는 윤언이尹彦頤, 정지상鄭知常들의 칭제건원稱帝建元***파의 주장이 서지 못하매 묘청이 이를 분憤히 여겨 서경西京: 평양에서 군사를 일으켰다가 인종 14년에 김부식金富軾에게 토평討平****됨이다.

　이 동안에 인종 4년 금金나라가 송宋나라를 없애고 휘흠徽欽: 휘종, 흠종 2제二帝: 두 황제를 잡아오니 남송南宋 고종高宗이 고려를 통하여 두 황제를 출영出迎*****하기를 꾀하다가 거절을 당하여 송宋과의 국교國交가 끊어졌다.

　의종毅宗: A.D. 1146~1170년은 사치를 한껏 하고 문신文臣과 시주詩酒: 시를 지으며 술 마심를 일삼다가 무신武臣의 불평을 불러 정중부鄭仲夫가 난亂을 지어 문신을 무찌르니―의종 24년 경인庚寅년―장순양張純陽들이 이를 뒤집으려 하다가―명종 3년 계사癸巳년―패하여 문신이 두 번째 화禍를 입으니 경계사화庚癸士禍라.

---

* 외적.
** 권력을 전횡함.
*** 황제를 칭하고 제국의 연호를 세움.
**** 토벌되고 평정됨.
***** 나가서 영접함.

이로부터 무신들이 세력을 이어가다가 명종 26년에 최충헌崔忠獻이 전권專權하여 이 뒤이후 4세四世 63년을 내려가니 의종 24년으로부터 고종 45년까지 90년 동안은 무신의 전권시대이다.

고종 때1213~1259년에 금국金國이 쇠하여 가고 몽골이 강해지며 거란유족과 여진족이 입구入寇*하는지라.

김취려金就礪**, 조충趙冲***으로 쳐 없앴는데 거란을 칠 때에 몽골이 동여진東女眞과 합하여 입원入援 : 고구려를 도우러 들어옴하더니 몽골이 다시 고려를 없애고자 고종 18년에 대군으로 들이치는지라. 고려는 서울을 강화로 옮기며―고종 19년―싸움을 이어 30년 동안―고종 46년―을 가다가 이내 굴복하였다.

여몽麗蒙 : 고려와 몽골이 화친할 때에 몽골이 고려를 역복力服****치만은 못할 줄 알고 몽골 황실皇室 : 황제 집안과 혼인을 통하여 내정간섭까지 하였고 이 끝에 동, 서 북면北面을 빼앗아갔다.

---

* 외적이 쳐들어옴.

** ?~1234년. 고려의 대장군. 본관은 언양(彦陽). 1216년(고종 3년)에 거란 왕자 금산(金山), 금시(金始)가 대요수국왕(大遼收國王)이라 칭하고, 몽골군에 쫓겨 삭주, 의주 등지로 침입한 것을 후군병마사(後軍兵馬使)로 임명되어 그들을 크게 무찌름. 1218년 거란군이 다시 침입하자 원수 조충과 함께 이를 격퇴하였고, 이듬해 강동성을 근거로 저항을 계속하자, 이들을 추격하여 고려에 파견된 몽골군과 동여진 연합군과 함께 거란 잔당을 쳐 깨뜨렸다.

*** 1171~1220년. 고려의 군인, 문신, 정치가. 본관은 횡천(橫川). 명종 때 문과에 급제. 1216년(고종 3년)에 거란족이 황해도에 침입하자 부원수로 출정했으나 패하여 한때 파면됨. 1220년 서북면 원수가 되어 남은 거란족을 진압하고 이듬해 몽골과 동여진 연합군과 함께 거란 잔당의 근거인 강동성을 깨뜨리고 완전히 평정하였다.

**** 힘으로 굴복.

5 | 활자活字 창제創製와 경판經板* 재영再營**

조선의 활자는 전하는 말에 의하면 신라시대에 시작했다 하나 이는 자세치 못한 것이요, 실제로 사용하기는 고종 21년A.D. 1234년에 '상정예문祥定禮文'을 인쇄한 것이 처음이니 이것이 세계 활자의 선시先始 : 앞서 시작함요,

임진壬辰년 고종 19년A.D. 1232년 몽골의 침입蒙亂 때 부인사符仁寺에 소장돼 있던 대장경판이 불에 타버린지라 고종 24년A.D. 1237년에 판본板本 : 대장경판의 원본을 다시 만들기로 하였다.

대장경판 제작을 총 지휘하는 대장도감본사大藏都監本司는 강도江都 : 강화도의 서울에 두고 분사分司는 진주晉州에 두어 무릇 16년 만에 경판이 완성되니 그 교정은 개태사開泰寺 : 논산의 절의 승통僧統 : 승려의 최고 우두머리 수기守其 : 혹은 수진守眞가 한 바이라.

처음에 강화 용장사龍藏寺에 소장하였더니 여러 번 옮기다가屢遷 뒤에 합천 해인사海印寺로 옮기니 고려판高麗板 대장경大藏經이라. 그 정교精校와 굉장宏壯함이 인장印藏 : 대장경 인쇄 가운데에 제일지第一指 : 첫 손가락를 꼽느니라.

* 불경 목판.
** 다시 만듦.

6 | 삼별초三別抄의 난과 일본 정벌

삼별초는 최우崔瑀 : 최충헌의 아들가 용사勇士를 뽑아 짠 군대로 역대 권신權臣의 조아爪牙*가 된지라. 원종元宗이 이를 헤치고자해산하고자 하니 그 수령 배중손裵仲孫, 김통정金通精들이 조정을 원망하고 몽골의 원元나라를 미워하던 중에 군사를 이끌고 반란을 일으켜—원종 11년 A.D. 1274년—관몽군官蒙軍 : 고려 몽골 연합군을 겨루다가 4년 만에 제주도에서 아주 패하매 70여 장사壯士가 일시에 분사憤死**하였다.

중국 대륙을 석권한 몽골의 원元나라가 온 세계를 쳐 누르고 또 일본을 항복시키고자招降 하나 해전海戰에 익지 못하므로 고려로 하여금 군함과 병사, 식량 등을 준비케 하여 일본을 치기 2회나 하였으나—원종 15년과 충렬왕 7년—구풍颶風***을 만나 목적을 이루지 못하였다.

원나라가 일본 정벌에 낭패를 당하고 동녕부東寧府****를 파罷하여 서북쪽의 모든 성들을 다 고려에 돌려보냈다.—충렬왕 16년, A.D. 1290년.

---

* 손톱과 엄지, 자신을 보호하는 무리.
** 분을 품고 죽음.
*** 여름에서 가을로 옮기는 환절기에 중국 남부 해상에서 회오리치며 북상하는 급격한 바람.
**** 원의 서경(西京) 관부(官府).

7 | 안유安裕*의 흥학興學

　내란과 외환外患으로 학풍이 자꾸 쇠하여 가더니 충렬왕 때1274~1308년 재위에 와서는 더욱 심한지라. 찬성사贊成事 안유가 이를 걱정하여 양부兩府에 건의하여 섬학전贍學錢을 정하여—충렬왕 30년, A.D. 1340년—국학國學과 문묘文廟를 고치고 이산李㤇, 이진李瑱**들로 교수를 삼아 학생을 모아 듣고 익히게聽習 하니 학자가 6,000여 명에 이르렀다.

---

* 우리나라에 성리학(性理學)을 도입한 고려 후기의 문신, 학자(1243~1306년). 충렬왕 때 원나라를 왕래하며 직접 주자(朱子)의 책들을 베껴오고, 아울러 문교(文敎) 진흥을 위해 일종의 육영재단인 <섬학전(贍學田)>을 설치하여 당시 국립대학인 국자감(國子監) 운영의 재정 기반이 되게 하였다. 첫 이름은 유(裕), 안향(安珦)이라고도 했으나, 향(珦)이 조선 문종의 이름자와 같아 후세인들이 모두 '안유'로 불렀다. 호(号)는 회헌(晦軒).

** 1244~1321년. 고려의 문신. 본관은 경주. 호는 동암(東菴). 충선왕 때 사림학자. 좌승지, 병조지사, 상의회의도감사를 거쳐 찬성사에 올랐고, 충숙왕 때(1351년) 과거를 관장하였다. 제자백가(諸子百家)에 통하고 시문(詩文)에 뛰어났다.

8 | 공민왕의 회복과 홍적紅賊의 난

고려가 원元에 굴복한 지 90여 년이라. 공민왕恭愍王 : 1351~1374년 때에 원이 매우 쇠하더니 왕의 3년A.D. 1354년에 원이 한인漢人의 반란군을 치려 응원을 요청하거늘 유탁柳濯, 최영崔瑩들로 가서 도울새 그 쇠미衰微 : 쇠약하고 미미함를 보고 와 알리니

왕이 국세國勢를 회복하려던 중에 그 5년단기 3689년, 서기 1356년에 원의 간섭을 끊고 모든 원풍元風 : 원나라 풍습을 폐지하며 인당印璫, 최영으로 요동遼東을 치며 유인우柳仁雨로 쌍성雙城 : 원이 화주和州 곧 함경도 영흥永興에 둔 관부官府을 쳐 동북면東北面 : 동북부, 지금의 함경도와 만주 요동 지역을 회복하고 원의 굴레를 벗었다.

원나라의 반란군 가운데 직예성直隸省 : 지금의 하북성河北省의 홍건적紅巾賊인 유복통劉福通들이 한림아韓林兒 : 산동山童의 아들를 세워 송宋이라 하고, 황하 남쪽을 요란케 하며 서북계西北界 : 서북 경계를 엿보더니 공민왕 10년서기 1361년에 대군으로 들이닥쳐 경성京城 : 서울 개성開城이 빠진지라함락陷落. 정세운鄭世雲과 안우安祐, 김득배金得培, 이방실李芳實들이 적을 쳐 평정하고 경성을 회복하였고 또 이때에 원의 반란자 납합출納哈出과 여진족 삼선삼개三善三介가 동북계東北界에 들어와 도적질을 하는지라 이성계李成桂로 쳐 격파하였다.

공민왕이 변란變亂을 많이 겪어 뜻이 약해지며 간신을 믿더니 또 요승妖僧 신돈辛旽에게 빠져 국정國政이 어지러웠고 말년에는 왕비상王妃喪 : 왕비의 죽음으로 마음을 상하여 마침내 홍륜洪倫의 무리에게 죽은 바 되었다.

9 | 북정北征*의 성언聲言과 왜구倭寇의 평정

공민왕 17년서기 1368년에 원나라와 명明**이 전쟁하여 원순제元順帝가 막북漠北***으로 달아나매 조정에 친원親元, 친명親明 양파兩派가 생기며 공민왕이 요동을 치고자 동과 서, 북면北面에 방비를 하고 19년에 이성계李成桂, 지용수池龍壽들로 동녕부東寧府 : 현재의 심양瀋陽를 쳐뺏어 황성皇城**** 이서以西와 동녕東寧 : 심양 이남을 일공一空*****하니 익년翌年 : 다음 해 명나라 홍무洪武 4년—서기 1371년—3월에 요양遼陽 평장平章 : 최고 책임자 유익劉益이 내부來附 : 와서 복종함하기를 청하는지라 미처 답보答報치 못하였더니 익益이 명나라에 귀부歸附*하니 명이 이에 정요위定遼衛를 두고 익으로 지휘를 삼았다.

공민왕의 아들 왕우王禑가 또한 북정北征 : 북방정벌을 뜻하는 중에 명明이 철령鐵嶺 : 함경도 이북의 땅을 구하거늘** 최영崔瑩이 우왕禑王을 권하여 명明을 칠새 이성계들로 4만여 병력을 거느려 요동을 치라 하니 성계가 다른 뜻을 품고*** 위화도威化島****까지 갔다가 군사를

---

* 북방의 정벌.
** 지금의 안휘성(安徽省)에서 일어난 주원장(朱元璋)의 나라.
*** 고비사막 이북으로 현재의 외몽골 지역.
**** 서간도(西間島) 곧 현재의 백두산 부근 만주 지역.
***** 텅 비어 아무것도 없이 싹 쓸어버림.
* 스스로 찾아가 복종함.
** 우왕 14년, 서기 1388년에 명나라가 철령에서 만주 요서(遼西)의 요양(遼陽)까지 철령위(鐵嶺衛)라는 70개소의 병참 군영을 설치하려 했음.

되돌려回軍 최영을 죽이며 우왕을 폐하고 우禑의 아들 창昌을 세웠다.

 왜구倭寇 : 왜적는 일본의 변민邊民 : 변방 백성이 국경을 범한 자이니 충정왕忠定王 : A.D. 1349~1351년 때로부터 비롯하여 공민왕 때에 심하더니 우왕 때에는 깊이 내륙에까지 스치는지라. 최영, 이성계, 정지鄭地*로 쳐서 격파하고 창왕昌王 원년元年 : 서기 1388년에 박위朴葳**로 대마도對馬島를 쳐 그 소굴을 불 지르니 유구琉球***가 소문을 듣고 와 속국屬國이 되었다.

*** 필자의 사관(史觀)을 읽을 수 있는 대목. 고려 정부의 요동 정벌은 당시 국제 정세로 보아 생존 상 마땅한 것이었는데, 이성계가 사심, 즉 개인적 야망이란 욕심을 부려 하극상으로 반란을 일으켜 이후 건국한 조선의 약체와 사대주의를 야기했다는 의미가 행간에 깔려 있다.
**** 압강중(鴨江中)의 울혜섬. 평북 의주군 위화면. 압록강 하류의 섬.
* 1347~1391년, 무신으로 수군을 쇄신 여러 번 왜구의 침입을 막아냄. 이성계의 위화도 반란에 동조하여 이등공신이 됨.
** 생몰연대 불명, 고려 말 조선 초의 장군. 양광도 절도사로 왜구퇴치에 큰 공을 세움. 이성계에 붙어 위화도 반란에 참여, 최영을 몰아냄.
*** 일본 열도의 남동부. 지금의 오키나와 지역에 고대로부터 독립해 존재하던 국가. 19세기 말 일본제국에 강제 합병당함. 현대에도 자주독립을 꾀하는 유구인이 많다.

10 | 고려의 멸망

   이성계가 회군한 뒤 세력이 날로 성하며 또 창왕昌王을 쫓고 공양왕恭讓王 : 1389~1392년을 세우는지라. 정몽주鄭夢周가 정치를 힘써 왕실을 붙잡아가더니 이성계파에게 선지교選地橋 : 선죽교善竹橋에서 죽임을 입고 배극렴裵克廉*들이 이성계를 받들어 왕위에 오르니 때는 단기檀紀 3725년서기 1392년이요 고려가 475년 만에 망하였다.

---

* 1325(충숙왕 12년)~1392년(태조 1년). 고려 말, 조선 초의 문신. 고려 말 왜구 방어의 공을 세웠고 이성계 휘하에서 조선 건국에 주동 역할을 했다. 본관은 경산(京山), 호는 필암(筆菴). 1388년 최영이 요동 정벌에 나설 때 우군도통수 이성계 예하에 배속되어 위화도 회군에 참여, 구세력 제거에 나섰다. 1392년 7월, 문하우시중으로 조준, 정도전과 함께 공민왕비 정비(定妃)에게 '왕은 정사에 어둡고 덕이 없어 임금으로 삼을 수 없다'고 하고 그의 교(敎)를 받드는 형식으로 공양왕을 폐하고, 이성계를 추대했다. 조선 건국 후 개국공신 일등으로 성산백(星山伯)에 봉해졌음.

11 | 고려의 문화

1. 종교

1) 신교神敎 : 팔관八關*으로 천령天靈 곧 신신을 사事 : 섬김함이 국전國典 : 국가의 제전이 된지라 영외嶺外 : 대관령 밖 사람이 더욱 신교를 믿었고 군주君主는 매년 음력 10월에 천天에 제제祭하는데 소찬素饌**을 갖추어서 팔관제八關祭라 하며 또 음력 2월 망일望日 : 보름날에 전국이 연등燃燈하여 하늘에 제사하였으며 북방의 금족金族 : 여진족도 신사神事 : 하늘신을 섬김가 대단하였고

2) 불교 : 문종1046~1083년 이후 그 번창함이 또 없었고 여러 종파 중 명종1170~1197년 이후로는 조계종曹溪宗이 유력하더니 공민왕 이후 임제종臨濟宗***이 성하였다.

---

* 팔관회(八關會). 팔관의 관(關)은 금(禁)한다는 뜻으로 살생, 도둑질, 음행(淫行), 거짓말, 음주, 높고 사치스런 자리에 앉거나 꽃과 향수로 치장함, 오후 식사 등을 금하는 불교 수행상의 팔계(八戒)를 범하지 않는 데서 비롯함. 매년 11월 15일에 불교 의례와 우리 민족 고유의 전통습속의례를 결합하여 고려시대 최고의 국가행사로 자리잡았다. 태조 왕건은 ≪훈요십조(訓要十條)≫에서 "내가 원하는 바는 연등(燃燈)과 팔관인데, 연등은 부처를 섬기고 팔관은 하늘과 오악(五嶽), 명산(名山), 대천(大川), 용신(龍神)을 섬기기 때문이다. …… 왕과 신하 모두가 함께 즐기면서 공경하는 마음으로 이를 행하도록 하라."라고 후대 왕들에게 당부할 만큼 팔관회를 중시하였다.

** 고기나 생선이 안 들어간 음식.

3) 유교 : 성종이 한학漢學을 장려한 뒤 문종 때에 대흥大興하더니 의종 이후 무인武人의 압박으로 말 못 되다가말 못 할 정도로 쇠퇴하다가 충렬왕 때에 다시 일어나 충숙왕 때에 백이정白頤正으로부터 성리학이 행하여 정주程朱*의 의리義理**가 반도에 풍미風靡***하였다.

4) 도교道敎 : 예종이 도관道觀 : 도교 사원을 세워 삼청상三淸像****에 초제醮祭*****하며 매월 행하더니 인종이 이를 금한 뒤 아주 쇠하였다.

2. 제도

1) 관제官制 : 관직제도 : 성종이 완정完定 : 완비하여 정함한 뒤 문종과 예종 때에 더하고 덜함增損이 있더니 충렬왕 이후 관제의 변경이 잦아 폐해가 심하였다.

2) 병제兵制 : 군사제도 : 의종 때에 중방重房을 두니 2군軍, 6위衛의 장군이 의사議事 : 일을 논의함하는 원수부元帥府 : 총 지휘부요, 최씨가 정

*** 중국 불교의 선종(禪宗)에서 당나라 때 임제의현(臨濟義玄 : ?~867년)을 개조(開祖)로 하는 일파. 무위진인(無位眞人)을 지향하며 깨달음의 방편으로 간화선(看話禪)을 중시했다. 우리나라 조계종도 내용으로는 임제종을 표방한다.
* 중국 송나라 대학자들. 정호(程顥), 정이(程頤), 주희(朱熹).
** 올바른 학문의 이치.
*** 바람에 초목이 쓰러짐. 어떤 유행이 널리 사회에 퍼짐.
**** 도교의 세 신상. 태청(太淸), 옥청(玉淸), 상청(上淸)으로 해, 달, 별을 상징.
***** 하늘의 별들을 제사하는 도교 행사.

치를 전횡하며專政 자기 집에 도방都房을 두어 전국의 병사들을 가말 았고헤아려 처리했고, 공양왕 때에 삼군도총제부三軍都總制府를 두어 병권兵權을 하나로 모았다歸一.

수군水軍은 국초로부터 있었는데 현종 때에 과선戈船 : 철갑선鐵甲船의 시초. 창을 꽂은 배이 유명하였고, 우왕 때에 수군 양성에 전력하였다.

3) 세제稅制 : 세금제도 : 조세租稅*, 공세貢稅**, 요역徭役***의 3종이 있으며 선종 때에 잡세雜稅를 부과하고 충렬왕 때에 염세鹽稅 : 소금세를 정하고 충혜왕 때에 산세山稅, 산택세山澤稅****를 걷었다.

4) 화폐貨幣 : 국초에 추포麤布 : 거친 천를 쓰다가 성종 때에 처음 철전鐵錢 : 쇠돈을 썼으며 숙종 때에 동전銅錢 : 구리돈과 은병銀瓶*****을 만드니 그 전문錢文*은 해동통보海東通寶, 중보重寶, 삼한통보三韓通寶, 중보重寶요 공민왕 때에는 동국통보東國通寶, 중보重寶를 만들었다.

---

* 곡식으로 내는 세금.
** 특산물로 내는 세금.
*** 16~60세 남자에게 세금 대신 시킨 노동.
**** 산과 강에 대한 세금.
***** 은으로 만든 병화폐. 국토 모양으로 제작. 1408년 조선 태종 때 유통 금지됨.
* 돈에 새긴 글.

3. 문학

문학은 한자 외에 향찰鄕札과 국문이 따로 있어 국문학도 매우 흥하니 균여均如대사, 장유張儒 : 호는 진산晉山?, 정서鄭叙, 승僧 일연一然, 선탄禪坦*, 채홍철蔡洪哲**들이 이를 잘하고 한문학漢文學에 곽여郭輿, 정지상鄭知常, 이규보李奎報, 이인로李仁老, 이제현李齊賢, 정몽주鄭夢周들이니 대개 국문학을 겸하였으며 저술著述은 김부식인종 때의 ≪삼국사기三國史記≫, 승僧 일연충렬왕 때의 ≪삼국유사三國遺事≫가 고문헌 연구의 큰 참고參考이며 과학 방면에 역학曆學의 김성택金成澤***, 이인현李仁顯 : 문종 때****과 의학의 설경성薛景成 : 충렬왕 때*****, 농가農家 : 농업 부문에 정천익鄭天益 : 문익점의 외구外舅. 장인들이 이름 있고, 이 밖에 통문관通文館*과 사역원司譯院**이 있어 몽蒙 : 몽골어, 한漢 : 중국어, 왜倭 : 일본어, 금金 : 여진어女眞語들의 말을 힘써 전공으로 연구하였다攻究.

---

* 고려 중기의 선승(禪僧) 탄연(坦然 : 1070~1159년)을 뜻하는 듯하다.
** 고려 후기의 문신(1262~1340년). 호는 중암거사(中菴居士) <자하동신곡(紫霞洞新曲)>의 악보가 ≪악부(樂府)≫에 전하며 ≪동문선(東文選)≫에도 한시(漢詩) 몇 편이 있다.
*** 고려 문종 6년(1052년)에 왕명으로 <십정력(十精曆)≫을 편찬함.
**** 역시 왕명으로 <칠요력(七曜曆)>을 편찬.
***** 고려 충선왕 때의 명의. (1237~1313년). 경주 사람. 신라 설총의 후손으로 충렬왕의 병을 고쳐 이름이 났고, 중국 원나라의 세조(世祖) 쿠빌라이 칸과 성종(成宗)의 병을 고쳤음.
* 통역, 번역의 교육과 사무를 맡은 관아. 충렬왕 2년, 1276년에 설치.
** 고려 말에 통문관 고친 것. 1894년에 폐함.

4. 예술

1) 건축 : 건축은 전당루정殿堂樓亭*의 공작이 정교하였는데, 부석사浮石寺 : 경북 영주 무량수전無量壽殿이 현존하는 대표작이며 만월대滿月臺 돌계단石階와 긴 성長城의 유적이 볼 만하며 경천사敬天寺 13층 석탑, 보현사普賢寺 9층 석탑들이 이름난 것이요.

2) 조각彫刻 : 불상, 동종銅鐘, 석의石儀 : 석물石物들이니 불상은 부석사 아미타여래阿彌陀如來의 대상大像이 대표며 종鐘은 개성의 연복사演福寺 종이 대표요, 석물은 공민왕릉의 것이 제일이며 석비石碑 : 비석는 낭공국사郞空國師의 백월탑白月塔 비명碑銘 : 비석에 새긴 글, 보각국존普覺國尊의 정조탑靜照塔 비명들이 절품絶品 : 최고이요,

이 밖에 물품 제조가 정교하니 자하배紫霞盃**는 오색파리五色玻璃***로 만들고 나전기螺鈿器****를 용하게 만들고 자기磁器를 잘 구웠고 공민왕 때 백문보白文寶의 수차水車, 정천익鄭天益의 소사거繅絲車*****가 농가의 비익裨益*이 컸다.

3) 서畵 : 글씨는 승려 탄연坦然으로 제일을 삼고 다음 유신柳伸, 최우崔瑀와 백현례白玄禮, 홍관洪灌, 이암李嵒들이 용하고 그림畵은 안귀

---

* 큰 집과 다락 누각, 정자.
** 붉은 노을 술잔.
*** 다섯 색깔의 수정, 유리.
**** 빛나는 자개 조각을 붙여 만든 그릇.
***** 고치로 실을 켜는 물레.
* 도움이 되고 이로움.

생安貴生이 산수山水, 인물에 용하고 이영李寧의 그림은 그 법이 송宋나라에 전하였으며 정지상鄭知常의 매梅, 이제현李齊賢의 마馬며 군주君主 : 임금로 서화書畵에 능한 이가 많으니 공민왕은 큰 글씨大字와 인물 그림에 더욱 용하였다.

4) 음악 : 삼국 고래古來 : 예부터 전해옴의 것에 당송唐宋 : 당나라와 송나라의 음악을 가하여 비상히 발달하여 아악雅樂 : 궁중음악, 속악俗樂 : 민간음악. 향악鄕樂, 당악唐樂*의 구별이 있고 무대舞隊 : 무용수들는 조삼皂衫 : 검은 적삼 옷이요, 악관樂官 : 악사은 주의朱衣 : 붉은 옷요, 기妓**는 단장丹粧 : 붉게 화장함이었다.

5. 풍속

인민人民의 가취嫁娶 : 남녀의 결혼는 일부일부一夫一婦 : 일부일처의 제도요, 군주는 왕씨王氏가 서로 짝을 찾더니通配 충선왕 이후 귀족과 통혼通婚 : 결혼을 허용하며 동성혼취同姓婚娶***를 금하였으며

귀문貴門 : 귀족 집안부터 노비까지 등차等次 : 등급과 차례를 논하였고 계사법繼嗣法****은 적서嫡庶 : 적자와 서자를 불문할 뿐 아니라 형제의 아들과 딸의 자손까지 없어야 타인의 세 살 전 아기를 수양收養 : 입양케 하고

---

* 고려 때 들어온 중국의 민속음악.
** 악기(樂妓)로 노래 부르는 여자.
*** 같은 성끼리 결혼.
**** 후사를 잇는 법.

상례喪禮는 3년 상을 행하는데 중세에는 월月을 일日로 바꾸더니 공민왕 때에 다시 3년 상을 행하였고 사전祀典 : 제사법은 대사大祀, 중사中祀, 소사小祀의 구별이 있고

의복의 제도는 의종 때에 진비盡備 : 모두 완비함하더니 충렬왕 이후에는 개체원복開剃元服*을 행하다가 공민왕 때 옛 제도를 회복하였는데 서민의 의복은 대개 백색白色이요,

부인은 계髻**를 오른쪽 어깨에 늘어뜨리며 강라絳羅***로 묶고 비녀簪를 지르고 장의長衣 : 긴 옷로 얼굴을 가리고 내의內衣 : 속옷가 겹겹이요, 그 위에 군裙 : 치마을 두르고 아동은 머리털髮을 사내아이는 흑라黑羅 : 검은색 명주로 묶고 계집아이는 홍라紅羅 : 붉은 명주로 묶었다.

음식은 반갱飯羹 : 밥과 국이 상식常食 : 보통 음식이요, 주酒 : 술는 가장家藏 : 집에서 담금하여 마시고 술의일戌衣日****의 생채生菜 : 날로 무친 나물속와 상기일上己日***** 청애병靑艾餠 : 푸른 쑥떡이 먹을거리의 으뜸이 되었으며 가옥은 궁궐이나 민가에 모두 높은 집을 금하더니 충렬왕 이후에 큰 집과 높은 누각樓閣을 짓기 시작하였다.

---

* 중처럼 깍은 머리에 몽골 의복.
** 상투, 머리털을 위로 끌어올려 맨 것.
*** 진홍색의 얇고 고운 명주 비단.
**** 수릿날. 단오(端午).
***** 천간(天干)이 기(己)로 된 날이 한 달에 세 번 있는데, 그 중 맨 처음 돌아오는 날.

제5편

이조시대
李朝時代

1 | 조선의 창업과 골육骨肉의 상잔相殘*

조선 태조太祖 이일李日**이 고려에 벼슬하여 군공軍功 : 군사의 공적이 있더니 고려의 쇠미함을 틈타서 최영崔瑩과 정몽주鄭夢周들의 왕실파를 차례로 죽이고 드디어 왕위에 나아가단기 3725년, 서기 1392년 국호를 조선이라 하고 서울을 한양에 옮기고 여러 가지 제도를 정하며 명나라 치기를 꾀하다가 말았으며 이지란李之蘭으로 함경북도 경성鏡城 이남의 여진의 모든 부락을 초안招安 : 불러 안정시킴하니 이때에 유구琉球가 신하를 청하며 섬라暹羅***가 방물方物 : 특산물을 바쳤다.

태조가 한씨韓氏 : 신의神懿황후를 취하여 여섯 황자皇子를 낳고 또 강씨康氏 : 신덕神德황후를 취하여 두 황자와 한 황녀皇女를 낳았더니 제8황자 방석芳碩을 세자世子로 봉하매 여섯 황자가 불평하다가 제5황자 방원芳遠 : 정안군靖安君의 무리가 세자와 다투어 이를 죽이매 태조가 노하여 함주咸州 : 함흥에 파천播遷****하며 제2황자 영안군永安君 방과芳果에게 왕위를 전하니 곧 정종定宗이라. 제4황자 방간芳幹 : 회안군懷安君이 또 방원과 겨루다가 패하고 정종이 방원에게 왕위를 전하니 태종太宗이다.

---

* 서로 해침.
** 초휘(初諱)는 성계(成桂)요 호는 송헌(松軒).
*** 시암(Siam)의 음역. 태국의 옛 이름.
**** 임금이 도성을 떠나 딴 곳으로 피란함.

2 | 세종의 공덕

태종의 아들 세종世宗 : 단기 3752년, 서기 1419년은 거룩한 임금이라. 집현전集賢殿을 두어 어진 선비를 뽑아 고문顧問으로 하며 교육을 힘써 유용한 서적을 만들어 펴며 정초鄭招* 등으로 천문天文을 연구하고 박연朴堧 등으로 음악을 개량하여 문화를 일으키며 건주위建州衛**의 파저강婆猪江 : 서간도西間島 야인野人 : 여진족을 물리치며 압록강 안에 4군四郡 : 여연閭延, 무창茂昌, 우예虞芮, 자성慈城을 두어 서북변西北邊을 막고 대마도對馬島를 쳐 위엄을 보인 뒤 교통조약을 맺어 삼포三浦***를 열어 무역을 허하고 김종서金宗瑞로 두만강 안에 6진六鎭****을 두니 이에 국경이 서북으로 압록, 두만 두 강을 가하였다.

더욱 세종조에 특별한 일은 유신儒臣의 배불排佛 : 불교 배척로 불교의 오교五敎, 양종兩宗을 합하여 선교禪敎 : 선교와 교종, 양종을 삼음과 구유舊有 : 예부터 있어옴의 문자를 다스려 정음正音 곧 국문國文 : 한글을 만든 것이니 정음은 문자사상文字史上 특절特絶 : 특히 뛰어남한 것이며 또한 단군檀君, 동명왕東明王 : 주몽朱蒙의 묘廟를 평양에 세워 고래古來 신교神敎의 사상을 돌이킨 것이다.

---

* 조선 세종 때의 문신. (?~1434년). 벼슬은 대제학에 이르렀다. 왕명으로 정인지 등과 간의대(簡儀臺 : 천문관측 기구)를 만들었고, ≪칠정산내편(七政算內篇)≫의 편찬에 참여했으며 역법(曆法)을 개정함.
** 명나라 영락제가 남만주 길림 지역 여진족을 다스리기 위해 설치한 군영.
*** 웅천(熊川) 제포(薺浦), 동래(東萊) 부산포(釜山浦), 울산 염포(鹽浦).
**** 경흥(慶興), 경원(慶源), 온성(穩城), 종성(鍾城), 회령(會寧), 부령(富寧).

3 | 세조世祖의 찬립簒立*과 이 뒤의 치적治績

　세종의 뒤 문종文宗을 거쳐 단종端宗이 서니 나이 어린지라. 그 숙부叔父 수양대군首陽大君 유瑈가 대신 김종서 등을 죽이고 전권專權하다가 단종의 왕위를 선수禪受 : 물려받음하니 곧 세조이라.
　때에 함경도 도절제사都節制使 : 총사령관 이징옥李澄玉이 대금大金황제라 하고 여진족을 거두고자 하다가 패사敗死 : 패해 죽음하고 성삼문 등 육신六臣 : 여섯 신하이 단종의 왕위를 회복코자 하다가 이루지 못하고 금성대군錦城大君 유瑜가 또 이를 꾀하다가 실패하고 단종은 해害 : 죽음를 만나게 되었다.

　세조는 문무文武를 힘써 인지의印地儀** 등의 측량기測量機를 발명하고 《경국대전經國大典》을 찬수纂修 : 편찬하고 정리하며 간경도감刊經都監을 세워 불경을 번역 출간하고譯刊 성 안에 원각사圓覺寺를 세워 13층 한수석탑寒水石塔 : 대리석탑을 쌓고
　신숙주申叔舟로 북쪽의 야인을 물리치고 어유소魚有沼 등으로 건주야인建州野人***을 쳐 그 수령 이만주李滿住를 베었다.

---

* 임금의 자리를 빼앗고 자기가 그 자리에 들어섬.
** 각도와 축척의 원리로 거리와 높낮이를 재는 기구. 세조 12년(1467년)에 세조가 직접 고안, 제작. 구리를 부어 만들고 둘레에 24방위를 기록했다 함.
*** 길림성의 여진족.

예종을 지나 성종成宗 : 1469~1494년이 또 학문을 일으키며 서적을 많이 간행하고 윤필상尹弼商*, 허종許琮** 등으로 또 건주야인을 쳐쫓으니 태조의 뒤 성종의 말末까지 한 백 년 동안은 조선의 융성시대이다.

---

* 조선 중기의 문신(1427~1504년). 본관은 파평. 이시애 난의 평정에 공을 세우고 공신에 책록되었으며, 명나라 건주위(建州衛) 여진족 야인(野人)들의 정세를 탐지 보고하여 성종 10년(1479년) 우의정으로 이를 토벌하였다. 뒤에 영의정에 올랐으나, 갑자사화 때 연산군 생모의 폐위를 막지 못했다 하여 진도로 유배 중 사약을 받자 자결함.

** 조선시대의 문신(1434<세종16년>~1494년<성종25년>). 본관 양천, 호는 상우당(尙友堂), 시호는 충정(忠貞)이다. 1457년(세조 31년) 문과 급제, 1460년 여진족 침입 때 평안도 병마절제사도사(都事)로 출정하였고, 1466년 함길도 병마절도사로 있다가 부친상을 당해 사직함. 이듬해 일어난 이시애 반란을 평정하고 1477년 10월 건주위 여진족의 침입 때 평안도 순찰사로 파견되었고, 1491년 여진족 올적합(兀狄哈)이 함길도 방면으로 쳐들어오자 북정(北征) 도원수가 되어 이를 격파함. 문무를 겸비해 국방과 문예에 큰 공을 세웠고, 의학에도 조예가 깊었다.

4 | 이조 초李朝初의 제도와 문화

1. 관제官制

관제는 대체로 동서양반東西兩班 : 동반과 서반 동반東班은 문관文官이요, 서반西班은 무관武官이며 양반에다 경직京職과 외직外職의 구별이 있으니 동반의 경직은 중앙정부의 중요 자리요, 외직은 지방 관청의 주임자主任者며 서반의 경직은 군기시위軍機侍衛*의 참여자요, 외직은 병마수군兵馬水軍 : 육군과 수군의 분장자分掌者라.

의정부議政府가 백관百官 : 모든 관리을 총리總理 : 전부 다스림하고 육조六曹**가 분장하며 또 의금부義禁府 : 검찰 기능, 승정원承政院 : 대통령 비서실, 양사兩司***가 다 행정의 요직이요 지방을 도都와 도道, 부府, 주州, 군郡들로 나눠 다스리며 서반경직에 중추부中樞府가 있고 오위도총부五衛都摠府가 있어 전국의 병력을 맡고, 이 밖에 내금위內禁衛**** 훈련원訓鍊院*****과 익위사翊衛司*가 있고, 외직에 각도의 절도사節度使 이하 모든 관원이 있다.

---

* 군사 업무와 임금을 호위함.
** 이호예병형공(吏戶禮兵刑工).
*** 사헌부(司憲府)—사법부 기능—사간원(司諫院)—감사원 기능.
**** 조선 초기 국왕의 경호 임무를 맡은 특수군.
***** 조선시대 무과 시험과 무예 훈련을 담당했던 서반(西班)의 관청.
* 조선시대 왕세자를 모시고 경호를 맡았던 관청.

2. 형제刑制 : 헌법제도

국초의 ≪경국육전經國六典≫이 있어 세종 때에 ≪속전續典≫이 있고 성종 때에 ≪경국대전經國大典≫과 ≪대전속록大典續錄≫이 이루어져 모든 제도가 갖춰졌다.

3. 종교

1) 신교神敎 : 국초에 호기呼旗*의 풍속이 오히려 행해졌으나 떨치지는 못하므로 세종께서 단군묘檀君廟**를 세워 소도蘇塗의 사상을 회복케 했다.

2) 유교 : 성리학性理學을 전주專主 : 주로 전공함하였다.

3) 불교 : 비록 배척을 받으나 세조 때에 불사佛事가 크게 펼쳐졌다大張.

4) 도교 : 국가의 전 행사國典에 소격서昭格署***를 두어 초제醮祭 : 하늘의 별제사를 행하였다.

---

* 고려 말 조선 초에 성행하던 풍속으로 초파일을 앞두고 아이들이 종이깃발을 들고 집집마다 다니며 등불 켜는 비용을 마련하느라 곡식과 천을 구함.
** 평양에 있던 단군의 사당으로 봄, 가을로 국가에서 향(香)과 축문(祝文), 제물을 내려 제사를 올렸다.
*** 조선시대 도교의 제사를 맡던 관청. 도교의 제천 행사로 삼청(三淸) 대제(大帝), 즉 해와 달, 별들에 대한 제사인 초제(醮祭)를 담당했으며, 도사(道士) 양성 교육도 행해졌다. 학생은 10여 명, 관원으로 제조 1명, 별제 2명, 종5품 영(令) 1명, 종9품 참봉 2명을 두었다.

4. 전제田制와 세제稅制

전제田制는 세종 때에 세율을 정리해 새로 정하니整定 그 법이 전국을 3등으로 나누고 다시 각 도를 3등으로 나눠 결結*을 정하고 부세賦稅 : 부역세는 병兵 : 군대으로 하는 신역身役, 즉 병역兵役을 대신하여 내는 군포軍布가 있었고 화폐는 정종定宗 때에 저화楮貨**를 발행하고 세종 때에 조선통보朝鮮通寶를 짓고 세조 때에 전폐箭幣 곧 팔방통보八方通寶를 지었다.

5. 학문

국문학은 세종이 정음正音을 반포頒布한 뒤 더욱 성하여 김종서, 성삼문들이 이름나고 저술은 관찬官撰 : 국가 편찬의 ≪국조실록國朝實錄≫과 ≪국조보감國朝寶鑑≫ ≪오례의五禮儀≫ ≪용비어천가龍飛御天歌≫ ≪월인천강지곡月印千江之曲≫ ≪여지승람輿地勝覽≫ ≪고려사高麗史≫ ≪동국통감東國通鑑≫ ≪동문선東文選≫이 볼 만하고 능엄楞嚴, 원각圓覺, 법화法華 등의 불경을 번역하고, ≪동국정운東國正韻≫***, ≪사성통고四聲通攷≫****

---

* 농지의 수확고를 기준으로 한 토지면적 단위. 소 한 마리가 4일간 땅을 갈 수 있는 면적으로 약 4,800~5,000평 정도로 추정.
** 닥나무 껍질로 만든 종이돈.
*** 1448년(세종 30년)에 반포된 한국의 운서(韻書). 중국 문서 ≪홍무정운(洪武正韻)≫에 대해 한국의 표준 한자음을 인위적으로 만들어낸 것. 실용화엔 실패.
**** 세종 때 신숙주가 왕명에 의해 한자를 사성(四聲)에 따라 구별하고 그 소리를 바로 잡은 책. 현재 전하지 않음. 1517년 이 책을 보완하여 최세진(崔

등의 운서韻書*가 있으며, 과학 방면에는 역상曆象 : 천문 현상의 학學은 세종이 깊이 연구用意하여 정초鄭招, 이순지李純之들로 의상儀象 : 천문 관측기구, 시표時表 : 시계와 자격루自擊漏 : 자동 물시계와 측우기測雨器들을 만드니 측우의 기록이 세계에서 가장 먼저 한最先 것이며,

의학에 정경선鄭敬善, 김희선金希善, 황자후黃子厚, 안찬安瓚이 용하고 태일학太一學 : 점술학에 장보지張補之**, 이원무李元茂가 유명하였다.

6. 예술

서울 성중城中의 원각사 13층탑의 조각과 경기도 광주廣州 분원分院의 자기磁器 제조가 용하고, 서화書畵는 글씨 궁체宮体, 원체院体, 사체士体의 칭칭稱이 있으니 궁체는 문종, 성종, 이용李瑢***, 원체는 설경수偰慶壽, 공부孔俯****, 사체는 성석린成石璘, 정난종鄭蘭宗, 성임成任, 강희안姜

世珍)이 ≪사성통해(四聲通解)≫를 편찬, 널리 유통됨.

* 한자의 운(韻)을 분류하여 일정 순서로 배열한 서적.
** 생몰년 미상. 고려 후기의 문신으로 1363년(공민왕 12년) 홍건적을 물리친 공으로 서운정(書雲正) 2등 공신이 됨. 1382년 개성에 괴변이 자주 일어나므로 천도할 것을 주장했으나 실패. 1378년(우왕 4년) 판서운관사(判書雲觀事)로 천도할 땅들을 살펴보고 왔음. 1392년 조선 건국 후 머리 깎고 미달산에 들어가 나오지 않았다.
*** 조선 세종의 셋째 아들. 1428년(세종 10년) 안평대군(安平大君)에 봉해졌고, 단종 즉위 후 둘째 형인 수양대군과 권력다툼을 벌였으나 계유정난(癸酉靖難)으로 희생당함. 시, 글씨, 그림에 모두 뛰어남. 화가 안견(安堅)에게 <몽유도원도(夢遊桃園圖)>를 그리게 함.
**** ?~1416년(태종 16년). 고려 말~조선 초의 문신, 도교인(道敎人). 호는 어촌(漁村), 수선(修仙). 경남 창원 출신으로 도교에 조예가 있어 도교를 좋아했던

希顔들이요,

　화에는 공화工畵 : 화공畵工이 그린 그림, 유화儒畵 : 유교 선비가 그린 것, 방외화方外畵*의 구별이 있으니 이황李滉 : 태종 때과 안견安堅은 국공國工 : 국가 최고의 화공이요, 강희안姜希顔, 김정金淨 등은 유화儒畵로 일컫고 석경石敬**, 이상좌李上佐는 방외화方外畵의 처음이요,

　음악은 세종 때에 박연朴堧이 신라와 고려 전래의 음악과 중국의 음악을 정리, 발달시켜 지금까지 보존되어 동양 고악古樂 연구에 큰 자료가 되었다.

7. 풍속

　혼인은 남녀의 부형父兄 : 아버지와 형이 주관하는데 매작媒妁 : 중매으로 상통相通하여 정하며 민간에는 예부預婦 : 밑 며느리의 제도가 있고 재가再嫁 : 재혼를 엄금하여 그 자제나 서얼庶孼은 청환淸宦***을 못하였다.

태종의 총애를 받았고, 1408년 10월 이후 서장관(書狀官)으로 여섯 번이나 중국에 다녀오며 도교의 별제사 초사(醮祀) 등 도교의식을 배워왔고, 동남동녀(童男童女)를 거느리고 광연루(廣延樓), 상림원(上林園)에서 기우제를 지냈다. 태종은 그에게 수진(修眞 : 불로장생의 수련법)에 관해 물어보기도 했다. 젊어서는 정몽주와 이색 등과 교유했으며 초서와 예서 등 서예에서도 매우 뛰어났다.

* 방외지사(方外之士), 즉 현실 밖에 노니는 도인들 그림.
** 생몰년 미상. 조선 초의 화가로서 인물, 묵죽(墨竹), 운룡(雲龍)을 잘 그렸다. 현재 <산수도>(간송미술관 소장), 한 폭과 <운룡도>(국립중앙박물관) 한 점이 남아 있다.
*** 규장각, 홍문관 등의 벼슬로 지위와 봉록은 높지 않으나 학식과 문벌이 높은 사람에게 시켰다.

신분의 계급은 양반, 중인中人, 상인常人, 천인賤人 네 급이 있고, 이 밖에 창부唱夫 : 광대와 백정白丁들은 아주 천하여 말할 나위가 없다.

상례喪禮는 국휼國恤 : 국장國葬은 삼도감三都監을 두어 행하고 공경公卿 : 고관대작은 장례소가 있어 행하고 그 이하는 호상소護喪所가 있어 행하되 그 복장은 참斬*과 자齊** 최衰***로부터 시緦****까지의 제도가 있고 국제國祭 : 나라 제사와 사서제士庶祭*****에 각기 구별이 있으며 의복은 공복公服*, 군복軍服, 상복常服**이 있는데 국초에는 부녀婦女가 외출에 장의長衣 : 긴 옷를 입더니 세조 원년元年 : 서기 1455년에 장의는 남녀구별 없이 금하였고

음식은 밥과 국飯羹을 주로 하며 술은 집에서 담가 마시는데 지방을 따라 다른 것이 있고, 가옥은 서울 근방은 중문中門을 세워 내외內外를 가르고 사환가仕宦家***는 바깥 대문을 고주高柱 : 높은 기둥로 하는데 지방 농가는 초옥草屋 : 초가집이 많고 서북 지방은 화피樺皮 : 자작나무 껍질와 판청석板靑石****을 쓰며 관북關北 : 함경도 지방은 방한防寒을 주로 하며 방주房廚 : 방과 부엌를 함께 터서 사용하며 제주 지방은 온항溫炕 : 온돌이 없었다.

---

* 상복의 자락 끝 둘레를 접어 꿰매지 않은 것.
** 삼베 상복의 아랫단을 혼 것. 이때는 자로 읽음.
*** 상복 최. 참최(斬衰), 자최(齊衰)가 있음.
**** 시마(緦麻) 시. 석 달 동안 입는 가늘고 성긴 삼베로 된 상복.
***** 사대부 양반과 서인, 서민들의 제사.
* 관원이 평상시 조정에 나아갈 때 입던 제복.
** 상민, 일반 백성들의 평상복.
*** 대대로 벼슬하는 집안.
**** 널빤지 같은 푸른 돌.

5 | 연산군燕山君의 실정失政과 사화士禍의 속출續出

성종 때에 국가가 태평하여 정법政法 : 정치와 법률이 너무 관인寬仁 : 관대하고 인자함에 흐르더니 그 장자長子 : 큰 아들 융㦲이 서며 모후母后의 폐사廢死 : 폐비되어 죽음를 슬퍼하여 마음을 상하는데 연산군 4년 무오戊午 : 1498년에 유자광柳子光의 무리가 사옥史獄*을 일으켜 김종직金宗直과 그 문인門人 : 문하생 김일손金馹孫, 김굉필金宏弼들의 수십 인을 죽이니 무오사화戊午士禍이다.

연산군 10년 갑자甲子 : 1504년에 임사홍任士洪이 연산의 학虐 : 가혹함, 잔인함을 도와 연산에 직언直言 : 올바른 소리한 사람과 그 모후의 폐출廢黜 : 직위를 없애고 쫓아냄에 참론參論 : 논의에 참여한 사람을 뽑아 죽이니 갑자사화甲子士禍라.

이렇듯 사화가 이어지며 실정失政이 심하매 박원종朴元宗, 성희안成希顏들이 꾀하여 임금을 내쫓고 성종의 둘째 아들 진성대군晉城大君 역懌을 맞아들이니 중종中宗이라.

중종이 정치에 뜻하여 조광조趙光祖들의 유명한 선비를 쓰더니 남곤南袞, 심정沈貞의 무리가 조광조들에게 배척당함을 원망하여 이를 모반謀叛한다 무고하여 조광조와 김정金淨들의 수십 인을 죽이니 기묘사화己卯士禍 : 중종 14년, 서기 1519년이다.

인종仁宗을 지나 명종明宗이 서매 모후母后 윤씨尹氏 : 문정왕후文定王后가 섭정攝政**하고 왕후의 동생 윤원형尹元衡이 전권專權 : 권력을 도맡음

---

* 역사 관계로 반역 등 국사범을 다스리는 사건.

하는지라 인종의 모후 장경왕후章敬王后의 동생 윤임尹任이 분립分立하니 원형이 윤임, 유관柳灌들이 모반한다 무고하여 그 무리 일백여 명을 죽이니 을사乙巳 : 서기 1545년, 명종 1년사화라.

  이로부터 사기士氣 : 선비의 기운가 줄어가고 연산 초로부터 선조宣祖 초까지 약 90년 동안 융성에서 쇠강衰降하는 시기이다.

** 왕을 대신해 정치를 맡음.

6 | 불교의 쇠잔衰殘과 유교의 융성 및 그 문화

불교는 국초로부터 유교의 배척을 받는 중 문종과 성종이 더욱 내치더니 중종이 승과僧科*를 없애고 양종兩宗 : 선종禪宗과 교종敎宗을 없애며 서울 도성안의 원각사를 허니없애니, 불교가 더욱 쇠하다가 명종 때에 승려 보우普雨가 문정왕후명종의 어머니의 신임을 얻어 양종을 다시 세우고 도승법度僧法**을 행하며 승과를 다시 세워 불교를 펴다가 보우가 죽은 뒤 양종과 승과를 또 폐하니 불교가 이에 크게 쇠하였다.

유교는 고려 말에 정주학程朱學이 행하여, 그 중 정몽주가 들어나더니 이조에 들어와 더욱 성할새 가장 나타난 자는 조광조, 서경덕徐敬德, 조식曺植, 이황李滉, 송익필宋翼弼***, 이이李珥들이요, 그 중에 황滉은 깊이 성리학을 닦아 정주程朱의 신수神髓****를 얻으니 곧 조선의 유종

---

* 승려의 과거시험.

** 관에서 승려증을 발행하는 법. 도첩제(度牒制).

*** 조선 전기의 학자. 1534(중종 29년)~1599년(선조 32년). 본관은 여산(礪山), 자(字)는 운장(雲長), 호는 구봉(龜峯). 아버지의 죄로 인해 벼슬길이 막혀 경기도 구봉산 밑에서 학문을 닦으며 후진을 가르쳤다. 이율곡, 성우계(成牛溪) 등과 교유했고, 무이시단(武夷詩壇)을 주도했으며, 당대 8문장의 한 사람이었다. 예학(禮學)과 성리학에 밝았으며 조선 후기 예학의 대가 김장생(金長生)을 제자로 키웠다. 작품 <제율곡문(祭栗谷文)>은 조선시대 23대 문장의 하나로 꼽히는 명문이다.

**** 정신적 골수.

儒宗*이라. 그러나 노장老莊**과 육왕陸王***을 배척하여 학문에 협애狹隘****한 풍조가 생겼다.

그러나 문화 방면으로 볼 만한 점이 많았으니 유윤겸柳允謙*****, 최세진崔世珍, 유숭조柳崇祖*들은 국문학자로 더욱이 양류兩柳는 번역문학에 큰 공이 있으며 이황, 정구鄭逑**, 황진이黃眞伊들은 국시國詩 : 한글 시조에 용하고, 한문학에 최립崔岦***, 이정구李廷龜들의 문文과 이달李達, 백광훈白光勳들의 시詩와 권문해權文海****의 박식博識과 허난설헌許

---

* 유교의 종통.

** 노자와 장자의 도가(道家)사상.

*** 육상산(陸象山)과 왕양명(王陽明)으로 대표되는 명나라의 새로운 유교사상으로 주자학에 비판적.

**** 마음씀씀이 좁고 너그럽지 못함.

***** 1420년(세종 2년)~?. 조선 전기의 문신, 시인. 1481년 왕명으로 두보(杜甫)의 시를 한글로 번역한 ≪분류두공부시언해(分類杜工部詩諺解)≫ 25권을 완성함. 1483년 ≪연주시격(聯珠詩格)≫, ≪황산곡시집(黃山谷詩集)≫을 한글로 번역.

* 1452(문종 2년)~1512년(중종 7년). 사서삼경에 구결(口訣)과 토(吐)를 달아놓은 ≪칠서언해(七書諺解)≫를 남겼다.

** 1543(중종 38년)~1620년(광해군 12년). 조선 중기의 문신, 학자. 본관은 청주, 자는 도가(道可), 호는 한강(寒岡). 벼슬을 안 하고 경북 성주에 침잠하며 평생 학문에 매진했다. 경학(經學)을 비롯해 천문, 지리, 의약, 역사, 병진(兵陣) 등 모든 분야에 정통했으며, 특히 예학(禮學)에 밝았다.

*** 1539(중종 34년)~1612년(광해군 4년). 대중국(對中國) 외교 문서 작성의 제1인자. 임진왜란 때 여러 번 명나라에 가서 원조교섭을 맡았다. 시(詩)와 문(文)에 모두 탁월하여, 한석봉(韓石峯)의 글씨, 차천로(車天輅)의 시와 함께 송도삼절(松都三絶)로 불렸다.

**** 1534(중종 29년)~1591년(선조 24년). 본관은 예천, 호는 초간(草澗). 일찍이 퇴계 문하에서 수학함. 저서 ≪대동운부군옥(大東韻府群玉)≫ 20권은 우리나라에 전해오는 책들을 바탕으로 인문, 지리, 역사, 문학, 예술 등에 관해 서술한

蘭雪軒의 시화詩畵며 양사언楊士彦, 한호韓濩의 서書와 사임당師任堂 신씨申氏, 이정李霆*의 그림과 박영朴英**, 허준許浚, 양예수楊禮壽의 의학이 용하고 남사고南師古***의 풍수와 이지함李之菡, 전우치田禹治****의 이술異術 : 신이神異한 도술道術도 있었다.

뒤 운자(韻字)에 따라 나눈 책이다.

* 1541(중종 36년)~1622년(광해군 14년). 조선 중기의 왕족화가. 호는 탄은(灘隱). 세종의 현손으로 시(詩), 서(書), 화(畵)에 모두 뛰어났음. 특히 묵죽화(墨竹畵)는 유덕장(柳德章)과 신위(申緯)와 함께 조선시대 3대가로 유명함.

** 1471(성종 2년)~1540년(중종 35년). 조선 중종 때의 학자, 무인, 본관은 밀양, 호는 송당(松堂), 무예에 뛰어나 20세 때 1491년 원수(元帥) 이극군을 따라 만주 건주위(建州衛) 정벌에 참여했다. 이듬해 9월 무과에 합격했으며, 그 뒤 고향으로 돌아가 정붕(鄭鵬)의 문하에서 학문을 배웠다. 의주목사, 동부승지, 내의원(內醫院) 제조 등을 역임했다. 김굉필의 학통을 계승했고 경학뿐 아니라 천문, 지리, 의학, 산법(算法)에도 능통했다. 의술에 특히 조예가 깊어 ≪경험방(經驗方)≫ ≪활인신방(活人新方)≫ 등을 저술했다. 문하에서 이퇴계, 박운(朴雲), 김취성, 신계성 등이 배출되었다.

*** 생몰년 미상. 조선 중기의 학자, 도인(道人). 역학(易學), 참위(讖緯 : 예언), 천문, 지리, 관상(觀相), 복서(卜筮)의 비결에 뛰어났다. 본관은 영양, 호는 격암(格庵). 명종 말기에 이미 1575년(선조 8년)의 동서분당과 1592년의 임진왜란을 예언했다는 등 많은 일화가 야사집과 구전(口傳)을 통해 전해져옴. ≪십승지설(十勝地說)≫이 유명하다.

**** 생몰년 미상. 조선 중기의 기인(奇人), 환술가(幻術家). ≪청장관전서≫ 한죽당필기(寒竹堂筆記)에는 1522~1566년간에 역질(유행병)을 도술로 예방하였다고 하며 ≪지봉유설≫에는 본래 서울 출신 선비로 환술과 기예에 능하고 귀신을 잘 부렸다고 한다. ≪오산설림(五山說林)≫에는 죽은 전우치가 산 사람에게 ≪두공부시집(杜工部詩集)≫을 빌려갔고, ≪어우야담(於于野談)≫에는 사술(邪術)로 백성을 현혹시켰다 하여 옥사하자, 태수가 가매장시켰고, 뒤에 친척들이 무덤을 파니 시체는 없고 빈 관만 남아 있었다 함. 이는 곧 도교의 시해법(尸解法)과 상통한다.

7 | 외교의 개요概要와 남북구경南北寇警*

유구琉球와 구변국久邊國 : 남양南洋의 일국一國이니 그 왕은 이획李獲이 대대로 입공入貢 : 조공朝貢을 바침하고 일본의 비전備前, 구주九州들의 제주諸州 : 여러 주가 자주 공물貢物을 들이고 북방의 야인도 자주 입공하니 국가는 이에 태평관太平舘**, 북평관北平舘***, 동평관東平舘****을 두어 외교를 하였다.

야인은 반복이 무상無常하여 명나라의 세世 : 치세治世에도 출몰이 비상하더니 선조 초에 야인 니탕개尼湯介가 입구入寇*****하는지라 신립申砬들로 쳐 깨치고 일본은 삼포三浦* 개시開市** 이후 연산군 때에는 전라도를 도적질하더니 중종 5년서기 1510년에 조선 관리가 삼포 거류 왜호倭戶 : 왜인들를 학대하니 대마도주對馬島主가 삼포 왜호와 통하여 란亂을 지으니 삼포왜란이라. 이 뒤로 일본과의 교통이 점점 끊기었다.

---

* 남북 외적들의 경고.
** 중국 사신의 숙소 서울 태평로에 있음.
*** 조선 전기에 여진족 사신을 접대하던 숙소 동대문 흥성방(興盛坊)에 있었음.
**** 조선시대 왜인 사신들의 숙소 종로 인사동 소재.
***** 쳐들어옴.
* 조선 세종 때 개항한 세 항구. 왜인들에게 회유책으로 웅천의 제포, 동래의 부산포, 울산의 염포에 왜관을 설치하여 왜인들의 교통, 거류, 무역의 처소로 삼았음.
** 시장을 엶.

8 | 당쟁黨爭과 외구外寇*

　명종 때로부터 당쟁의 점漸 : 흐름이 있어 선조 초에 이준경李浚慶**이 이를 걱정하더니 선조 8년서기 1575년에 동서東西 당쟁이 일어나니 이는 심의겸沈義謙, 김효원金孝元의 두 집 무리가 각기 주장하여 당을 이룸이라. 김을 돕는 자는 동쪽에 살므로 동인東人이 되고, 심을 돕는 자는 서쪽에 살므로 서인西人이라 하더니 선조 24년서기 1591년 동인이 나뉘어 남인南人, 북인北人이 되고 선조 33년서기 1600년 북인이 또 대북大北, 소북小北이 되었다.

　명종 이후 국정國政이 말 못 되며말도 안 되게 형편없음 변방邊防 : 변방의 방비을 게을리 하니 이에 인심이 흩어져 혹 요동遼東, 혹 일본으로 달아나더라.

　이때 일본은 전국시대戰國時代의 끝이라 효걸梟傑 : 영웅호걸 평수길平秀吉이 전국을 통일하고 패권을 잡으며 조선에 글을 보내어 명나라 칠 길을 빌리라 하고 선조 25년서기 1592년 4월에 20만 병력으로 덤벼들거늘 아군이 막아 싸워 모두 패하매 선조가 의주義州에 파천播遷 : 피난하여 명에 구원을 청하며 민병民兵 : 의병이 사면四面에서 일어나

---

* 외적.

** 1499(연산군 5년)~1572년(선조 5년). 조선 중기의 문신. 본관은 광주(廣州), 호는 동고(東皐), 홍련거사(紅蓮居士). 1531년 문과 급제, 1555년 을묘왜란이 일어나자 전라도 도순찰사(都巡察使)로 출정, 이를 격퇴함. 1565년 영의정이 됨. 임종 때 장차 붕당이 있을 것이니 이를 타파해야 한다는 유차(遺箚 : 유언으로 남긴 기록)를 선조에게 올렸으나 이율곡, 유성룡 등 신진 사류들의 규탄만 받았다.

고 이순신이 철구鐵龜 : 철거북선의 수군으로 경남 해상에서 크게 이기고 조명병朝明兵 : 조선과 명나라 연합군이 평양을 회복하고 정문부鄭文孚는 길주에서 이기고 권율權慄은 경기도 고양 행주幸州에서 크게 이기며 일본이 퇴군하여 화의和議가 거의 이루어지다가 깨지고 선조 30년서기 1597년 정월에 14만여의 일병日兵이 다시 쳐들어오는지라.

우리가 다시 명에 원조를 청하여請援 명의 원군이 와 소사素沙 : 평택에서 일병을 크게 깨치고 이순신의 수군은 명량鳴梁에서 싸워 크게 이겼으나 순신이 전사하였다. 마침 평수길이 죽고 그의 해군이 전멸된지라 제군諸軍을 거두어 가만히 돌아가니 7년 대전大戰이 비로소 평정되고 다음 해에 명의 원병援兵도 다 걷어 돌아갔다.

9 | 광해의 실정失政, 인조의 반정과 이괄李适의 반란

　광해光海 : 광해군의 때에 북인北人 중의 대북大北 이이첨李爾瞻*들이 전권專權하여 김제남金悌男**, 영창대군永昌大君***을 죽이고 또 인목태후仁穆太后를 서궁西宮에 가두며 여러 번 대옥大獄 : 큰 옥사을 일으키며 풍수를 믿어 토목土木 : 공사을 일삼고 회뢰賄賂 : 뇌물를 공행公行 : 공적으로 행함하니 이귀李貴, 김류金瑬들이 광해를 폐하고 능양군綾陽君 : 이종李倧을 세우니 인조仁祖라 이에 정권이 서인西人의 손에 돌아갔다.

　반정 때에 이괄의 공이 많았는데 훈훈勳 : 훈장이 2등에 든지라. 괄이 불평하더니 곧 평안병사兵使가 되매 더욱 앙앙하여 인조 2년에 영변에서 군사를 일으켜 서울을 두려빼고빼앗고 흥안군興安君 : 이제李瑅을 세우더니 장만張晩****, 정충신鄭忠信들에게 패하여 죽었다.

---

* 조선 중기의 문신(1560~1623년). 대북(大北)의 영수로 정인홍(鄭仁弘) 등과 광해군 때의 정국을 주도함.

** 영창대군의 외조부.

*** 선조가 만년에 낳은 아들. 유영경(柳永慶) 등 소북(小北)파들이 받들었다.

**** 1566(명종 21년)~1629년(인조 7년). 조선의 문신으로 본관은 인동(仁同). 호는 낙서(洛西). 1591년 별시문과에 급제. 1607년 함경도 관찰사로 나가 후금(後金) 누르하치의 침입을 경고, 방어책을 상소했다. 1627년 정묘호란 때 병조판서로 도원수가 되었으나, 적을 막지 못해 관작을 삭탈당하고 부여에 유배됨.

10 | 승병僧兵의 설치

　승병은 삼국 때로부터 고려에 이미 있었는데, 임진란 이래로 국방의 필요를 느끼던 중 사명유정泗溟惟政*의 의議：논의를 받아들여 각지의 산성을 수축修築：보수하고 이에 승병을 두어 교련敎鍊하며 요해要害：요충지의 산성 안에는 사고史庫**를 두고 승병으로 지키며 또 경성京城：서울, 도성都城을 지키기 위하여 남한산성이 있으니 산성은 인조 원년元年으로부터 4년 동안에 일을 마치고 이에 승병 370인을 머물러 있게 할새 그 제도가 전국 승려로 번갈아 지키게 함이라. 뒤에 숙종 37년서기 1711년 북한산성을 쌓아 남북한산성에 상비 승병이 모두 740인이었다.

* 1544(중국 39년)~1610년(광해군 2년). 조선 중기의 승려로 본관은 풍천, 속명은 임응규(林應奎). 자(字)는 이환(離幻), 호는 사명당(泗溟堂), 송운(松雲). 법명은 유정(惟政). 서산(西山)대사 휴정(休靜)의 제자로 1561년 승과에 합격하고, 박순(朴淳), 5살 연하의 임제(林悌), 당시 재상이었던 노수신(盧守愼) 등과 봉은사에서 자주 만나 교유했다. 임진란 이후 의승도대장(義僧都大將)으로 1593년 1월 평양성 탈환 작전에 참가 공을 세웠고, 그해 3월 서울 부근 전투에서도 공을 세웠다. 1595년 장편의 상소를 올려 전쟁에 대비, 국력을 충실히 하는 방책을 건의했다. 1604년 휴정의 입적 후 묘향산으로 가던 중 왕명을 받고 일본과의 강화회담 특사로 파견되었다. 이듬해 4월에 조선인 포로 3,000명을 데리고 귀국, 1610년 8월 해인사에서 입적함.
** 국가의 사서(史書)들을 보관하는 곳.

11 | 만주의 입구入寇와 효종의 웅지雄志

　임진의 난에 만주 야인여진족이 구원병을 보내마하되 허락지 않았고 광해 때에 만주와 명이 싸울새, 명이 원병을 청하는지라 구원하였으나 패하였다. 만주가 더욱 강하며 명을 없애고자 할새 먼저 조선을 치기로 하여 인조 5년서기 1627년에 만주 태종太宗이 3만 군사로 들이닥쳐 형제국의 맹약을 맺고 가니 제1회 난亂이요,

　인조 14년서기 1636년 병자丙子에 만주 태종이 대청大淸황제가 되어 조선과의 형제맹약을 버리고 속국屬國의 예禮를 지키라 하거늘 이를 거절하였더니 청이 13만 대군으로 들어와 어르거늘 인조가 남한산성에 피난하더니 마침내 강화도가 함락되고 남한산성이 또 위태하므로 인조가 주화파主和派 최명길崔鳴吉의 말을 좇아 삼전도三田渡 : 송파松坡에 나아가 해마다 공물을 바치니歲貢 청이 물러갔다.

　병자의 난 뒤 상하가 분함을 참지 못하는 중 임경업林慶業은 가만히 명과 통하여 인조 21년 청을 노리다가 못하고 효종孝宗이 서며 북벌北伐 : 북방 정벌을 꾀하여 병기兵器와 마량馬糧 : 말과 식량을 준비하더니 불행히 효종이 돌아가고 현종 때와 숙종 처음까지 북벌의 논의가 있었으나 행하지 못하였다.

12 | 당쟁의 번복

    인조 때로부터 현종 끝까지 50년 동안을 서인이 득세하였으나 기해己亥 : 효종 10년, 서기 1659년, 갑인甲寅 : 현종 15년, 서기 1674년의 양예송兩禮訟*으로 남인南人이 서인西人을 대신하여 5년 동안 득세하다가 경신庚申 : 숙종 6년, 서기 1680년 3월에 허견許堅**의 역옥逆獄 : 역적의 반역사건에 대한 옥사으로 남인이 크게 꺾이고 임술壬戌 : 숙종 8년, 서기 1682년 10월에 허영許瑛, 허새許璽와 유명견柳命堅의 옥獄 : 옥사獄事. 반역사건***으로 서인들이 노론老論 : 송시열 등과 소론少論 : 윤증尹拯 등으로 갈리고 기사己巳 : 숙종 15년, 서기 1689년 이후로 남인이 재기再起하다가 갑술甲戌 : 숙종 20년, 서기 1694년에 서인이 정권을 전담하며專政 남인이 다시 일어나지 못하게 되었다.

---

* 두 예법 논쟁 사건.

** 조선 후기의 문신. ?~1680년(숙종 6년). 본관은 양천. 아버지는 남인의 거두 적(積)이다. 1680년 숙종이 남인 세력의 견제를 위해 서인에게 중앙군권을 맡겼을 때, 척신 김석주에 의해 '삼복(三福)의 변(變)'을 꾀했다고 고변당하여, 주변인물로 체포됨. 허견은 국문을 받은 후 군기시(軍器寺) 앞에서 처형되었고, 인조의 손자인 복창군, 복선군 및 허적 등 남인의 주요 인물들이 사사(賜死)되거나 유배되었다.

*** 1682년 외척 김석주와 서인 김익훈 등이 남인 허영, 허새, 유명견으로 하여금 반역하도록 계략을 꾸며 남인의 뿌리를 뽑으려 했으나, 서인 내부의 소장파인 한태동(韓泰東)과 조지겸(趙持謙) 등이 이를 반대함으로써 노론과 소론이 분열되는 하나의 원인이 되었다.

13 | 안용복安龍福*의 변辨과 백두산의 정계定界**

　일본과는 기유己酉 : 광해 원년, 서기 1609년 조약을 맺어 통상하다가 숙종 9년서기 1683년에 금방오조禁榜五條를 만들었는데 이때 대마도주對馬島主가 우리 울릉도의 재목을 베며 섬을 차지하고자 하는지라 부산에 사는 안용복이 백기주伯耆州 : 현재 돗토리현에 왕복하여 질문하며 저들을 매축罵逐***하니—숙종 21년, 서기 1695년—이로부터 재범치 못하였다.

　북계北界 : 북방 국경 토문강土門江**** 발원처發源處 : 시작하는 곳에 계선界線 : 국경선이 분명치 못하므로 숙종 38년서기 1712년에 조선과 청나라 양국의 사신들이 분수령分水嶺*****에 비석을 세워 국계國界 : 국경을 정하니 비문에 <이곳에 이르러 여러 정황을 깊이 판단하여 보건대至此審視 서쪽 국경선은 압록강으로 하고西爲鴨綠, 동쪽 국경선은 토문강으로 하노라東爲土門>이라.

---

* 생몰년 미상. 조선 후기의 어부로서 숙종 때 울릉도와 독도가 조선 땅임을 일본 막부(幕府) 정부가 자인하도록 활약한 민간 외교가이자 어부. 동래부 출신으로 홀어머니 아래에서 평소 나라의 은혜에 보답해야 한다는 엄한 가훈을 받고 자랐다 함. 일찍이 동래 수군으로 들어가 능로군(能櫓軍)으로 복무, 부산 왜관에 자주 출입해 일본말을 잘했다.
** 국경을 정함.
*** 몹시 꾸짖으며 쫓아냄.
**** 백두산 천지에서 시작하여 북으로 흐르는 송화강(松花江)의 지류.
***** 강물이 나뉘는 산고개.

14 | 노소론老少論의 상알相軋*

숙종의 뒤 경종景宗이 임금이 되어 병이 있으므로 노론이 주동하여 어제御弟 : 임금의 동생 연잉군延礽君 : 뒤에 영조가 됨으로 동궁東宮 : 왕세자의 별칭을 봉封하여 국정을 대리하니 소론이 반대하여 노론을 많이 죽이고 소론이 정권을 잡으니 신임사화辛任士禍**라.

경종이 돌아가고 영조가 즉위하며 소론의 세력을 줄이더니 김일경金一鏡***의 여당餘黨 : 잔당 이인좌李麟佐****가 남인 정희량鄭希亮으로 더불어 군사를 일으켜 조정을 뒤집으려 하다가 패하매영조 4년, 서기 1728년 소론의 기세가 더욱 꺾이니 이 뒤로는 노론이 아주 정권을 독차지하게專政 되었다.

---

* 서로 삐걱거림.
** 신축(辛丑)년과 임인(壬寅)년에 벌어진 정변. 서기 1721~1722년.
*** 조선 후기 신임사화를 일으켜 노론의 숙청을 주도한 소론의 거두. 본관은 광산(光山). 1702년(숙종 28년) 식년문과에 장원급제, 정언, 감찰을 지냈고, 1707년 문과중시에 장원하여 판결사로 특진. 1721년 이조참판으로 있으며 소론의 영수인 좌의정 조태구 등과 노론 4대신(김창집, 이이명, 이건명 등)들을 탄핵하여 소론 정권 수립. 소론 목호룡을 매수, 노론이 반란음모에 가담했다고 거짓 고변케 하여, 1722년 노론 4대신을 모두 사사(賜死)시키고 노론 수백 명을 살해, 추방했다. 1724년 영조의 즉위로 노론이 재집권하자 투옥되어 참형당했다.
**** 조선 후기의 역신(逆臣). ?~1728년(영조 4년). 남인의 명가 출신이었으나 남인이 1694년(숙종 20년) 갑술환국 이후 정계에서 소외되었으므로 관직 진출을 기대하기 힘든 상황에서 1728년 3월 스스로 대원수라 칭하며 반란을 일으킴. 청주성을 함락시키고 안성에 이르러 관군에게 패한 뒤 생포되어 한양에서 능지처참됨.

15 | 문운文運의 융창隆昌*

　임진 이후로 문화가 크게 삭아지더니 인조 때로부터 서양의 학술과 중국의 문풍文風 : 학문 풍조이 들어오며 영조 때에 다시 융성하여 석학자碩學者**인 이익李瀷으로부터 이상정李象靖***, 유장원柳長源****의 예학禮學, 신경준申景濬, 정약용丁若鏞의 고증학古證學, 안정복安鼎福, 이긍익李肯翊, 한치윤韓致奫의 사학史學과 박지원朴趾源의 문장, 박제가朴齊家들의 시詩와 홍계희洪啓禧*****, 박성원朴性源*의 운학韻學이 출중出衆:

* 융성.
** 여러 학문을 섭렵한 대학자.
*** 1711(숙종 37년)~1781년(정조 5년). 조선 후기의 학자. 본관은 한산, 호는 대산(大山). 퇴계의 영남 이학파(理學派)의 학풍을 계승하고 저술 ≪독성학집요(讀聖學輯要)≫를 통해 기호학파의 이(理)와 기(氣)를 대등하게 보는 태도를 거부하고 유리론(唯理論)을 전개함. 38세 때 부친상을 당해 시묘하던 중 ≪사례상변통고(四禮常變通攷)≫를 지음.
**** 1724(경종 4년)~1796년(정조 20년). 본관은 전주, 호는 동암(東巖). 1769년(영조 45년) 대산 이상정을 스승으로 섬겨 심학(心學)을 전수받음. 용모가 준수하고 도량이 넓었으며 학문에 전념하여 경학, 제자백가, 예학에 두루 통하였다. 저서 ≪상변통고(常變通攷)≫ ≪동암집≫.
***** 1703(숙종 29년)~1771년(영조 47년). 본관은 남양, 호는 담와(淡窩). 조선 후기의 문신. 저서 ≪삼운성휘(三韻聲彙)≫.
* 1697(숙종 23년)~1767년(영조 43년). 본관은 밀양. 호는 포암(圃菴). 진사로서 예학에 뛰어나고 음운학에 밝았다. 1747년(영조 23년) ≪화동정음통석운고(華東正音通釋韻考)≫를 지어 당시 한국과 중국의 한자음을 밝혔다. [w] 음을 표기하기 위해 ◇ 자를 만들었고 구개음화를 인정했다.

무리 중 뛰어남하며 홍대용洪大容은 지전설地轉說을 창創 : 새롭게 발표함하고 신경준, 이영익李令翊*의 국문한글 연구가 있고 황윤석黃胤錫**은 어원학자語源學者요, 이광사李匡師는 필가筆家 : 서예가의 으뜸이요, 김홍도金弘道는 화가畵家의 마루며 서여오徐汝五는 감상鑑賞 : 감정에 용하고 강명길康命吉***은 의학에 밝고 이언진李彦瑱****, 윤행임尹行恁은 재예才藝 : 재능과 기예技藝로 들리었다뛰어났다.

* 1740년(영조 16년)~?. 본관은 전주, 호는 신재(信齋). 덕천군 후생(厚生)의 후손으로, 양명학자(陽明學者)이며 서예가로 유명한 이광사(李匡師)의 아들이고, ≪연려실기술≫의 저자인 긍익(肯翊)의 아우이다. 부친에게 가학(家學)을 학문을 전수받아 우리나라 최초로 양명학의 사상적 체계를 이룩한 정제두(鄭齊斗)의 학통을 계승함.

** 1729(영조 5년)~1791년(정조 15년). 조선 후기의 운학자(韻學者). 본관은 평해(平海), 호는 이재(頤齋). 국어학에 대한 공로가 크다. 문집 ≪이재유고≫에 있는 ≪화음방언자의해(華音方言字義解)≫와 ≪자모변(字母辯)≫은 국어 연구의 중요한 자료임. ≪자모변≫은 초·중·종성에 대한 논술로 여러 나라의 문자와 비교 설명했고, ≪화음방언자의해≫는 약 150항목의 우리말 어원을 중국어, 범어 등과 비교 고찰했다.

*** 1737(영조 13년)~1801년(순조 1년). 본관은 순천. 1768년(영조 44년) 식년의과 급제, 이듬해 내의원 의관(醫官)이 됨. 1799년 왕명으로≪제중신편(濟衆新編)≫ 8권을 편찬함.

**** 1740(영조 16년)~1766년(영조 42년). 조선 후기의 역관(譯官), 시인. 대대로 역관을 지낸 집안에서 출생. 수준 높은 걸작 시들을 많이 씀. 27세에 요절.

16 | 천주교의 수입과 사옥邪獄

　천주교의 서적을 읽게 되기는 임진 뒤로부터요, 선교사가 들어오기는 숙종 12년丙寅, 서기 1686년이고 영조 때에 관동關東 : 강원, 해서海西 : 황해도에 크게 성하고 정조 8년서기 1784년에 이승훈李承薰*이 북경에서 그 서적을 갖다 언역諺譯 : 한글 번역하여 펴며 청나라 사람 주문모周文謨를 청해다 포교함으로부터—정조 19년, 서기 1795년—그 교가 널리 행하고 서양 학술도 수입되더니 순조 원년서기 1801년, 신유辛酉에 사옥邪獄이 일어나 황사영黃嗣永, 이가환李家煥, 정약종丁若鍾들이 죽고 학자 정약용, 이학규李學逵**들이 귀양 갔다.

* 조선 후기의 천주교인. 1756(영조 32년)~1801년(순조 1년) 한국 최초의 영세자이며, 천주교회 창설자 중의 한 사람. 남인(南人)계 선비로, 외삼촌 이가환(李家煥)의 영향을 받았고, 권일신(權日身), 정약종, 정약전, 이기경 등과 긴밀한 관계를 유지했다. 권철신을 중심으로 한 성호(星湖) 좌파의 학맥을 계승했으므로 서양 학문에 대한 수용 열정을 많이 갖고 있었다. 1775년 정약용의 누이와 결혼. 1801년 신유사옥 때 정약종, 홍낙민 등과 서소문 밖에서 참수당함.

** 조선 후기의 문인. 1770(영조 46년)~1835년(현존 1년). 본관은 평창. 유복자로 외가에서 태어나 외조부와 외삼촌 이가환 등 성호(星湖 : 이익) 가문의 실학적 분위기 속에서 자람. 일찍이 남인의 촉망받는 청년 학사로 주목받았으며, 26세에 발탁되어 《규장전운(奎章全韻)》 편찬에 참여했고, 왕명으로 <무이구곡도가(武夷九曲櫂歌)>를 지어 올리는 등 각별한 대우를 받았으나, 1801년 신유옥사에서 천주교도로 몰려 24년간 유배생활을 하였다. 유배 중 오직 문필에만 전념하여 특히 정약용과 교류하며 시를 많이 썼다.

17 | 국정國政의 부패와 홍경래의 거병擧兵

정조 때에 세도勢塗*를 두더니 순조 때에 외척外戚 : 외가 친척 김씨金氏**가 세도하며 정치에 폐弊 : 해악害惡가 더욱 많아 인심이 헐어지더니 평북 용강龍岡 사람 홍경래洪景來가 가산嘉山에서 군사를 일으켜 혁명을 부르니순조 11년, 辛未, 서기 1811년 청천강淸川江 이북이 모두 응하는지라 관군과 싸우기 4개월에 패망하였다.

순조의 다음 헌종 때에는 외척 김씨가 조씨趙氏***가 정권을 다투더니 철종이 서며 김문근金汶根 : 철종의 장인 등이 국정을 잡으니 김씨의 세력이 순조로부터 철종의 끝까지 60년을 갔다. 이 동안에 위에서는 외척이 세도勢塗로 일을 처리하고用事 아래에서는 관리가 탐욕스럽게 학정虐政하여貪虐 나라가 아주 진흙탕처럼 혼탁해지고 빈약貧弱 : 가난하고 쇠약해짐에 빠졌다.

---

* 정치적 권세. 여기서는 왕의 외척들이 권력을 마구 휘두르는 것을 빗대 길 도(道)를 진흙길 도(塗)로 표현함.
** 순조의 왕비 친족인 안동 김씨들.
*** 헌종의 어머니 친족 풍양 조씨들.

18 | 광무제光武帝의 승통承統*과 대원군의 섭정

철종이 돌아가고 흥선군興宣君** 하응昰應의 제2자第二子가 문조文祖 : 순조의 아들의 통統 : 왕통을 이어 임금이 되니 광무제光武帝***라.

흥선이 대원군大院君이 되어 정권을 잡으며 당인黨人 : 당파과 척신戚臣 : 왕의 친척들의 세력을 깨치고 인재를 뽑아 쓰며 모든 폐정弊政****을 고치고 팔도의 서원書院을 헐어 유자儒者 : 유교 선비의 굴혈窟穴*****을 없애고 경복궁을 다시 지었다.

그러나 대원군은 쇄국주의鎖國主義를 잡아 천주교를 엄금하며 프랑스 선교사 9명과 교도 수만을 죽이고 프랑스 군함을 강화도에서 깨치고 미국 군함을 대동강에서 불 지르니―고종 3년, 서기 1866년, 병인양요丙寅洋擾―미 군함 5척이 다시 강화도에 덤벼든지라―고종 8년, 서기 1871년, 신미양요辛未洋擾―

이를 또 쳐 내쫓고 교만한 오기驕傲가 생겨 외국과의 통상을 모두 허락하지 않았다. 이때 프랑스, 미국이 이 사건을 청淸에 질문하였더니 청이 조선의 전쟁 선포宣戰와 구화권媾和權*은 조선이 자행自

---

* 대통을 계승함.

** 영조의 현손(玄孫). 손자의 손자뻘.

*** 고종(高宗). 1897년 대한제국(大韓帝國)으로 국호를 바꾸며 제국의 독자적 연호를 광무(光武)라 하였다.

**** 악폐가 되는 정치.

***** 소굴. 부패의 온상지.

* 교전국 간에 화해하는 권리.

行*한다고 대답하여 그제야 비로소 조선이 청의 속국이 아닌 독립국임을 세계가 알게 되었다.

  대원군이 집정한 지 10년에 퇴로退老**하고 민씨閔氏*** 일파가 정권을 전횡하여專權 개국론開國論을 세우며 강화江華 수병守兵 : 수비대의 일본 군함 운양호雲揚號 포격문제가 생겨―고종 13년, 병자丙子, 서기 1876년―일본과 통상하니 부산 외에 원산元山 : 고종 17년, 1880년과 인천고종 20년, 1883년에 개항하였다. 이 뒤로 미국1882년, 영국1882년, 독일1882년, 러시아1884년, 프랑스1886년, 오스트리아, 청淸 : 1889년, 의義 : 이태리, 1884년, 백白 : 벨기에, 1901년, 덴마크1902년들의 나라들과 차례로 통상하게 되었다.

---

* 독자적으로 행사함.
** 늙어 물러남.
*** 고종황제의 황후 친족들.

19 │ 임오군란壬午軍亂과 갑신정변甲申政變

  광무제 18년서기 1881년에 군제軍制 개혁을 단행할새 병사의 파면된 자가 많고 그 다음해 임오壬午 : 1882년는 한발旱魃 : 가뭄로 인심이 불온한데 군졸의 요料 : 봉급를 주지 않으니 오영五營*의 군대가 민겸호閔謙鎬, 김보현金輔鉉들을 죽이고 일본 공관을 불 지르며 궁궐을 범하니 민당閔黨**이 청병淸兵 : 청나라 군사을 청구하여 난을 평정하고 일본은 군함 4척, 육군 1개 대대大隊로 와서 힐문詰問***하는지라 수호修好조약을 맺고 배상금 지출을 허하였다.

  군란 뒤에 박영효들을 일본에 사신 보낼 때 김옥균金玉均들이 수행원으로 함께 가서 일본문화를 보고와 홍영식洪英植들과 꾀하여 고종 21년 갑신甲申 : 1884년 10월에 민태호閔台鎬들의 수구당守舊黨을 죽이고 일본군대의 지원을 얻고 신정부를 짜더니 수구당의 구원병인 청나라 군대에게 패하여 옥균들은 일본에 망명하고 일청日淸 양국은 천진天津조약을 맺어 조선 주둔군을 걷어가고 조선에 일이 있으면 문서로 교신하여行文 알리기로 하였다.

---

* 오군영. 조선시대 오위(五衛)를 고쳐둔 다섯 군영. 훈련도감, 총융청, 어영청, 수어청, 금위영.

** 민씨 외척 세도당파.

*** 트집을 잡아 따져 물음. 책문(責問).

20 | 동학난東學亂과 일본의 간섭

갑신의 난 뒤 10년 동안에 영국의 거문도巨文島 점령 사건과 청국과의 간도감계안間島勘界案*과 러시아 세력의 침입들에 문제가 많으나 민씨가 세도勢塗를 번갈아하며 민씨들 관리의 토색討索**이 심하매 민요民擾 : 민란가 사면四面 : 전국에 있더니 고종 31년갑오甲午, 1894년에 고부古阜 사람 전봉준全琫準이 동학당東學黨***을 모아 난을 꾸미니 전주를 들이빼고함락시키고 각처의 동학당이 평일의 숙원宿怨 : 맺힌 원한을 갚으며 기염이 대단한지라.

민당閔黨 : 민씨 일당이 청淸에 구원을 청하여 청병淸兵이 오고 일본이 또 군사를 보내오며 동학당은 관군과 일본군에게 패하여 없어졌다. 이때에 일청日淸이 전쟁하여 청이 지고 마관馬關조약이 되며 일본은 조선 일에 간섭하여 김홍집金弘集으로 신내각新內閣을 짜게 하고 입헌제도立憲制度를 정하며 관제를 개혁하니 이것이 갑오경장甲午更張이다. 이 뒤에 민후閔后 : 민비가 개혁당을 미워하여 러시아의 세력을 끌어들여 일본을 누르고자 하다가 민후가 난중에 불 타 죽은燒弑 바가 되고 이로써 외국 간에 물론物論****이 일며 각지에서 의병義兵들이 일어나니 을미사변乙未事變 : 1895년이다.

---

* 현재 중국 만주 길림성의 동남부 지역에 해당하는 간도(間道)에 대한 청나라와 조선과의 국경선 문제.
** 돈, 물건을 억지로 달라 함.
*** 철종 말엽에 최제우가 서교(西敎)에 대칭하여 세운 종교.
**** 물의(物議). 부정적 의미로 어떤 일에 대해 여럿이 논쟁하는 것.

21 | 조선의 문화

1. 종교

신교神敎의 교의敎儀 : 교리와 의식가 풍속과 섞여 상월上月 : 음력 10월 신사神祀 : 천신天神 제사들의 유속遺俗 : 남은 풍속만 전하고 선교仙敎는 신교의 일파一派라* 청학상인靑鶴上人 : 선조 때**, 단세인檀世人, 이의백 李宜白—모두 영조 때 사람—들이 그 정수精髓를 전하였다.

유교는 성리학을 전주專主 : 주로 전공함하나 최명길, 정제두鄭齊斗들 의 양명학파陽明學派도 있고, 윤휴尹鑴***, 심윤대沈允大들의 자유학파自

---

* 여기서 저자 권덕규는 동아시아 전래 3대 사상 유불선(儒佛仙) 중 선교(仙敎 : 선도仙道, 도교道敎)에 대해 간단히 신교(神敎 : 단군을 교조로 하는 한민족의 천신天神 숭배 종교)의 일파라고 정의한다. 이러한 견해가 당시 구한말~일제시대 의 선각자적 지식인인 육당 최남선, 위당 정인보, 백암 박은식, 단재 신채호 등의 국학자들 저서에 공통적으로 드러나고 있음을 볼 때, 단순히 권덕규의 사견이 아니라 먼 옛적부터 구전되어오던 중국 선도나 도교에 대한 우리나라 의 국학 담론적 상식이 아니었나 추정된다.
** 생몰년 미상. 조선 중기의 기인(奇人), 선교인(仙敎人). 속명은 위한조(魏漢 祚), 함경도 갑산 출신. 백우자(百憂子) 이혜손(李惠孫)의 문인이며, 격물치지(格 物致知)의 비법을 배워 터득하고 천문과 지리 등 통하지 않은 학문이 없었다 함. 동양의 여러 나라를 두루 다니며 산천을 구경하다 뒤에 귀국하여 지리산 청학동에 은거함. 출전 ≪청학집(靑鶴集)≫.
*** 1617(광해군 9년)~1680년(숙종 6년). 조선 후기의 문신, 학자. 주자학이 지배 하던 17세기 사상계에서 주자의 학설, 사상을 비판, 반성하는 독자적 학문 체 계를 세움. 예송(禮訟) 때 남인으로 활동하며 송시열 등 서인계와 맞섰으며 많

由學派도 있었고 불교는 임진 이후 문호門戶를 보전할 뿐이오, 도교는 중종 때에 없어진 뒤 순조 때에 겨우 소식을 전하게 되고 천도교는 본래 동학교로 갑오1894년 이후에 세상이 알게 되고 기독구교基督舊敎 : 천주교는 전함이 오래고 개신교는 갑신甲申 : 1884년으로부터 퍼졌다.

2. 제도

임진 뒤에도 별로 변함이 없는데 군제軍制는 임오군란 뒤에 죄다 고쳐 좌우, 전후의 영사營使와 장위壯衛, 총어總禦, 경리經理의 사使를 두었고 형법刑法에는 정조 때에 ≪대전통편大典通編≫이 있고, 광무제光武帝 : 고종황제 초년에 ≪대전회통大典會通≫을 지었으며 부세賦稅 : 세금 부과는 군포軍布를 대원군이 고쳐서 호戶 : 집에 나눠 물렸고 화폐는 인조 때에 상평통보常平通寶를 만들어 내리 쓰더니 광무제 때에 당백當百, 당오當五의 철전과 은화銀貨, 동화銅貨가 있었다.

3. 학예學藝

국문학은 국문에 관계되는 서적이 임란에 소실되고 그 뒤 별로 떨치지 못했으나 ≪흥부전≫ ≪홍길동전≫ ≪춘향전≫ ≪옥루몽玉樓夢≫ ≪언문 삼국지≫들이 있고 국문의 연구는 영정英正 : 영조, 정조

은 개혁안을 제기하고 실행하려 했다. 서인계로부터 사문난적(斯文亂賊)으로 규탄 받고 끝내 처형당했다. 호는 백호(白湖). 저서 ≪백호문집(白湖文集)≫ ≪백호독서기≫ 등.

때에 싹이 돋아 그 뒤 유희柳僖로부터 주시경까지 이었고 국시가國詩歌 : 한글시조에는 윤선도尹善道, 박후웅朴後雄*으로 박효관朴孝寬**, 안민영安玟英까지 이어졌다.

한문학은 영정 때에 크게 흥하여 이 뒤 계속하니 이조李朝 일대一代의 저술이 오십만 권에 이르는데, 그 중 영조 이하의 것으로는 정약용의 《여유당집與猶堂集》, 서유구徐有榘의 《임원십육지林園十六志》, 이규경李圭景의 《오주연문장전산고五洲衍文長箋散稿》, 최한기崔漢綺의 《추측록推測錄》, 고산자古山子 김정호金正皡의 《대동지지大東地志》들이 특절特絶한 것이다.

서화書畵에는 서書에 김정희金正喜, 화畵에 장승업張承業이 대표요, 이하응李昰應의 난蘭, 정학교丁學敎***의 석石이 특별하고 박창규朴昌珪들의 화화火畵 : 낙화烙畵라고도 함도 있다.

과학 방면에는 인조 때에 서양학문을 수입하기 비롯하여 천문역법天文曆法은 다 그 서양법을 썼고 유흥발劉興發 : 인조 때****이 자명종自

---

* 생몰년 미상. 조선 숙종 때 활약한 가객(歌客), 명창 상건(尙健)의 아들로 예부터 전하는 악희(惡戱)의 곡을 높은 소리로 새로 지어 관현악에 얹어 노래 불렀는데, 이를 《소용(騷聳)》이라 했다. 《청구영언(靑丘永言)》에 전함.
** 생몰년 미상. 조선 고종 때의 가객. 가곡의 명인 장우벽(張友璧)의 법통을 오동래(吾東萊)를 통해 계승받음. 1876년(고종 13년) 제자 안민영과 함께 3대 가곡집의 하나인 《가곡원류(歌曲源流)》를 편찬.
*** 1832(순조 32년)~1914년. 조선 말기의 서화가. 본관은 나주, 호는 몽인(夢人), 몽중몽인(夢中夢人). 글씨는 모든 체에 능했고, 광화문의 편액을 썼다고 함. 그림은 괴석도(怪石圖)에 특히 뛰어났다.
**** 생몰년 미상. 조선 효종(1650~1659년) 때 밀양 사람. 일본 상인이 가져온 서양의 자명종을 연구한 끝에 그 구조를 깨달았다고 한다.

鳴鐘을 본떠 만들었고 의학에는 순조 때의 이경화李景華*, 헌종 때의 정학연丁學淵 : 다산 정약용의 장남이 있으니 학연은 농학가農學家 : 농업 전문가 남상교南尙敎**, 수학가數學家 이강환李康寶을 더불어 서양의 것을 연구하였으며 광무제 때에 이제마李濟馬는 사상의법四象醫法을 발명하였다. 음악방면에도 영조 때에 벌써 양금洋琴을 수입하고 광무제 때에 서양음악을 크게 수입하였다.

4. 공예

임란 뒤에 아주 쇠퇴하더니 광무제 때에 김원식金元植의 건축, 이태욱李泰郁의 조각과 강윤姜潤, 이건영李建榮들의 기계 제조가 용하였다.

---

* 조선 후기의 명의, 유의(儒醫). 1790년(정조 14년)에 간행한 의서(醫書) ≪광제비급(廣濟秘笈)≫은 정조 때 함경도 관찰사 이병모(李秉模)가 이 지방 사람들의 의료 혜택을 못 받는 것을 한탄하며 구료에 활용할 수 있도록 이경화에게 편술케 한 것이다. 어려운 병리설(病理說)을 줄이고 임상과 직결되는 구급, 잡병, 부인병, 소아병에 역점을 두었고, 특히 단방생약(單方生藥)에서는 함경도 산야에서 누구나 구할 수 있는 약초들을 다수 기록해놓았다. 지금도 유효한 책임. 규장각 도서에 있으며 4권 4책임.

** 1783~1866년. 본관은 의령(宜寧), 호는 우촌(雨村). 일찍이 진사시(進士試)에 합격하여 수령(守令)과 충주목사를 거쳐 돈령부(敦寧府) 동지사(同知事)를 역임했으며, 문명(文名)도 높았다. 독실한 천주교인으로 1866년 병인박해 때 체포되어 새남터에서 사형 당함.

22 | 국호國號의 개칭과 일로전쟁日露戰爭

을미사변의 뒤 광무제는 일본이 미워 건양建陽 원년元年 : 병신丙申, 1896년에 노관露館 : 러시아 공관 옮겼다가 다음 해 경운궁慶運宮에 돌아와還御 8월에 국호를 한韓, 연호年號를 광무光武라 고치고 지방을 13도道로 하였다.

노국露國 : 러시아이 조선에 세력을 심으며 일로日露 : 일본과 러시아가 충돌하며 일영日英 : 일본과 영국이 동맹하더니 광무 8년갑진甲辰, 1904년에 일로전쟁이 일어나 다음 해에 러시아가 대패하매 이 결과 이해 11월에 한국韓國 : 대한제국이 일본의 보호국이 되고 11년정미丁未, 1907년 7월에 해아海牙 : 네덜란드 헤이그 밀사密使사건으로 광무제가 퇴위하고 7조약이 되며 군대를 해산하더니 융희隆熙 : 순종황제의 연호 3년기유己酉, 1909년에 안중근安重根이 이등박문伊藤博文을 죽이며, 다음 해 융희 4년 경술庚戌, 1910년 8월에 한국이 일본에 합병되었다*.

신문화新文化의 수입

오백 년의 유교문화가 근본적으로 사라져 문인文人 이건창李建昌**,

---

* 이 책이 1929년 일제하 총독부의 검열을 통과한 후 출간되었음을 상기하면, 저자의 이런 표현이 이해될 것이다.
** 1852(철종 3년)~1898년. 조선 말기의 문신, 대문장가. 정제두가 양명학의 지행합일(知行合一) 학풍을 세운 강화학파(江華學派)의 학문 태도를 실천했으며 천

시인詩人 황현黃玹*이 끝을 막고 신문화는 광무제 갑신甲申, 1884년 이후로 신문화기관을 세우며 그 수입을 비롯하여 을미乙未, 1895년 이후에 신교육이 흥하고 광무, 융희 연간年間에 민간에 교육열이 일어나며 각종 과학을 수입하고 한문학이 없어지며 언문일치言文一致의 국문학이 뒤를 대게 되었다.

성이 강직했고, 강위(姜瑋), 김택영(金澤榮), 황현(黃玹)과 교분이 두터웠다. ≪당의통략(黨議通略)≫ ≪명미당집(明美堂集)≫ 등 저서가 있다.

* 1855~1910년. 조선 말기의 선비로 우국지사(憂國之士)이며 대한민국의 독립유공자이다. 아호는 매천(梅泉), 본관은 장수(長水). 전남 광양 출생으로 구례에서 성장. 과거에 급제했으나 낙향하여 제자를 양성하며 지내다 1910년 경술국치를 통탄하며 국치일 일주일 후 구례의 집에서 음독 자결했다. 유고집 ≪매천집(梅泉集)≫과 편년체로 기술한 역사서로서 사료 가치가 풍부한 ≪매천야록(梅泉野錄)≫이 있다.

권덕규 연보年譜(1891~1949년)

1891년 8월 7일	경기도 통진군(현 김포군) 하성면(霞城面) 석탄리(石灘里) 315번지에서 출생. 본관은 안동. 1890년생이라는 설도 있음. 이후 전통 한학(漢學)을 배움.
1910년	소학교(보통학교)를 거쳐 서울의 휘문의숙(徽文義塾 : 현 휘문고등학교)에 입학.
1911년	휘문의숙 재학 중 조선어 강사로 출강하던 주시경(周時經) 선생의 영향을 크게 받음.
	최남선이 주재하던 조선광문회(朝鮮光文會)에서 한글말모이(사전) 편찬에 주력하던 주시경 선생을 김두봉(金斗奉), 이규영(李奎榮) 등과 함께 도움.
1912년 3월	주시경 선생의 주도로 운영되던 조선어강습원에 참여, 중등과를 1회로 졸업.
＿＿＿ 9월	미발표 글 <평양수학여행기> 지음.
1913년	휘문의숙 제4회로 졸업. 3월에 조선어강습원 고등과를 1회 졸업. 이후 조선광문회에서 6년간 한글사전편찬에 적극 참여함.
1914년	주시경 선생 서거후, 최남선 주재의 <청춘> 창간호(1914년 10월호)에 <주시경 선생 역사> 기고.
7월 26일	경남 동래 범어사(梵魚寺) 내의 명정(明正)학교에서

~8월 22일	개설된 조선언문회(朝鮮言文會) 하기강습소의 강사로 활동.
1915년	3월부터 2년간 김두봉과 함께 조선어강습원의 고등과 교사 및 중등과 강사를 맡음.
1916년 4월	조선언문회의 의사원에 선임.
1919년 3월 1일	삼일운동 당시 장지연(張志淵), 이인(李仁) 등과 손잡고, 독립운동에 가담.
1919년 12월 24일 ~1920년 1월 7일	<매일신보(每日申報)>에 모두 9회에 걸쳐 <조선어문(朝鮮語文)에 취(就)하야> 연재. 훈민정음 창제 이전 고대부터 문자가 있었으며, 훈민정음은 그것을 정비하고 추가하였다는 점을 강조하였다.
1920년 4월 1일	<동아일보> 창간호에 <동아해(東亞解)> 발표. 이후 1920년대 전반에 걸쳐 동아일보와 깊은 관계를 맺음.
____ 4월	휘문학교의 조선어 교사가 됨(촉탁으로 발령).
____ 5월 8,9일	동아일보에 '환민(桓民) 한별'이라는 필명으로 논설 <가명인(假明人) 두상(頭上)에 일봉(一棒)> 발표. 당시 조선의 유교계 인사들을 중국을 섬기는 모화(慕華)사상에 젖은 가짜 명나라 사람들(假明人)이라 하고 이름은 조선인이로되, 그 실상은 지나인(중국인)의 일모형에 불과하다고 신랄하게 비판하였다. 이 논설로 인하여 전국의 유림들이 들고일어나 6월 1일 박영효 사장이 사임하였고, 권덕규는 서른의 나이로 당대의 대표적 논객이 되었다.
1921년 3월	조선총독부 학무국 언문철자법조사회 조사위원에 임

	명됨.
_____ 8월 27일	동아일보사 주최의 백두산 강연회에서 "조선역사와 백두산" 주제로 강연.
_____ 11월	여행기 <경주행(慶州行)> 기고—<개벽(開闢)>.
_____ 12월	휘문학교에서 창립된 조선어연구회에 최두선(崔斗善), 장지영(張志暎), 이승규(李昇圭), 이규방(李奎昉), 임경재(任璟載), 이병기(李秉岐) 등과 발기인으로 참여, 간사를 맡음. 이후 조선어학회(朝鮮語學會 : 현 한글학회)의 결성 등 국어 연구에 진력함.
1922년 1월 4일	<동아일보>에 논설 <말둑족제비의 흙을 씻으라> 기고.
1923년	≪조선어문경위(朝鮮語文經緯)≫ 출간(광문사). 이 책은 전체를 60과로 나눈 일종의 국어교습서로 국어의 음운 문자, 어원, 리언(俚言), 향가 등과 횡서(橫書)의 편리함에 대해 논했다. 또한 한문의 육서(六書), 조선어, 중국어, 만주어, 일본어, 몽골어 등의 어휘 비교에 대한 이론을 소개하고 자신의 주장을 논술했다. '훈민정음' 해례본과 '훈몽자회(訓蒙字會)' 범례 등을 부록으로 실음.
1924년 3월	<조선생각을 찾을 때> 기고—<개벽(開闢)>.
_____ 8월12일~8월29일	동아일보에 여행기 <제주행(濟州行)> 연재.
_____ 9월	≪조선유기(朝鮮留記)≫ 상(上)권 간행(상문관). 조선통사 형식으로 고대에서 고려까지 서술.
_____	중앙고등보통학교의 조선어 교사로 자리를 옮김.

1925년 7월	<마침내 조선사람이 자랑이어야 한다> 기고—<개벽(開闢)>. 이 논설은 1928년 5월1일자 <별건곤(別乾坤)> 잡지에 <내가 자랑하고 싶은 조선 것—있고도 할 줄 모르는 자랑>의 제목으로 다시 실렸다.
1926년 10월	≪조선유기≫ 중(中)권 간행(상문관). 조선시대 서술.
_____	윤치호(尹致昊), 이윤재(李允宰), 박승빈(朴勝彬) 등과 정음회(正音會) 조직.
_____ 11월	<조선에서 배태(胚胎)한 지나(支那)의 문화> 기고—<동광(東光)>.
1927년	주시경 선생의 제자들이 만든 동인지 <한글>의 동인으로 참여.
_____	중앙고보 동창회의 학예부장으로 학생들을 지도하며 교지 <계우(桂友)>를 발간.
1929년 3월	<학생> 지에 <가장 통분(痛憤)한 일> 기고.
_____ 4월	≪조선유기략(朝鮮留記略)≫ 간행(상문관). ≪조선유기≫ 상·중권을 요약하여 서술함.
_____ 10월	조선어사전 편찬회 준비위원을 맡음.
1930년	'한글맞춤법통일안' 제정위원으로 참여.
_____ 9월	동아일보 창간 10주년 기념 '조선어문(朝鮮語文) 공로자'로 선정됨.
1931년	조선어학회 하기강습회 강사로 경상도 지역 순회.
_____	동아일보 주최의 하기 조선어강습회와 좌담회의 강사

	로 1932년까지 영남과 관북, 관서 지방을 돌면서 강의.
_____	4월 20일, 중앙고보 조선어 교사 사임.
1932년	'한글맞춤법통일안' 수정위원이 됨.
_____ 3월 26일~4월6일	<조선일보>에 <석농(石農) 선생의 역사언어> 연재 기고.
_____ 5월	<비판> 지에 <박연암(朴燕岩)의 허생전(許生傳)>을 기고.
1933년	'한글맞춤법통일안' 정리위원이 됨. 1월부터 조선일보에 신설된 <한글질의> 난을 맡아 3월까지 20여 회 담당, 기고함.
_____	11월부터 경성방송국의 조선어 프로 '조선어강의'를 맡아 이후 3년간 진행하다 이 프로가 폐지되며 그만둠.
1934년	한국학 연구자들이 조직한 진단학회(震檀學會)의 찬조회원으로 추대됨.
1935년	한글 표준어 사정(査定)위원이 되어 큰 성과를 냄.
_____	일시 중동학교에 재직.
_____	8월 <삼천리> 지에 <을지문덕과 살수전역(薩水戰役)> 기고.
1936년	조선어사전 편찬 전임집필위원이 되어 고어(古語)와 궁중어(宮中語)에 관한 전문어를 풀이하는 데 큰 업적을 쌓음.
_____ 2월	<조광(朝光)> 지에 <세상은 떠들어야 한다> 기고.
_____ 4월	<삼천리> 잡지에 <대종교(大倧敎)는 역사상으로 어떠한

	가> 기고.
1939년 9월	조선일보에서 펴낸 ≪조선명인전(朝鮮名人傳)≫에 아비지(阿非知), 최무선(崔茂宣), 장영실(蔣英實), 이천(李蕆) 등의 전기를 기고.
＿＿ 11월 21일	<매일신보>에 <대춘부(待春賦)를 보고> 기고.
1940년	중풍으로 쓰러짐. 현저동 산비탈집에서 흑석동 133번지로 이사. 말년을 여기서 보냄.
1942년 10월	조선어학회 사건으로 많은 국어학자들이 일경에 체포되었으나 권덕규는 중풍으로 불구속되었다가 1943년 4월 기소중지되었다.
1945년	≪조선사(朝鮮史)≫ 간행(정음사). 1920년대 나온 ≪조선유기≫ 상하권을 합본하여 1권으로 낸 것이다. 이 책은 해방되자마자 나와 곧바로 베스트셀러가 되었다.
1946년	≪을지문덕(乙支文德)≫ 출간(정음사). 이 책은 일제시대 발표된 글들의 일부를 정리하여 펴낸 수필집이었다.
1949년	여름에 행방불명됨(1950년 사망설도 있으나 불확실).

― 이상 연보 작성은 최기영 교수의 논문 <애류(崖溜) 권덕규(權悳奎 : 1891~1949년)의 생애와 저술>의 내용을 년대별로 정리하고, 약간의 사실들을 더 추가한 것이다. <역주자>

참고문헌

권덕규(權悳奎), ≪조선유기략(朝鮮留記略)≫, 상문관(尙文館), 1929.
_____, ≪조선사(朝鮮史)≫, 정음사(正音社), 1945.
_____, ≪조선어문경위(朝鮮語文經緯)≫, 광문사, 1923.
_____, ≪을지문덕(乙支文德)≫, 정음사, 1946.
김용준(金瑢俊), <애류 권덕규 선생>, ≪계우(桂友)≫(중앙고등학교 동창회지 30호 ; 중앙고등학교 80년사), 중앙고등학교, 1993.
류시현, <일제하 최남선의 불교 인식과 '조선불교'의 탐구>, ≪근대를 다시 읽는다≫ 2, 역사비평사, 2006, 386쪽.
박광용, <대단군 민족주의의 전개와 양면성>, ≪역사비평≫ 19호, 1922, 겨울.
이영화(李英華), ≪최남선의 역사학≫, 경인문화사, 2003.
임종국·박노준, ≪흘러간 성좌(星座) 1≫, 국제문화사, 1966.
이지누 엮음, ≪잃어버린 풍경 1 : 1920~1940≫, 호미, 2005.— 권덕규의 <경주행>을 <빡빡 깎은 중대가리 같은 돌집>으로 개제(改題)하고 내용을 간추려 다시 썼다.
정인승(鄭寅承), <권덕규론 : 한국의 민족주의자>, ≪사조(思潮)≫, 1958년 10월호, 79~83쪽.
조동걸, ≪현대한국사학사(現代韓國史學史)≫, 나남출판, 1998.
정수일, ≪한국 속의 세계≫ 1·2권, 창비, 2005.
최경봉, ≪우리말의 탄생≫, 책과함께, 2006.
최경봉 외, ≪한글에 대해 알아야 할 모든 것≫, 책과함께, 2008.
최기영(崔起榮), <애류(崖溜) 권덕규(1891~1949년)의 생애와 저술>, ≪식민지 시기 민족지성과 문화운동≫, 한울, 2003, 107~145쪽.

≪한국의 명문(名文)≫, 독서출판사, 1974.
　　— 274쪽 최현배 ≪조선민족 갱생의 도≫ 논문 중 <조선민족의 특질>에서 한글의 기원을 논하며 권덕규 견해 인용함.
　　— 326~334쪽에 논설 <가명인(假明人) 두상(頭上)에 일봉(一棒)>이 실려 있음.

부록 1

권덕규를 말하다

| 일러두기

권덕규 선생에 대한 회고담과 일화 등을 당시 잡지에 실린 상태 그대로 실은 것입니다. 어투나 철자법 등을 현대식으로 바꾸지 않고 그대로 두되, 어려운 한자 용어는 그 발음이나 뜻을 한글로 적어두었습니다.

1 │ 애류崖溜 권덕규權悳圭 선생

지은이 : 김용준(金瑢俊)*
출처 : ≪계우(桂友)≫(중앙고등학교 동창회지 30호 ; 중앙고등학교 80년사)
발행연월일 : 1993년

애류 권덕규 선생이 실종되었다는 소식이 들린 지 오래입니다. 벌써 이삼 주일이 지났건만 의연依然 선생은 돌아오지 않는가 봅니다. 이 무슨 불행인지, 이 무슨 곡절인지 도무지 모를 일이외다.

애류 선생은 나의 은사입니다. 나뿐 아니라, 나와 비슷한 연대의 사람들은 거의 애류 선생의 훈도를 입지 않은 사람이 별로 없을 만큼, 선생은 서울 시내 여러 중등학교에서 교편을 잡고 후생後生의 지도에 심혈을 기울였습니다. 나는 선생이 어느 지방 태생인지도 모르고, 선생의 학문이 어떠한 길을 밟아온 분인지도 모르며, 나이 또한 나보다 몇 십 년 위인지까지도 모릅니다.

내고 열일곱여덟 살 때그때는 삼일운동 직후였는데, 중앙학교中央學校의

---

* 1904~1967년. 한국의 화가, 미술평론가, 미술사학자, 수필가. 경북 선산 출생. 1925년 서울 중앙고등학교 졸업. 1931년 일본 동경미술학교 서양화과 졸업. 1946년 서울대 예술대학 미술학부 창설에 참여, 동양화과 교수 역임. 1948년 동국대 교수, 1950년 9월 월북하여 평양미술대학 교수가 됨. 이후 조선미술가동맹 조선화분과 위원장, 과학원 고고학연구소 연구원 등으로 활동함. 문사철(文史哲)을 겸비한 학자, 화가로서 광복 전후 한국의 신세대 화단을 주도하며 날카로운 비평으로 한국미술사에 크게 공헌함. 저서에 ≪근원수필(近園隨筆)≫, ≪조선미술대요≫(1949), ≪고구려 고분벽화연구≫(1958).

어린 학도로서 선생에게 한글을 배운 것을 기억하고, 선생이 한글학계의 선구인 주시경周時經 선생을 추모하여 그의 후계가 됨을 자당自當한 것을 기억하고, 일제의 침략을 당하여 국가 민족의 운명이 풍전風前의 등불 같음에도 불구하고, 고루한 한학자漢學者의 무리들이 그대로 잠을 깨지 못하여 모화사상慕華思想*에서 헤어날 줄을 모르고 덤비는 것을 개탄하여, <동아일보> 지상에 <가명인假明人 두상頭上에 가일봉加一棒>이라는 논문을 게재하여, 신랄하게 가짜 중국인을 공격하였다가 시골서 수많은 유생儒生들이 대거 상경하여 '권덕규란 놈을 때려 죽여야 한다'고 선생을 찾아다니던 것을 기억하고, 선생이 키가 하도 작아서, 우리들이 가끔 쉬는 시간에 선생을 조롱하여 "선생님은 비 오는 날에 모자밖에 안 보이니 웬일입니까?" 하였더니, 선생은 무슨 뜻인지 이상하게 생각하시는 것 같아서 다시 "선생님은 발자국 속에 묻혀버리시면, 모자만이 겨우 보인단 말입니다." 하였더니, 그만 선생은 얼굴이 빨개지면서 성을 내시던 것을 아직도 어제같이 기억하고 있습니다. 선생은 확실히 현세의 기인奇人이었습니다. 그 견개불기狷介不羈**한 성격은 아마 현대의 호흡을 같이하는 사람으로는 그를 따를 인사가 없을 것입니다. 그야말로 강직하고 대담하고, 백 번 꺾어 굽히지 않는 성격은 아마 선생밖에는 없을 것입니다. 선생은 청빈淸貧과 고절孤節을 꾸준히 지키면서, 수많은 기행奇行 속에 숱한 일화를 남겨놓았습니다. 이제 선생의 행방을 염려하는 나머지 몇 가지 선생의 일화를 모아볼까 합니다.

 생활이 하도 궁하여 선생은 기거하는 집을 팔았습니다. 처음 계획은 줄여보자는 생각이었겠지요. 그러나 돈이 수중에 있고 보니, 즐

---

* 중국의 문물과 사상을 흠모하여 따르려는 사상.
** 남과 타협하지 않고 얽매이지 않음.

겨 하는 술을 자시기에 뒷자리를 구할 겨를도 없이 하루 이틀 지나는 동안 집 판 돈은 모조리 술값으로 녹아버렸습니다. 친구들이,

"자네 집을 어쨌나?" 하면,

"흥, 집? 집이란 놈이 내 뱃속으로 들어갔네." 하였다는 이야기.

선생의 저서 《조선유기朝鮮留記》가 정음사正音社에서 출판되어서, 선생은 그대로 치면 꽤 많은 인세를 받았을 터이라, 이제는 선생에게 조반석죽朝飯夕粥이나마 가능할 것을 무척 기뻐하였습니다. 그러나 각박한 세상은 선생은 선생의 불우不遇를 끝끝내 조소하여 마지 않았습니다. 들으니 선생은 다액多額의 인세는 꾸러미를 꾸리고, 또 무 몇 개를 사가지고 한강철교를 건너갈 때 뜻 아니한 제자가 나타나서, "선생님 몸도 불편하신데, 그 무거운 것을 어떻게 손수 가지고 가십니까? 제가 들어다 드리지요." 하고 앞서 간 놈이 온데간데없이 사라져버렸습니다. 선생은 그때 흑석동에 살았습니다. 그 제자의 이름도 아는 모양이나 누구라고 전하지 않았답니다.

선생은 주시경 선생의 뒤를 이어 한글학계에 잊지 못할 공적을 쌓으신 분입니다. 이제 선생은 어디 가 계신지 아직도 소식이 묘연한 모양입니다. 오원吾園 장승업張承業이 나이 쉰에 행방이 불명하여 신선이 되었나 보다고 전하는 것처럼, 혹 선생도 신선이 되지 않았는지 모르겠습니다. 그러나 현대의 신선설은 믿을 수 없습니다. 하루바삐 선생이 돌아와 주기만을 기원할 뿐입니다. 나는 선생 같은 불우한 인사를 한 마리의 벌레인 양 본체만체하는 세상이 원망스러울 뿐이외다. 그가 한글에 커다란 공적을 쌓았으나 무슨 한글학회에서 그를 냉대했다고 원망하는 것도 아닙니다. 다만 그의 훈도를 입은 우리들 몇몇 동지나마 모여서 선생에게 단 몇 푼이라도 모아 드리지 못한 나 자신부터 원망스럽고, 그리하여 결국은 붙일 곳 없는

선생이 그만 행방을 감추게 된 것이 한없이 서러울 뿐입니다.

 옛날에 갈처사葛處士*나 황黃고집**이나 하고많은 기인奇人 일사逸士들이 모두 다 불우한 일생을 지낸 것을 생각하고, 당장 내 눈앞에 나의 은사 애류 선생이 꼭 같은 운명에 휩쓸리는 것을 보니, 예나 이제나 세상이란 꼭 마찬가지란 생각이 불현듯 머리를 스쳐 지나갑니다.

---

* 조선 숙종 때의 의적(義賊), 대도(大盜). 신원불명. 늘 갈옷을 입고 다녔다 하여 갈처사라 함.
** 몹시 센 고집. 또는 고집이 몹시 센 사람. 평양 황고집에서 유래한 말이다.

2 | 권덕규론權悳奎論 – 한국의 민족주의자

지은이 : 정인승(鄭寅承)*
출처 : ≪사조(思潮)≫ 10월호
발행연월일 : 1958년

　권덕규 선생은 강직한 애국자이다. 선생은 구한국舊韓國 말기의 갑오경장甲午更張 직전인 고종高宗 28년, 단기 4224년1891년에 경기京畿 김포군金浦郡 출생으로, 어려서부터 그는 신新·구舊 두 사상의 충동 속에서 자랐으니, 가정으로는 부조父祖의 완고한 사대모화事大慕華사상을 기조로 한 한학漢學 교육을 강요받았고, 사회적으로는 역사상 대전환기를 지은 갑오경장의 신사조新思潮 영향을 받아 그의 강직한 천성과 총명하고 예민한明銳한 두뇌는 점점 구사상에 대한 반항심과 자아 발견에 대한 긍지감矜持感에 불타게 되었던 것이다.

　그는 당시의 이른바 신학문을 닦기 위하여, 일찍이 소학교를 거치어 23세에 휘문의숙徽文義塾을 마쳤으나, 학생시대에도 항상 고금古今 전적典籍을 박람博覽하여 민족사民族史를 연구하며, 국학國學의 선배들과 종유從遊하며 조국어를 고구考究하기에 열중하였다. 더구나 4243년1910년에 소위 한일韓日합병이라는 역사상 전무후무前無後無의 국치

---

* 1897~1986년. 전북 장수 출생. 1925년 연희전문 문과 졸업. 한글학회 이사. 최현배의 권유로 1936년 조선어학회에서 사전 편찬의 일을 맡았다. 한글학회의 ≪큰사전≫을 1957년 완간하는 데 큰 공헌을 하였다.

사건은 당시 재학 중이며 국사, 국어에 열중하던 선생에게는 새로운 또 하나의 큰 충동을 주었던 것이니, 이에 민족적 반항심과 자유욕自由慾은 가일층 강렬해졌다. 따라서 당시 선배 중에 주시경 선생에게서 국어국문을 수학한 것을 계기로 하여 그의 일생 진로가 결정적으로 굳게 된 것이며, 필생토록 국어국문을 통하여 민족혼과 자주정신을 무수한 후배와 전 민족에게 고취하게 된 것이다.

원대한 뜻을 품고 학문 연구에 몰두하던 중 24세 때인 4247년1914년에 스승 주시경 선생을 여의고는, 이듬해부터 몸소 일선一線 교육으로 민족 지도의 길에 나서게 되었으니, 동래東萊 범어사梵漁寺 사설학당私設學堂을 비롯하여 휘문의숙徽文義塾, 중앙중학中央中學, 중동학교中東學校, 이화여고梨花女高 등에서 전후 30여 년간 국어와 국사를 담당하여 후진 청소년靑少年들에게 민족혼魂을 부식扶植하고 자주정신을 고취하는 동시에, 경향京鄕 각지의 강습회, 강연회와 각종 신문, 잡지의 지상紙上 기고寄稿며, 연속 강좌로의 라디오방송이며, 또한 불멸의 저서로서 ≪을지문덕전乙支文德傳≫ ≪조선어문경위朝鮮語文經緯≫ ≪조선유기朝鮮留記≫ 기타 간행본들을 통하여 이족異族의 질곡 밑에서 벗어날 길을 찾지 못하는 민족 대중을 깨우치고 격려하기에 심혈心血을 경주하였다.

특히, 선생의 업적 중에 특기할 만한 일은 그의 31세 때인 4254년 1921년에 당시 국어학의 동지 십十수인과 더불어 [조선어학회朝鮮語 學會](현 한글 학회)를 조직한 일이다. 몸소 학회를 조직하고 동지들로 더불어 다년간 국어, 국문의 정리 통일과 향상 발전에 노심 진력하여 마침내 [한국 맞춤법 통일안]의 작성과, 이어서 [우리말 표준어標準

語]의 사정查定에 큰 성과를 내었고, 우리 역사상 초유의 사업인 우리말 사전의 편찬 사업에도 몸소 집필하다가, 불행히 50세 때에 고혈압으로 중병에 걸리어 민족 해방의 기쁨도 병석에서 맞이하고, 평생의 염원이던 사상적 해방인 문화 독립을 보지 못한 채 아깝게도 60세를 일기一期로 4283년1950년에 이승을 떠났다. 그러나 선생의 몸은 갔지마는, 그의 정신과 그의 뿌려놓은 사상적인 씨는 널리 퍼지고 힘차게 자라 대한민국의 앞날의 영광을 기약하고 있는 것이다.

선생은 이 같이 일생을 오로지 민족정신의 배양과 고취에 시종하였나니, 이는 오직 그의 성격이 남달리 청백하고 그의 기백이 남달리 강직하였기 때문이다. 체구는 5척에 불과하고, 얼굴은 곰보딱지에 풍채는 실로 보잘것없는 듯하지마는, 그의 직구형안直口炯眼은 초인超人한 바 있으며, 담대호방膽大豪放함이 거리낌이 없었으니, 어떠한 권세나 압력에도 얽매이지 않고 굽히지 않는不羈不屈 기백을 가졌으며, 어떠한 유혹이나 미간美奸에도 불미불혹不迷不惑하는 예지叡智를 가졌다.

가명인假明人 두상頭上에 일봉一棒

세상에서 '권덕규' 하면 누구나 대개 저 유명한 논문 <가명인 두상에 일봉>을 연상하게 된다. 4253년庚申, 1920년 창간創刊 직후의 동아일보東亞日報 지상에 당시 아주 깜깜頑冥 고루한 유학자儒學者들의 중국을 섬기고 사모하는 사대모화事大慕華사상에 일대 폭탄을 던지어 굉장한 파문을 일으켰던 격문檄文으로서 2일간 연재의 장문長文이었는데, 그 중의 1절만을 간추려 기록抄記하면 다음과 같다.

― (전략) 20세기 이 시대를 호랑이 담배 먹던 시절로 알아 천둥벌 거숭이의 짓을 하는 자(者)가 있으니, 가로되 누구요? 곧 내 다리 가려운데 남의 다리를 긁고, 내 밭을 버리고 남의 밭을 갈며, 양주(楊洲) 밥 먹고 고양(高揚) 구실을 하는 일부 유학자(儒學者) 그분네러라. 항용(恒用)하는 말에 충효(忠孝)니 춘추의리(春秋義理)니 하는 말이 있도다. 그리하여 그들은 어버이에게 효(孝)하고 임금에게 충(忠)하며, 신골(身骨)이 분쇄(粉碎)될지라도 의(義) 아니면 굴(屈)하지 아니하여 그들의 입에서는 "남이 한다 하고 의(義) 아니면 쫓지 마라."가 나오고 남한(南漢)의 옛일을 생각하여 "선배유광쟁일월(先輩有光爭日月)하되 후인무지독춘추(後人無地讀春秋)."라 하였도다. 잠간(暫間) 그의 대표(代表)를 사상(史上)에 뽑을진대, 목도(木島)에 소살(燒殺)을 당(當)하던 박제상(朴堤上)으로부터 "차철(此鐵)이 냉(冷)하니 갱작래(更灼來)하라." 하던 육신(六臣)도 그런 이요, 장희빈(張禧嬪)의 일에 단근(斷筋)질을 당(當)하던 박정재(朴定齋) 그분까지 미상불(未嘗不) 머리를 숙이고 우러러야만 할 그런 분이 적지 아니하였도다. "이 몸이 일백(一百) 번 죽을지라도 옳은 뜻이야 고치며 먹은 맘이야 바꾸랴?" "이 몸이 똥개천에가 떨어질지언정 그는 아니해." 이것이 다 옳다고만 하면 그만이라 하거늘, 이 주의(主義)를 그 땅과 그 몸뚱이에 쓰지 아니하고 옮겨다가 피육불관(皮肉不關)한 다른 놈에다가 들어바치나니, 그 더러운 소갈머리야 참으로 개도 아니 먹겠다. 제일(第一) 춘추의리(春秋義理)가 무엇인고? 나는 이렇게 해석하노라, 시비(是非)를 가르는 것이며, 또한 인아(人我)를 구별하는 것이며, 더욱 저를 자존(自尊)하는 것이다. 보라, 한족(漢族)이 아직 중원본토(中原本土)에 들어오기 전부터 조선 민족이 요하(遼河), 황하(黃河)의 사이와 발해(渤海), 황해(黃海)의 연안(沿岸)에 진거(進居)하여 양유(良兪), 발(發), 고죽(孤竹), 우(于), 방(方), 남(藍), 청구(靑丘), 주두(周頭) 등 기다(幾多)의 고착(固着)한 방가(邦家)를 건설하고, 다시 산동반도 부근에 포고(浦姑), 엄(奄), 모(牟), 래(萊), 개거(介莒) 등 제국(諸國)을 개창(開創)하고, 지나(支那) 내륙(內陸)으로 진입(進入)하여

회(淮)와 대(岱) 사이에 회서국(淮徐國)을 건(建)하고 은주(殷周) 천여 년간(千餘年間)에 강대한 무력을 가져 자주 대활약을 시(試)할새 주목왕(周穆王) 때에 대군(大軍)을 책동(策動)하여 주(周)의 도성(都城)을 직충(直衝)하니 목왕(穆王)이 항복(降服)의 맹서(盟誓)를 바침으로부터 래부(來附)한 제후(諸侯)가 삼십육 국(三十六國)에 이르고, 더욱 그 여왕(厲王)의 때에 대거(大擧)하여 그 무도(無道)함을 토죄(討罪)하니 왕(王)이 출분(出奔)하여 왕위(王位)가 비었던 일 등등(等等), 정치로뿐 아니라, 모든 방면의 우리 민족 활동의 밑에 한족(漢族) 그네들이 자기의 세력 행사는 고사(姑捨)하고 생활할 길이 없으며 절치부심(切齒腐心)하고 와신상담(臥薪嘗膽)하면서 자제(子弟)를 교육하여 만대(萬代)의 수치(羞恥)를 씻고자 할 때, 그 중에 공구(孔丘) 같은 사람은 무상(無上)의 역사교육자라. 그 민족성을 발양(發揚)하고 국가 체면을 세우는 수단으로 《춘추(春秋)》를 지을 때 주(周)나라를 종통(宗統)으로 위주(爲主)하여 저희들 한족(漢族)은 중화(中華)요, 그 밖의 타민족들은 만이(蠻夷)라 하여 민족적 자존심을 고취(鼓吹)하며 연후(然後)에는 한족(漢族) 저들도 인아(人我)의 구별이 생기고 시비(是非)를 분변(分辨)하여, 경쟁 속에 남과 각축(角逐)하여 생활해야겠다는 일념(一念)이 확립(確立)하여 이것이 한족(漢族) 사천년의 사활운명(死活運命)을 지지(支持)한 것이 아닌가?

생각하라. 개인이나 전체로나 저를 주장하지 아니하고 하나나 수립(樹立)된 것이 있는가? 개인으로는 '천상천하(天上天下)에 유아독존(唯我獨尊)'이라 한 석가(釋迦)나 야소(耶蘇)가 그러하였고, 제가 오직 세계의 중심이라 한 지나(支那)나 유태(猶太)가 그러하였도. 이와 꼭 같이, 조선(朝鮮)의 흥(興)한 날은 천족(天族)이라고 자존(自尊)하던 그때요, 결딴난 날은 이를 그친 날이라. 누가 생(生)을 싫어하더냐? 아마 없으리라. 그러나 이에 생(生)의 길을 버리고 사(死)의 구렁이로 들어가는 자(者)가 있으니, 이 곧 조선의 특산(特産)인 유학자(儒學者), 더욱 주자학파(朱子學派)의 유학자, 그 중에서도 대명의리(大明義理)의 일파학자(一派學者)라. 그들은 조선에서 나서 조선의 밥으로 조선에 살면서, 머리에 오직 '대명(大明), 큰 명(明)나라'가 있을 뿐이요, 조선은 없나니 단군선조(檀君先朝) 때부터 계승하여온 사상감정(思想感情)과 생활양식을 버리고 공맹(孔孟)이나 주자(朱子)만 존숭하는 것이다. 그네는 '어버이시여' 할 것을 '부모(父母)이시여' 하고, '아이고 아파' 하지 아니하고 '오호통재(嗚呼痛哉)'라 하여야 만족하였으며, 백두산(白頭山)보다 태산(泰山)이 높고 청천강(淸川江)보다 경수(涇水)*가 아름답다 하였다. (하략)

베개하고 대좌對坐하며 음주飮酒

선생은 평소에 해학諧謔을 잘하되 항상 세인世人을 깨우치는 풍자로 애용할 뿐 결코 외설猥褻이나 비루鄙陋에 치우침이 없으며, 또한 음주飮酒를 좋아하되 항상 고귀인高貴人의 초대를 받기보다는 동지나 대중의 상대로서 평민적으로 담소하기를 즐길 뿐 결코 난음亂淫이나 폭취暴醉에 흐름이 없었다. 그러므로 어떠한 좌석이든지 선생이 있는 곳에는 반드시 미담의 꽃이 피고, 또한 서울 시내에서는 어떤 골목치고 선생의 모르는 선술집이 없었다. 술에 대한 말이 난 김에 간단한 일화 몇 마디를 소개함이 선생의 성격의 편모를 엿보기에 족하리라 생각된다.

선생은 술을 마시되 반드시 말벗이 있어야 했으니, 가다가도 친구나 아는 이를 만나면 인사말이 끝나기 전에 붙잡고 들어가는 곳이 선술집이요, 집에서 혼자 술 먹는 일은 좀처럼 없는데, 어쩌다가 술이 생기고 벗이 없을 때면 혼자서 베개를 세워놓고 술잔을 권하는

---

* 중국 황하 중류 지역인 섬서성(陝西省)의 맑은 강 이름.

것이었다. 베개가 말이 없으면 "이 자식, 안 먹어? 안 먹으면 내가 먹지!" "또 안 먹어? 그만두렴, 너 안 먹으면 내 먹으마." 이렇게 하여 몇 잔을 마신다는 것이었다. 이것은 술을 취미로 마신다는 이야기고, 학교에 출근할 때 선술집을 거쳐서 교문을 들어서면 학생들이 경례를 붙인 뒤에 "선생님, 약수 잡수셨지요?" 하면 "그래, 먹었다. 이놈! 안 먹었으면 네가 술 받아줄 테냐." 하는 것이 일쑤였다는 것인데, 이는 호방하고 거리낌 없는 성격을 알 수 있는 이야기며, 혹 술 못 먹는 친구가 농담으로 "무얼 하려고 그리 술을 먹나?" 하면 "왜놈들의 하는 짓은 더 말할 것 없고, 요새 가짜 왜놈들의 하는 꼴이란 술 취하지 않는 맑은 눈으로는 볼 수가 있어야지!" 하는 것이며, 또는 "그놈들의 맑은 정신으로 지껄이는 소리가 나의 취담만큼 깨끗지 못해!" 이렇게 대꾸하는 것이었다. 이는 제 쓸개를 버리고 왜놈에게 아부하는 무리를 몹시 미워하는 입바른 소리였다.

끝으로 선생의 우리 겨레를 사랑하고 민족정신의 영원한 발양發揚을 염원하는 실정을 엿볼 수 있는 선생의 노래 하나를 소개해둔다.

삼일 운동 다음 해 우리 민간 신문으로 최초로 발간된 <동아일보>의 창간創刊을 축하하는 노래인데, 전편全篇 삼련三聯으로 아래와 같은 것이었다.

봄노래

ㄱ.
봄이 오았다.
봄이 오았다
저 메에도 저 들에도

사람에게도
구의(公平)하고 아람(私) 없는
새 봄이 오았다.

ㄴ.
꽃이 피어라
저 메에도 저 들에도
사람에게도
한 해 내내 살(億)해까지
새 꽃이 피어라.

ㄷ.
봄이면 무슨 봄가?
갖은 즐검 내는 봄.
꽃이면 어떤 꽃가?
해방그레 웃는 꽃
눈보라 치는 거기까지도
늘 이것이어라.

3 | 권덕규 씨 가정방문기

글쓴이 : 소저(昭姐)
출처 : <별건곤(別乾坤)> 제35호
발행연월일 : 1930년 12월 1일

　화동花洞 막바지를 거의 올라가서 북으로 두어 번 골목을 도라들면 외인편으로 7번지 권덕규 씨 댁이 잇다. 가을바람에 쓸쓸이 나붓기는 초가집녕이 바로 머리를 숫칠 듯하얏다. 대문을 드러서니 어쩐지 엉성한 것은 이 집은 서울의 항용 보는 행랑방이 업는 때문이엿다. 바로 마조 바라뵈이는 넓지 안은 마당에는 서리마저 빗 낡은 백일홍이 두어 포기 조을고 잇섯다. 궤짝이며 놋그릇이 부산이 놓인 대청에는 6, 7세 된 처녀애가 힘 업는 가을 빗을 안고서 솟곱질에 몰두하여 잇고 사방의 문은 다치엿고 안에서는 기침 소리 하나 안 들녓다.
　"엄마 누구 오섯수." 처녀애가 문을 열고 나의 옴을 고하니 바누질감을 손에 든 부인은 의외意外의 객客을 의심스럽게 내다보며 방 안에서 몇 번이나 주저하얏다.
　방문한 뜻을 대강 드른 부인은 마루에 자리를 정하고 차근차근 말을 계속하시엿다.
　"우리집 생활은 너무 단조單調해서 무슨 말슴을 드릴 만한 것이 업슴니다." 이말 저 말 건느다가 드디어 권 선생의 일상생활에 이르럿다.

"그분은 약주를 잘 잡수시는 까닭으로 매일 생활이 일정하지 못 함니다. 당신의 물건 가튼 것이나 혹 보실 일에는 퍽 깐깐이 하시지만 생활은 규측 잇게 못 하심니다."

"약주요? 안에서는 별로 사다드리지 안슴니다. 늘 밧게서 잡숫지요."

"혹시 저녁에 늣게도 드러오시고 과히 취하신 때에는 혹시 학교를 쉬이기도 함니다."

"취해 오시면 가정에 무슨 변화를 이르키시는 일은 업스세요?"

"별로 주정을 한다든가 그런 일은 업슴니다. 원래 그분은 가정에서 말이 업슴니다. 밧게서 일어난 일이고 집안일이고 도모지 말이 업서요. 어대 여행을 하서도 집에서는 도모지 모름니다. 그냥 집에서는 평상시 가티 나가서서 멧츨이고 안 드러오시면 아마 숙직인가 부다 하고 생각하고 잇지요. 그 다음에 남에게 듯기나 하여야 여행을 하섯든 줄 알지요."

"그러기에 이번에 아홉 살 먹은 아들애가 죽을 때도 애가 몹시 알는대 학교 가신 분이 잇틀이 되여도 오시지를 안 켓지요. 그 후 남에게 들엇드니 학생들 다리고 평양여행을 가섯다고 하지요? 그래나 혼자 어떡함니까 애의 병은 점점 더하고 할 수 업시 모某 병원에 입원을 식혓구려. 그리고 그 이튿날 죽어버렷지요. 그래 평양으로 전보를 첫드니 올나오섯드구만요."

"그분이 40이 넘어 아들 하나 딸 하나 단 두흘이 든 것을 그만 그 애가 세상을 떠낫슴니다. 이 압흐로는 아모 희망도 업는 것 갓고 이 세상을 무엇을 바라고 살는지 딱함니다."

"그분도 모든 것을 그 애를 중심으로 하섯지요. 원래 아기자기한 성미가 못 되여 거트로 살갑게는 안 그르섯스나 마음으로야 다시 업시 귀해 하셧지요. 일요일이나 학교 안 가시는 날은 늘 다리고서 글도 가르키시고 손님이 오서도 그 애 다려 모든 것을 식히고 하엿지요."

"요새는 약주도 더 잡숫고 도모지 집에 안정하시지를 못하시는 모양입니다."

"전에는 책도 무척 보셧지요. 집에 드르만 오시면 그저 책 보시는 것 외에 아모 하시는 것이 업섯는데 요새는 책도 안 보심니다."

"교제交際가 넓으시니까 학생들도 만히 차저오나요."

"네 친고분들은 만히 차저오심니다. 학생들도 각금 놀너오지요. 그래도 모다 사랑에서 접대를 하시고 보시는 바와 가티 이 집은 딴 집가티 도라 안저스니까 일상 혼자 종용히 밧게 무슨 일이 잇는지도 모르고 잇슴니다."

"평생 가야 가정에서 말슴 한마듸 못 듯고 또 가정적으로 무슨 즐기는 일도 업지요. 다른 가정도 그런지요. 우리집 가정은 퍽 쓸쓸함니다. 가정은 통히 도라보시거나 관심하시지를 안으시니까요."

"혹 불평을 말슴하시거나 부인께서 말거리를 끄내지나 하시진 안으심니까."

"너무 답답해서 혹시 말을 뭇기도 하지요 만은 도모지 대답을 안 하시는 걸요. 그래서 지금은 그것도 습관이 되여바려 말을 할냐고 안 함니다. 그저 쓸쓸하지요. 아들애가 잇슬 때는 거기다 전 희망을 두고 자미를 부치고 지내든 것을……."

부인은 말끗을 채 막지 못하고 목이 매엿다.

"……."

"……."

눈물의 어린 부인의 얼골을 볼 때 다시 무를 용기가 업섯다. 화제를 돌니어 마즈막으로 한 마듸를 끄내엿다.

"월급 이외에 부수입이 게심니까. 그리고 경제는 부인께서 마터 하시나요."

"매월 일정한 월급 이외에 혹시 글 쓰시는 데서 좀식 오는 때가 잇스나 그리 만치 못합니다. 그냥 월급뿐이지요. 그러기에 넉넉지는 못하지요. 그리고 안에서는 돈이라는 것을 모르고 삽니다. 모다 마련해다 주시면 그냥 안에서는 지여 먹고 입을 뿐이고 돈은 전부 손수 가지고 쓰심니다. 집안에서는 돈을 못 쓰는 것으로만 인정하시는 모양임니다."

"세상은 고해苦海라고 하드니 참 괴롬뿐인가 부애요. 어떠케 뜻밧게 일이 닥치고 하니…… 원 아애가 허한데도 잇섯지요. 튼튼하고 똑똑하여서 누구나 보는 사람은 아들 하나 열 싸게 두엇다고 칭찬을 바든 것이 그만 그러케 되엿슴니다. 약도 변변히 못 썻지요. 처음에 운동하다가 다리를 닷친 것이 원인이 되여서 신열身熱이 나며 몹시 알으니까 저이 아버지가 한약을 두 첩 지여다 주시고는 그만 평양을 가신 다음에 더하여서 나 혼자 무엇을 암니까. 그저 치료를 잘못해서 생 아이를 죽인 것 갓슴니다."

다시 두 눈에 눈물이 어리고 부인의 목소래는 흐리엿다.

4 | 선술집 술청에서 본 권덕규 씨

필자 : 황돌이(黃乭伊)
출처 : <별건곤> 제62호
발행연월일 : 1933년 4월 1일

참 약주 조와하시지요. 꼭 오후에 댁으로 가시는 길에는 의례히 들녀가시니까요. 그러니까 엇저다 걸느시는 날이 잇스면 도리혀 저이가 굼굼할 만하니까요. 오시면 두 분 아니면 세 분 친구나 함께 오시지 더 만히 여러분이 갓치 오시는 적이 별로 적습니다.

술을 잡스시되 격 잇게 잡수십니다. 척척 이약이를 해가면서 잡숫지 아모리 취해서도 연거퍼 폭배로는 안 잡수십니다. 이러케 한잔 두잔 다섯 잔쯤이 너머서부터 그때는 그 적은 키를 도듬질해가며 농담 재담 괴담이 한데 엉켜서 잔수를 따러서 상술집 안주 나오 듯 합니다. 그도 그러커니와 가치 오신 손님 중에서 내시는 술이면 여간해서 가실 생각도 안 하시지만 가시잔 말슴도 안하십니다. 그러기에 그 선생이 어느 때고 혼자 오시는 날이면 가슴이 성큼합니다. 왜요? 혼자 오시면 멧 잔 안 잡숫고 가시니 말이지요. 가다가 어느 때는 단 한 잔만 잡숫고 가시는 때도 잇스니까요. 그때는 엇더케 하시는냐고요? 그런 때도 역시 댁으로 가시는 길이니까 저녁때 더구나 술꾼으로는 출출한 김에 한잔 생각이 무럭무럭 날 때이지요. 이랫든 저랫든 하여간 들느시니까요. 쏙 드르시면서 곳 술청 압흐로 오십니다. 이러타 저러타 말슴 업고 "큰 거로 한잔 부―" 큰 거라니 막걸니 말이지요. 벌서 아라채리고 한 사발 듬북 드립니다. 그러면 노키가 무섭게 쭉 마시시고는 김치 쪽 한 점 집으신 뒤에 "콩 한잔 주―" 하고는 손을 내밀고 일변 왼손을 펴시면 사발 속으로 땡그랑 오전 한 푼이 나잡바집니다. 일변 안주로 바든 콩 한잔 안주는 주머니로 드러가며 선생의 한발은 문밧글 내듸듸십니다. 그 밧게 또 무슨 이약이꺼리요? 이런 때가 잇지요. 어느 때 혹 딴 손님과 두 분이 오서서 가치 오신 그 손이 내십니다. 그러다가 맛침 다른 측 아시는 손님이 드러오시면 그때는 또 그 편 손님들이 한 잔 두 잔 권하십니다. 그런 때에는 가치 온 손님은 한구석에서 적적하게 게십니다. 이런 경우에 만약 먼저 가치 오신 손님보다 나종 오신 편 손님이 아시는 분이 만코 술잔을 먹을 만치 먹고 나갈 손님이면 미안 여부 업시 먼저 가치 오신 손님께는 "인제 고만 먹읍시다." 하면 그 손님은 자미가 업서서도 쩸을 하십니다. 그러면 뒤미처서 "나는 이분들과 할 말이 잇서 실례합니다." 하고 저가락은 잡은 채 게시니 그 손은 갓지 별 수 잇슴니까. 그러나 이런 말슴을 막해서 괜찬을까요.

― <우리가 본 그이들, 각계 명사 암찰록暗察錄> 기사 중 '권덕규' 부분만 발췌한 것임.

5 | 비중비화秘中秘話, 백인백화집百人百話集

출처 : <별건곤> 제69호
발행연월일 : 1934년 1월 1일

그권덕규는 요전에 방송국에서 조선어 강좌를 연속방송하는대 어떤 날에는 조선어 방송을 하지 안코 일반이 잘 알어드를 수 업는 영어英語 방송을 하야 듯는 사람들이 모도 이상하게 녁엿섯다. 그러나 실상은 영어방송이 안이라 술 잘 자시는 그가 취중에 방송을 하노라고 혀가 꼬부라저서 조선말을 영어와 가티 방송하엿다고—그야말로 이중방송二重放送.

부록 2

권덕규의 명문

| 일러두기

애류(崖溜) 선생의 수필(논설 기행문 포함)들을 몇 편 그야말로 '맛보기'로 소개하였습니다. 여기서도 발표 당시의 문체와 어투, 철자법 등을 그대로 옮겨 놓았고, 약간의 한자어만 한글로 발음과 뜻을 적었을 뿐입니다.

선생의 글은 현대어로 섣불리 옮기려 하지 않는 것이 좋을 듯합니다. 몇 년 전 <경주행> 여행기를 제목까지 바꿔달며 21세기 한글 식으로 옮겨 쓴 시도가 있었습니다만 그렇게 바꾼 글이 현대인들에게 이해는 쉬웠을지 몰라도, 1921년도 당시 애류 선생이 묘사했던 그 문체와 어투가 선생만의 독특한 글 분위기를 이루어놓은 여행기 <경주행>은 어디론가 증발된 듯한 느낌이었던 것입니다. 그래서 섣불리 현대말로 옮기지 못하고 좀 불편해도 당시의 표기법대로인 원전(原典)을 최대로 살려서 보아줄 것을 요구하고 싶습니다. 하루빨리 글 전체가 담긴 ≪권덕규 선생 전집≫이 출간되어야 하겠습니다.

1 | 가명인假明人 두상頭上에 일봉一棒

출처 : 동아일보 논설
발행연월일 : 1920년 5월 8일, 9일

1

하도 적적하니 장난이나 좀 하여볼까.

세계라는 우스운 무대니까 별 희극戲劇이 다 나오거니와 나도 이 속에 하는 사람이라 배우의 한자리를 차지하여 총망悤忙한 가운데에 이런 장난을 하는 것이다. 어느 때인지 가로에 나가니깐 희롱하여 즐겁게 노는嬉戱 아동들이 기생의 의상에다 황토물을 뿌리고 깔깔거리면 웃더라呵呵. 이것은 발육성이 발랄한 아동들의 장난이라 과히 책망할 수 없도다.

또 어느 날인지 어느 광장에서 한 떼의 아동이 무리를 지어 서구적인 듯한 일아一兒가 자기의 말이 그 중에 들어갔다고 통솔한 자와 힐난하는데 자기의 말馬은 그 형모가 어떠하고 그 성질이 어떻다고 모년모시某年某時에 실失하였는데 지금에 견見하니 이 중에 개介하였다 함을 견見하나니라. 이는 전래傳來의 아동 유희로 고대의 상무尙武의 풍風을 상견想見할 수 있는지라 아주 불용不用이라 하여 제지할 것은 아니러라.

어떻든지 장난도 일생의 일이니까 장난의 장난으로만 돌려보낼 것은 아니니 나의 이 장난도 없지 못할 것인가 하노라. 눈 밝은眼明

자로 맹인을 희롱함이 어찌 장난이 아니랴. 귀가 멀쩡한 사람耳完者이 귀머거리聾者와 대적함이 어찌 장난이 아니랴. 나의 지금 하고자 하는 바 이러한 장난이로다. 20세기 이 시대를 그야말로 호랑이 담배 먹던 시절로 알아 천둥벌거숭이의 짓을 하는 자 있으니 가로대 누구뇨. 곧 내부스럼에 남 다리 긁고 자기 밭 버리고 남의 밭 가는, 좀 상언하면 양주楊洲 밥 먹고 고양高陽 구실하는세금 내는 일부 유학자 그분네러라.

그네들의 항용하는 말에 충효니 춘추의리春秋義理니 하는 말도 있도다. 그리하여 그들은 어버이에게 효孝하고 임금에게 충忠하며 신골身骨이 분쇄될지라도 의義 아니면 굴치 아니하여 그들의 입에서는 '님이 한다 하고 의 아니거든 좇지 마라'가 나오고 남한南漢의 옛 일을 생각하여 '앞 사람은 빛이 있어 해달을 다투고先輩有光爭日月' '뒷사람은 땅이 없어 춘추를 읽노라後人無地讀春秋'라 하였도다. 잠간 그의 대표를 사상史上에 뽑을진대 목도木島에 불태워져 죽음을 당하던 박제상朴堤上으로부터 이 철이 냉冷하니 경작래更灼來하라다시 불에 달궈오라 하던 육신六臣도 그 사람이요, 희빈장嬉嬪張 씨의 일에 단근斷筋질을 당하던 박정재朴定齋 그 사람까지 아닌 게 아니라 머리를 숙이고 우러러야만 할 그런 분이 적지 아니하였도다.

이 몸이 일백 번 죽을지라도 옳은 뜻이야 고치며 먹은 말이야 바꾸랴.

"이 몸이 똥개천에 떨어질지언정 그는 아니해."

이것이다.

옳다고 하면 그만이라 하거늘 이 주의主義를 그 땅과 그 몸뚱이에 쓰지 아니하고 옮겨다가 자기와 아무 관계없는皮肉不關한 다른 놈에게다가 들이바치나니 그 더러운 소갈머리야 참으로 개도 아니 먹겠다.

다른 말은 다 할 수가 없거니와 제일 춘추의리春秋義理가 무엇인고

나는 이렇게 해석하노라.

첫째 시비를 가르는 것이며 또한 남과 나人我를 구별하는 것이며 더욱 저를 자존自尊하는 것이라.

보라, 한족이 아직 중원中原 본토에 들어오기 전부터 조선 민족이 요하遼河와 황하黃河의 사이와 발해渤海와 황해黃海의 안岸에 진거進居하여 양유良俞·발發·고죽孤竹·간竿·우于·방方·남藍·청구靑丘·주두周頭 등 단단히 뿌리내린 나라邦家를 세우고 다시 산동반도 부근에 포고浦姑·암암庵·모牟·내來·개거介莒 등 국國을 건건建하고

지나 내륙으로 들어가 회대淮岱의 사이에 회서국淮徐國을 건건建하고 은주殷周 천여 년간에 강대한 무력을 가져 자주 대활약을 시試할새 주목왕周穆王 때에 대군을 책려하여 그들의 도성都城을 곧바로 들이치니直衝 목왕이 성 아래로 내려와 항복하고 충성을 맹세함城下之盟으로부터 제후국이 36개에 더욱 그 여왕厲王의 시時에 대거大擧하여 그 무도無道를 죄罪하며 왕이 출분出奔하고 제위帝位가 공空한 등

정치로뿐 아니라 모든 방면에서 우리나라 사람들의 활동 아래 한족 그네들의 자기의 세력 행사는 고사하고 생활이 자유가 없으매 이齒를 갈고 담膽을 맛보며 자제를 교육하여 반대의 수치를 설욕하려 할새

그 중에 공구孔丘, 공자 같은 이는 역사 교육자라, 국성國姓을 발하고 가형家馨을 보보保하는 수단으로 ≪춘추春秋≫를 작作할새 종주宗周를 주主하며 저들 한족은 화華요, 사국四國의 타족他族은 만蠻이라 하여 민족적 자존심을 고취하며 그 뒤에야 한족 저들도 인아人我의 구별이 생생生하고 시비를 변辯하며 경쟁하는 속에서 남과 각축하여 살았었다. 남과 같이 살아야겠다는 일념이 확립하여 이것이 한족 4천

년의 사활운명을 지지한 것이 아닌가.

2

생각하라, 개인이나 전체로나 저를 주장하지 아니하고 하나나 수립된 것이 있느뇨. 개인으로는 천상천하에 유아독존이라 할 석가나 예수가 그러하였고 전체로는 제가 오직 화華요, 제가 오직 세계의 중심이라 한 지나한족, 차이나나 유대인이 그러하였도다.

이와 같이 조선의 흥성한 날은 천족天族이라고 자존하던 그때요, 결딴 난 날이 이를 그친 날이라. 누가 있어 삶을 비관하더뇨. 아마 없으리라. 그러나 이에 삶의 구역을 떠나 죽음의 굴로 들어가는 자 있으니 이곳 조선의 특산인 유학자 더욱 주자학파의 유학자, 그 중에서도 대명의리의 일파一派학자라.

그들의 생각은 어디서 배운 것인지 조선에 낳아 조선 의식衣食으로 조선에 살면서 생각에 오직 대명大明이 있을 뿐이요, 조선은 없나니 좀 풀어 말하면 단군조선 적부터 계승하여온 사상 감정과 생활양식을 내어버리고 공맹孔孟이나 주자朱子만 존숭하는 것이 아니라 그네의 출생한 지나와 및 그네의 동족인 지나인까지 본받아 그로부터 그네는 '어버이시어' 할 것을 '부모시어' 하고 불렀고 '아이고 아파' 하지 아니하고 '오호, 통재' 하여야 만족하였으며 그네의 눈에는 백두산보다 태산이 높았으며 흙탕의 경수涇水*가 맑고 맑은 청천강보다 아름다웠도다.

* 황하의 한 지류.

심장도, 창자도 없는無心無腸한 그네들은 어리석게도 지나사상의 노예가 되어 남을 자기에게 동화시키는 대신에 자기己를 남他에 동화하여 명名은 조선인이로되 그 실實은 지나인의 일모형一模型에 불과하며 몸이 이 땅에 난 것이 철천徹天의 한이 되어 남은 '고려국에 태어나기를 원함願生高麗國'을 부르건마는 저는 당시唐詩 <가재강남인 목지家在江南人牧之>를 읊으며 만일 그네의 입에 자랑이 있다 하면 대궁인大弓人이요, 군자국君子國보다 소중화小中華요, 금자광록대부金紫光祿大夫가 유일의 출품出品이며, 팽우비문彭虞碑文이나 제석경자帝釋經字보다 태평송太平頌과 만동묘萬東廟가 무쌍無雙의 광보光寶이라,

무슨 운인지 용사龍蛇의 변임진왜란이 생기어 조그마한 이득寸利는 있을 법하되 크나큰 해尺害를 끼친 명明의 원병이 다녀가자 '찰거머리' 같은 모화慕華의 신神은 우리에게 이내 떠나지 아니하여 마음으로만 명明을 고마워하는 것이 아니라 물건으로 선사를 하며 이를 지나 다시 지나의 신을 터주처럼 위하게 되니

명明의 일개 장수 진인陳寅이 운장雲長의 신을 꿈속에 배알夢拜하였다는 구실로 인왕산 비탈에 성황당만큼 관우신묘關羽神廟를 지어 그 신을 제祭함으로부터 모방에 장長한 우리 선인들은 대규모의 관우묘關羽廟를 동서남북에 세웠으며 일방으로 공구孔丘를 향享하는 관교館校가 일어나고* 가뜩이나 모화慕華의 열이 도를 가하는 중에 명이 망하고 그 말왕末王이 순국하매

의자왕義慈王의 제사지냄은 빠뜨리면서 북지왕감北地王堪은 높아도 나왕자전羅王自佺은 모르는 그네가 동맹국으로부터 상애相愛하던 관계를 옮기어 노주의 의誼를 만들어 만동묘萬東廟라는 명나라 황제 신종

---

* 일시로는 3국 적에도 있었고 고려 최충 이후로 계속하여 있었지만은.

과 의종을 한 칸 띠집에서 제사지내기에 이르니 이날이 조선祖先을 잊고 조선혼을 닦아 내버리는 수업일修業日이라. 그만 조선인은 보기 좋게 곯아 죽었도다.

이렇게 정신상의 망국亡國 졸업생 조선인은 걸어다니는 것이 모두 달리듯 빠르던行步皆走 삼국의 활발한 성질을 없애고 족용지足容止하는 골임보 한노漢奴의 짓을 하고 있으며, 남다른 좌임복左袵服, 왼쪽 옷섶으로 여미는 옷을 입고 찬란한 문명을 가져 우내宇內를 활보闊步할 때에 저 지나인의 입짓으로 동이東夷니 북적北狄이니 하는 조선족의 못 견디게 굴음을 겨우 면하여 지나인들이 소위 잠정적인 평화 상태小康를 얻으면 거국擧國, 온나라이 거의 좌임인左袵人이 될 뻔하였다고 그들로 하여금 대서특서하게 하던 우리가 도리어 좌임左袵을 오랑캐라 하며 신라의 문화혈文化血을 이은 영남인이 한학으로 빼어난 점이 있으면 추로鄒魯의 향鄕이라는 아니꼬운 명칭을 붙이며 기껏 자기를 자랑한다 하여 문화모의중국文化侔擬中國이라고 써 단조檀朝의 신정神政이 아무리 혁혁한들 누구나 찬사 하나 드리며, 부여의 지치至治가 아무리 찬란한들 누구나 일별一瞥의 시간을 벼르며, 3국의 예술이 만장의 광휘가 있은들 하등의 가치를 얻느뇨.

뒤에 없는 태평성대였던 발해와 신라의 남북조南北朝는 이름조차 없어지고 발해의 계승체인 여진은 송사宋史의 일엽에 방주傍註되었으며 고려의 자기는 고물상의 싸구려품에 지나지 못하며 문명의 꽃인 정음正音이 하급사회의 장난건件이 되지 않았는가.

그 뒤에는 한껏 저를 자존하고 더욱이 우리를 모욕한 춘추春秋를 대항하는 서기·유기書記留記가 다시 나지 아니하고 한무제漢武帝 토멸지討滅之하시고* 하는 노예적 문자가 무더기로 쏟아지니 일조청류一

條淸流의 똑똑한 학자가 있은들 이로 광란을 돌 수 있으며 여간 천품天稟이 청혜淸慧한 자 아니면 자타를 도치倒置 아닐 수 없는지라, 소위 '사문난적斯文亂賊'의 독한 어금니가 무는 곳과 '척사식정斥邪植正'의 모진 방비가 서는 곳에 아마 누가 고개를 드는 자이더뇨.

언제든가 일본에 이러한 문제가 일어났다. 무엇인고 하니 일본이 유교를 준봉遵奉하니 만일 공구孔丘가 원수元帥가 되고 70 제자를 데리고 지나의 4억 무리를 거느려 일본을 침범한다면 어찌할까 하는 것이라. 내, 대신 말하노라. 그대 너 같으면 으레 "후래後來하시니 어쩔고." 하든지 단사호장簞食壺醬*으로 맞아들이며 "성인이 오시도다. 그 어째 더딘가." 하리라.

그러나 이와는 아주 딴판의 해답이어서 먼저 공자의 목을 베고先斬孔丘, 뒤에 그 죄를 물으며後問其罪 그 무리에게는 일본도刀를 선사하겠다 하였다. 아아 보라, 그들이 얼마나 똑똑하뇨. 자타를 식별함이여, 여기에 부모와 스승父師이 서로 척을 지어作隻하여 서로 원수가 되거늘 설령 그 부父가 다르다 한들 제가 중립中立할 것이냐, 하물며 그 사師를 따를 것이랴. 더구나 그 부父가 비非한 것도 아님에랴.

아아 자타를 도치倒置한 유학자여, 단군檀君을 버리고 요우堯禹를 존숭하며 천군天君을 등지고 공맹孔孟을 섬김이여. 이것이 부사작척父

---

* 조선시대 아동교육서 《동몽선습(童蒙先習)》에 나옴. '한나라 무제께서 (위만조선을) 토벌하시고'의 뜻.
* 도시락에 담은 밥과 병에 넣은 음료수. 즉 백성들이 음식을 차려놓고 군대를 환영한다는 뜻.

師作隻에 그 부父를 저버림과 무엇이 다르리오. 그런 고로 내 너희를 명명命名하여 가짜 중국인假明人이라 하노라. 이따위는 참으로 복지어 주리 틀려야 할 것이, 그대로 두는 관계가 어디까지 미치는고 하니 저들은 그다지 생각지 않겠지마는 끝내는 도적을 부父로 섬기는 폐단이 생길 것임일지니라.

사람의 습관이란 괴이한 것이라 처음에는 겁내는 마음으로 적賊을 불러 부父여하던 것이 한 번 하고 두 번 하여 습관이 되면 참으로 적賊을 부父로 여기는 천성이 성成할지니라. 춘추 어느 대문大文에 적을 섬기라 하였더뇨. 괜한 방증傍證이 너무 길었다.

요즘 만동묘萬東廟에 제사지낸다는 광고를 신문으로 보았더니 우연히 어느 인쇄소에 들르니 마침 그 제사하는 통지를 받더라. 그 사의辭意에 만 번 꺾여도 반드시 그리워함萬折必憧의 구句가 있고 그 끝에 숭정기원후崇禎紀元後라 기정記正하였더라.

만동묘萬東廟의 약력을 잠깐 말하건대 만절필동이란 좋은 뜻을 더럽게 응용하여 굉대한 옥으로 장식한 화려한 집屋宇을 세우고 화양동華陽洞 깨끗한 수석水石으로 대명건곤大明乾坤을 삼고 이를 등대어 대명의리大明義理니 무엇이니 하는 허명虛名하에 엄연히 머리에 관 쓴 벼슬아치冠紳 도둑놈의 소굴이 되더니 하마 다행으로 거룩한 신풍조가 들어오자 대보단大報壇과 함께 그 이름을 보존치 못하였더라.

그리하여 그들의 토호土豪와 협잡挾雜의 길이 막히며 세상을 원망하는 귀추鬼啾의 성聲만 그 근처에 어리었더니 귀선과 도깨비鬼魍의 세勢도 적지 않은 것이라 어디로서 다시 나와 만절필동이란 축문으로 숭정기원후월일崇禎紀元後月日에 제祭한다 하니 세상은 참 괴이한 세상이라 도깨비魍魎는 기름 묻은 음식을 냄새를 맡아 먹으러歆香 다니는 것이어늘 이 망량은 도리어 남에게 제祭하니 가위 진화進化한

망량이로다.

너희 무리야, 백주대낮도 무섭지 아니하며 옥추경玉樞經도 두렵지 않느뇨. 전제로 누누한 언言을 베풀었거니와 다시 충언으로 이르노니 웬 내부스럼我瘍에 남의 다리人脚를 긁느뇨搔. 자기의 밭일랑 버리고 남의 밭을 가느뇨. 욕이라 하지 마라. 내 천근淺近한 예로 너의 완악한 대가리를 깨이고자 하노니 너희로 하여금 저 포전병문布廛屛門: 시장터의 중국인 장사치漢賈들을 부모처럼 섬기며父事之 바로 옆에 계신 것처럼 제사하라祭如在 하면 주먹을 들어올리며 죽음을 무릅쓰고 대들 것이다.

그러던 자가 그와 분촌分寸의 차가 별무한 한고漢賈의 조상 곧 송명宋明의 누구, 더 올라가 주한周漢의 누구를 제祭함이 어찌 가可하리오.

은혜를 감사함이라 변명하지 마라. 자기가 죽은 후에 어찌 은혜를 알리오. 남人의 은恩을 갚으려 해도 자기는 자기로 살아야 할지니라.

당당한 조선의 겨레가 어찌 가명인假明人이 되랴.

이후로는 지주蜘蛛: 거미를 견見하며 주자朱子를 추상하고 명태明太를 먹으며 대명大明을 예를 들어 생각함例思을 본받아 계화도桂花島를 계화도繼華島라 고치는 무리가 나지 말게 하자.* 바라건대 너의 생각은 이 글에 장사葬事하여라.

---

* 구한말의 거유(巨儒) 중 한 사람인 전간재(田艮齋, 1841~1922년, 본명은 전우田愚)가 일제에 나라가 망했음에도 학문의 보존을 핑계로 전북 계화도에 칩거하며 구차하게 목숨을 유지한 것을 빗대어 풍자한 것.

2 | 경주행 慶州行

출처 : <개벽> 제18호
발행연월일 : 1921년 12월 1일

길을 가다가도 큰 산 미트로 그야말로 청룡백호靑龍白虎가 분명하게 되고 안산案山이 그럴듯이 노힌 속에 구년舊年 묵이 둥그나무가 몃 그루 서고 고래등 가튼 기와집이 경성드뭇한 마을을 맛나면 자연히 고개가 숙어지고 일종의 경건한 생각이 나며 그 동리洞里가 어떤 사람의 장점粧點한 곳인가 알고 십은 생각이 억지할 수 업시 닐어나되 그와 반대로 납작한 등성이 발아진 옴욱태기에 포푸라 회초리가 회회 둘리고 회리바람에 날아갈 듯한 양철洋鐵 지붕 한 새집 몃이 산 듯이 보이는 곳을 맛나면 어찌하야 그러한지 가엽고 가증可憎하고 하잘 것 업고 채신*이가 업서서 일종의 경멸하는 생각이 닐어나는 것은 누구던지 다 가티 그러타는 동감을 가지리라.

나는 이제 이런 생각을 가지고 천 년의 녯 도읍 경주慶州로 나려간다. 차 탄 지가 얼마나 되엇는지 무엇들을 다투고 빼앗고 하는 서슬에 휙 돌아보니 육과肉果의 한 자리를 차지次知하야 칠절七絶이 잇다고 기리어 앗기는아끼는 감이며 아이들 수수것기수수께끼에 껄껄이 안에 빤빤이, 빤빤이 안에 털털이, 털털이 안에 오두둑이 하는 밤을 가지고 야단이라

* '처신'을 얕잡아 쓰는 말.

아아 알쾌라. 과천果川이라는 데는 본대 과실이 만히많이 남으로 이름한 곳으로 여기에서 동행한 사람이 오름이라 토산土産으로 양주楊州 밤을 매우 치지마는 역사상으로는 과천果川이 실상實狀 실과實果 고장으로 더욱 밤을 닐러 나려오는 대로니 그리하기에 고구려 적의 골 이름도 율목동사힐栗木冬斯肹이라 하얏다.

이는 그곳에 밤나무가 만히 나며 이 밤나무에 겨우살이가 만흠으로 이름이니 곳 율목栗木은 밤나무며 동사힐冬斯肹은 겨우살이라. 대개 우리의 녯 지명이나 인명은 지금과 가티 한자로 지어 부른 것이 아니라 순조선어 지어 불럿나니.

청풍을 사열이沙熱伊라 함은 사열이가 곳 서늘이란 말이며 영암靈岩을 달나達奈 또는 월출月出이라 하니 월출은 곳 달나達奈의 역譯이며 고성高城을 달홀達忽이라 함은 고어에 달이 놉다는 말이며 회양속현淮陽屬縣의 적목진赤木鎭은 사비근을沙非斤乙이라 하얏는데, 사비근을沙非斤乙이 곳 새 밝안이란 말이며 신라 명장 죽죽竹竹은 세한부조歲寒不凋―겨울에도 시들지 않음―를 의미함이라 하얏스나 이도 또한 걸이 낌업시거리낌없이 주욱 죽 자라는 뜻이 아닐는지.

대성大聖 원효元曉 가튼 이도 원효는 방언으로 시단始旦이라 하얏스니 시단은 첫 새배라는 말이라. 예어라 이런 소리를 언제 다 하고 잇스랴.

이력저력 인심 사납기로는 남수원南水原이라는 거기도 지나버리고 편便쌈이 용하다나 하야 '평택平澤이 깨어지나 아산牙山이 문허지나' 하는 평택平澤은 어긔다여긔다 마는 아산牙山은 어대쯤인고 편便쌈만으로 만이 아니라 우리의 일대 위인 이충무李忠武의 영골靈骨을 모시인 아산, 아아 아산아 아산아 네 부대부디 평안하거라.

'천안삼거리 능수버들'은 하는 거긔도 지나노코 '김제역金蹄驛 말 잡아타고' 하는 소정리小井里를 거쳐 차가 스르를 다흐며 조치원烏致院 조치원 하는 곳에 다달앗다. 전하는 말에 조치원은 신라의 문장 최치원이 세운 시장으로 이 최치원의 음이 변하야 이러케 되엇다 하나 이는 구태 그러타 아니라 의론할 것도 업고 여긔만 와도 차차 경주 서울이 가까워지고 신라의 녯적으로 들어가는 듯하다.

말만 들어도 삼한三韓이란 한의 생각이 나는 한밧태전太田을 지나고 양반의 모자리라는 영동永同을 빠져서 황간黃澗 어대쯤인지 가니까 집 뒤에는 솔밧밭이 거하고 울 밧게밖에 대숩숲이 잇고 문 압헤앞에 내가 흐르며 내 건너 꽤 넓은 들에는 벼가 한참 닉어서 황금으로 진陣을 친듯한 마을이 잇다.

아아 거지居地 : 사는 곳야 조타좋다마는 아마도 거긔에는 십 몃 세기 부질 업슨 꿈이 재법 무르녹은 뉘집 서방님이 누엇스럿다. 차가 여긔를 오면 가지를 못하고 헐덕헐덕 하기만 한다는 미신의 굴혈窟穴 추풍령秋風嶺을 지나는데 한 모롱이를 지나면 곳 내이요 낼르 건너면 곳 들이며 들 건너 산이요 산 넘어 강이라 차가 이리가면 내가 저리 쫏고 차가 저리가면 내가 이리 돌아 마아치 아이들 숨밧굼질 하듯 압서서 앙금질을 하며 나를 잡겟지 잡겟지 하는 듯하다.

과하주過夏酒 조키로 유명한 김천金泉을 거쳐 한 정거장 두 정거장 세이다가 대구大邱에 나리기는 해가 기울어서라.

중앙 경철輕鐵을 갈아타니 어찌면 그다지 다를가 아주 딴판이로다. 조선 반도의 산수야 천년일률千遍一律로 비슷 비슷하야 말할 것이 업거니와 이로부터 인물, 언어, 풍속은 교계較計할 수 업는 딴 세상이라. 위선 한 가지 예를 들어보자.

그 이름부터 어찌 그럴 상한 반야월半夜月이라는 정거장 근처의 후미기리를 지나갈제 문득 바라보니 발우보면 보기도 무서운 나히나 한 40 됨즉한 여자가 신호기信號旗를 들고 섯다. 나는 부질업슨 생각으로 그 여자의 신세를 생각하고 십엇다.

아마도 그 여자는 가난한 집에 낫스렷다. 그리고 또 가난한 집으로 시집을 가앗 것다. 그리하고 그 팔자가 더욱 기구하게 되느라고 남편까지 일흔잃은 모양이엇다. 그리하야 그는 끈 떨어진 뒤웅박 신세로 남의 집 고용雇工살이도 하얏슬 것이요 힘에 넘는 임을이고 군군촌촌郡郡村村이 돌팔이 장사도 하얏고 이 장場 저 장에 돌림도 되엇스렷다. 그리하다가 근력이 쇠衰하니까 집에 들어 억척 살림을 하는데 마츰 철도鐵道가 집 압흐로 노히고 후미기리가 문 발우나는데 회사에서도 청을 하고 자기도 괜치 안케 승락承諾하야 되는대로 신호부信號夫가 된 것이엇다.

지금에 보이는 철도 엽희옆의 옴악살이 초갸집이 그 집이라 그 집이 거트로 보면 족으마코조그마하고 납작하고 드럽고 그러하나 그 내부는 중의 살림 비슷하게 아주 정갈하고 모든 것이 질서 잇고 규모적으로 정돈 되엇슬 것이라.

다시 그 여자의 평생 호강을 낫낫이 짐작할 수 잇다. 그가 난지 1년 만에 돌짱이로 조흔 의복의 조흔 음식을 한 번 바닷고 그 다음에는 설령 자기의 뜻은 아닐지라도 이른바 백년가약을 매저 자기 평생을 남에게 부탁하야 가던 그 날에 또 한번 의복 음식의 사치를 하얏고 그러고는 다시 자기 목세 돌아오는 호강이란 아마 업슬 것이다. 또한 그의 성질을 의론하면 과부寡婦 되는 이치고 영악하지 아닌 이 업다고 원악 강한 바탕에 영남嶺南의 견인한 풍기風氣를 바다서 비록 만말의 힘을 빌어 끌드라도 다시 잡아 돌리지는 못할 것이요. 그리하야 구사일생을 하면서도 남의 신세를 지지 안코 오즉 이마에 땀을 흘려 먹은 것이라. 지금에 저 기를 들고서 엇는 양을 보더라도 그 그러차 안켓는가.

나는 다시 그를 도회의 부녀와 비교하고 십엇다. 아이구 미워. 도회의 부녀, 기름 머리에 분세수粉洗漱를 하고 명주 고름 가튼 손으로 잘잘 끌리는 치마 고리를 휘어잡고 외씨 가튼 발 꼿으로 아실랑 아실랑 걸아가는 그런 종류는 그만두고라도 쇠똥머리에 동강 치마를 떨떨이고 굽 놉흔 신으로 나가서는 자유해방을 부르면서 들어서는 손 끗의 물을 톡톡 튀기는 그런 여자도 참으로 찐답지 아니하다.

해방은 되엇다 하지마는 자유는 무엇으로인고. 나는 과문寡聞이라 그러한지 또는 자유해방을 과학적으로 하려 하지 아니하야 그러한지는 모르되 나는 단간간단히 설명하야 자유는 독립생활을 지지할 만한 그것이라고만 한다.

그러한데 신호부信號夫 그 여자는 과연 해방이요 독립이요 자유평등이라 생각만으로 만이 아니라 말만으로 만이 아니라 이행이요 실현이라 해방을 부른 적 업스되 스스로 해방이요 독립, 자유, 평등을 주장한 적이 잇지 아니하되 스스로 그러하야서 그대로 잠잠한 공의 철학이라 그에게 만일 설명이 잇다 하면 이러할 것이다.

이성인 이족인 너의들이어 아무리 가두려 하여라 나는 절대의 해방이요 아무리 올무를 쓰이려 해라 나는 절대의 독립이라 언제 나에게 자유, 평등이 문제 되더냐. 해방, 평등을 이성에게 구하는 어린

녀자들아 모든 것이 나에게 잇는지라 어찌 남에게 求求하리요.

또 한 가지 정거장마다 머리 허수룩한 상투장이와 곳갈 수건 쓴 총각 아이가 혹은 모판 혹은 둥우리에 연초煙草, 파이프용 담배나 과실, 과자를 가지고 권련卷烟 : 종이로 말은 담배 사소 과자 사소 하며 맘에 맛지 아니하면 "왜 이럭하는 게요." 하는 것이 특별히 눈에 들어 참으로 넷 도읍 구경 길인가 십다.

날이 차차 저물어간다. 우양자귀촌항牛羊自歸村巷은 얼마콤 말작이어니와 염소가 느덧다고 애햄애햄 하는 근처에는 반듯이 아이들이 달려가고 연기 서린 고목 가에는 날집승의 활개가 가장 한가로운데 가을 거지하는 남녀 농부가 혹은 빈몸으로 혹은 연장을 메고 혹은 미나리산유화를 부르며 혹은 쯧쯧 소를 몰아가는 양이 그림이라 하면 훌륭한 그림이어니와 이것이 그림이 아니고 실경實景인지라 더욱이 유심히 보이도다.

하양근처河陽近處를 지나니까 해가 아주 서산 미테 복음보금자리를 첫는데 비록 차를 타앗다 하야도 종일 휘달려온 몸이라 피로를 못 니기어 잠간暫間 다른 세상에 쉬이더니 승객들이 퉁탕거리고 역부가 영천永川, 영천永川 하는지라 아아 이 영천이 고려 충신 정포은鄭圃隱을 나인 땅이로구나. 거룩한 사람을 내어 거룩한 땅이로다. 새삼스럽게 그를 다시 소개할 것은 업거니와 그는 학설로는 횡설수설이 횡설수설해도 이치에 맞지 않음이 없고無非當理 시로 운치로 모두가 가추어서 말하면 썩 원만한 양반이라 그가 9월 이때에 명원루明遠樓에서 을프신읊으신 글이—하나 생각긴다.

풍류태수(風流太守) 2,000석(石)이요 해후고인(邂逅故人) 300배(盃)라.

나는 선생의 글을 을프고 글을 짓고 십엇다. 그러나 글은 되지 아니하고 선생을 생각하야 투套로 죽으니 진부하고 상투적인 시조 한수 읊으니,

정 선생(鄭先生) 나신터를 어드메에 차즐런고
저물어 안 보이니 물어도 쓸대 업다
행혀나 여긔에서 가까우면

달은 가을 달을 치거니와 파란 한울에 밝은 달이 도렷이 비치어 서늘한 저녁한울을 장식하는데 차는 전산前山이 홀후산忽後山*의 구를 우루룽 우루룽 을프며 씩은씨근거리다 아화阿火를 지난다. 엽희옆의 사람이 지명도 이상하다고 뭇는다. 나는 실업시 그에게 이것이 경주가 가까운 전조前兆라고 하얏다. 그는 자꾸 잇대어 뭇는다. 경주는 물론 가까웟거니와 전조가 무슨 전조냐고 한다.

나는 이것이 고대의 말이니 화火가 곳 불이 아니냐고 하얏다. 그는 화를 내어 에에기 하고 말아버린다. 아마 화가 불이라는 말이야 누가 모르랴고 순전히 농담으로만 안 모양이라. 그리하야 다시 설명하기를 시작하얏다. 화가 곳 불이니 불은 벌이라는 말도 될 것이며 벌이라는 말이 고대에 잇서서는 골 이름으로 또는 나라 이름으로 널리 쓰이엇다.

위선爲先 신라의 초호初號 서라벌徐羅伐의 벌이 이것이니 이 벌을

---

* 앞산이 갑자기 뒷산이 되다.

불, 발 여러 가지로 적엇스나 그 음이 벌이든지 불이든지 발이든지 질정質定할 것 업고 불이나 벌이나 발 등等 여러 가지로 쓰인 것은 사실인데 이 나라라는 말 하나쯤이 그러케 어수선하게 된 것은 조선어음 그대로 조선문으로 적은 문적文籍이 업서지고 한문으로 적은게 된 까닭이며 한문으로 적되 한 사람의 손으로 적은 것이 아니라 여러 사람의 여러 손으로 적은 것이며 그도 조선 사람뿐이면 더러 일치할 수가 잇스되 조선 사람 아닌 외국 사람, 더욱 남의 말이란 아무쪼록 못되게만 적는 버릇이 제2천성第二天性으로 들어박인 지나 사람의 손으로 적은 것이 지금 우리의 눈에 뜨이게 되어 그러케 가닥지게 된 것이라.

그리하야 지나 사람이나 조선 사람이나 그 한문으로 적기 때문에 혹은 음으로 혹은 훈으로 불을 불不, 불弗, 도는 화火로 적기도 하얏고 발孛, 발渤, 또는 발發로 적기도 하얏스며 벌伐로는 가장 많이 적어서 음즙벌音汁伐, 사벌沙伐, 기벌伎伐, 소벌蘇伐, 비사벌比斯伐 등等이 무수無數하며 불이 예例는 달불達弗, 궁화弓火, 굴화屈火, 가주화加主火, 노사화奴斯火, 본추화本推火, 달구화達句火, 비자화比自火 등이 이것이니 이를 족음 더 널리 소급하야 차즈면 부리夫里, 비리卑離, 부여扶餘, 배달倍達 따위가 모두 이와 가튼 것이며

발의 예는 융발戎發, 연타발延陀勃 따위인데 이와 가티 음훈 등 여러 다른 글자 적은 것은 그만두고 한 가지 음으로 적는다 하야도 국명은 국에 당한 자로, 수명은 수水에 당한 자로 맞추엇나니 삼한三韓의 한은 한韓으로 한지韓地의 강명江名은 한漢으로, 해명海名은 한해瀚海 따위 동남해東南海의 호칭 한瀚으로 쓴 것이며 다시 발발發勃의

자도 물이름水名에 당하야는 발渤로 쓰어 발의 해海 곧 나라의 바다라라는 것이 이따위라. 말이 끗나지 아니하야 경주역慶州驛에 다달앗다. 차에 나려보니 영접하는 이 별로 업고 정차장조차 쓸쓸한데 명월만 유심히 교교皎皎 : 밝음하야 눈 위에 비치는 달빛雪月은 어제 아침처럼 밝구나前朝色에서 설자만 떼어버렷다.

경주를 들어서면 제일 먼저 엄청나는 것이 하나 잇다. 족음조금만 거짓말을 보타면 한양의 남산만콤한 산덤이가 만두饅頭 모양으로 여긔저긔 들어 박이엇다. 누구든지 그것을 처음 보고는 무덤이라고는 생각할 리가 업다. 아무리 하야도 천연의 산山덤이이다. 도저히 사람의 손으로는 그러케 맨들 수가 업슬 것이다. 사람이 모든 것을 다 생각하고 조출만들어냄하지마는 땅덩이야 새로 맨들 수가 잇스랴. 그러나 신라의 사람은 땅덩이를 맨들엇다.

봉황대鳳凰臺를 올라보앗다. 그 대라는 산도 또한 누구의 능묘陵墓인지는 모르나 반듯이 누구의 능묘리라고 추정하는 바이다. 여긔에 대하야는 맹랑孟浪한 이약이이야기 하나가 잇다.

태초에 말이 잇스니 하는 때인지는 모르되 아주 녯적에 봉황鳳凰이 나려와 놀앗다. 그 봉의 놀든 터가 봉황대이다. 천하가 태평하면 봉이 보인다는데 지금은 천하가 어질어워 그러한지 봉황은 아니 보이고 대만 남아 쓸쓸한데 부질 업슨 까막이가 봉황을 대신하야 까악깍 할 뿐이다. 그 후에 언제인지 풍수장이 하나가 이 대에 올라보고 말하기를 봉황은 난생인데 그 봉이 노는 터만 잇고 알이 업서서는 못 쓴다 하야 뫼를 무수히 몰아노흐니 지금에 이 대를 중심하야 사면으로 보이는 산덤이가 그것이라 한다.

풍수장이의 이런 거짓말은 이를 것도 업거니와 나는 감여술堪輿術, 풍수지리설을 혹신酷信하는 자는 모두 경주로 보내고 십다. 그들의 말이 음택의 자리는 내룡來龍이 어떠하고 향이 어떠하며 무슨 혈穴에 장풍藏風이 되어야 한다고 하것다. 그러하면 이 산릉들은 그 모든 조건을 구비하얏는가 그것은 몰라 경주 전체가 그 모든 조건에 합合한다고 하랴이면, 그러나 이 뫼들의 자리를 보아라. 밧귀 논귀 마른대 진대 할 것 업시 주어 뭇지 아니하얏는가. 아무리 하여도 경주의 고분을 보고는 이른바 감여가堪輿家가 36계를 부를 것이다. 그러치 아니하고 그래도—뻔뻔이 주장한다 하면 먼저 말한 경주 전체가 모든 조건에 합한다고밧게는 못할 것이다. 그러면 나도 또한 할 말이 잇다. 그러하면 요동遼東 벌판도 괜치 안흘 것이며 세계에 제일 넓은 사하라 사막도 괜치 아니할 것이다. 그러면 지구 전체를 가지고 말할 것인가 지구가 지형인데야 무슨 내룡來龍이 잇서야지. 이는 다시 기지 안는 작난이고 딸아서 경주의 지형이 북이 허함으로 부녀로 북상투를 틀게 하고 지금도 창녀娼女가 허리띄를 뒤로 매는 것과 꼬리 업는 짐승을 동경이라 함이 다 이에 근원 하얏다 함이 암만 하야도 말작이 풍수장이의 말이요, 신라 때의 말이 아님을 어림하겟다.

  이 고분들을 경주 사람들은 독메라고 하며 쌍분雙墳을 형제 독메라고 하나니 이 메라는 말을 들어도 남산만하단 말이 과히 거짓말 아닌 것은 변명 될 것이오. 아무튼지 여간如干 수 30명씩은 묘동상墓東上 올라서면 서에서 아니 보이고, 서상에 올라서면 동에서 아니 보이나니 그러하면 이 분묘가 실재에 얼마나 큰 것을 짐작할 것이다. 아무튼지 경주 고도의 형식은 이 고분들이 반 이상을 꾸리나니 그 형식으로든지 그 고분 배 속에 감춘 유물로든지 과연 사람으로 하여곰 입을 딱딱 벌리게 하는도다.

 근일에 고물이 발견되엇다고 떠드는 것이 이 고분에서 나온 것이며 경주 고적 보존회保存會에 잇는 무수한 고물들이 반은 다 이 고분 속으로 나온 것이다. 이 분묘의 형식을 보아 두 가지로 구별하나니 그 내부로 보아는 그 현실을 석곽石槨으로 한 것과 적석積石으로 한 것의 둘이며 그 외부로 보아는 병풍석屛風石 기타 석물들이 잇는 것과 그것이 업는 것의 둘인데 업는 것은 통일 전의 것이오 그 잇는 것은 통일 후의 것이라.

 무열왕릉비武烈王陵碑의 이수귀부螭首龜趺가 지금에 경주 사보四寶의 하나라고 일컷는 것이어니와 이것이 곳 삼한을 통일하던 태종太宗님검의 능에 오아 비롯된 것이라. 그리하야 태종무렬왕릉太宗武烈王陵 압희앞의 김양묘金陽墓와 송화산松花山 중복中腹에 잇는 김각간묘金角干墓를 바꾸어 생각하는 것도 이 까닭이니 금양묘金陽墓를 무열능계하武烈陵階下에 쓸 리도 업는 것이오 쓰드라도 무열왕과 김양과의 상거相距가 백유여년百有餘年인즉 그 석물石物을 무열왕릉과 일여히 비 하나만 세울 리도 업는 것이며 김각간묘金角干墓 곳 김유신묘金庾信墓라는 곳에는 병풍석屛風石에 석물에 가추엇은즉 반듯이 통일 후 오래된統一久後 능묘임이 분명한데 금양도 각간위角干位를 지내엇스니 각간묘角干墓라 하얏슬 것이 또한 분명하며 신라의 각간이라 하면 김유신金庾信이 대표가 되엇스매 후인이 각간角干 2자에 어두어 김유신묘라 억단抑斷도 할 것이라
 김각간묘金角干墓야 누구의 묘이든지 김양묘라는 것은 아무튼지 금양묘는 아닌 것이오 무열왕릉과 가튼 시대의 능묘일 것은 분명하다

한다.

 안압지雁鴨池를 거쳐 반월성半月城의 석빙고石氷庫를 보고 돌아오다가 첨성대瞻星臺를 구경하얏다. 안압지는 신라가 통일의 업을 일우고 얼마 되지 아니하야 무열왕의 다음 님검 문무왕文武王이 배업丕業을 니어가지고 한참 홍청거리는 판에 판 못이니 못 가운대는 도서島嶼를 모고 창궁蒼穹 가티 무지개 돌다리를 노코 사면에 돌로 산을 싸하 무산巫山 12봉峰을 형상하고 기화요초奇花瑤草를 심고 진금이수珍禽異獸*를 기르고 그 서쪽에 임해전臨海殿을 지어 화조월석花朝月夕 성하융동盛夏隆冬에 때를 바꿀 만한 기구로 어연御輦**이 한번 뜨면 산천이 다 은근히 예를 들이는데드리는데 만조백관滿朝百官이 국궁진퇴鞠躬進退를 하는 양이 눈을 감으면 즉시에 보인다.

 지금에 전殿터에 잇는 석조石槽, 석용石桶은 그때의 광경을 다 보앗건만 여긔서 가까운 거리에 동서으로 갈구리 가티 곱으장 곱으장한 산이 동서로 연락하야 누은 것이 반월성半月城이니 이 성이 개개이 떼어도 반월이요 전체로 합하야 보아도 반월인 것이 매우 흥미의 부한데 반월은 원만을 기하는 뜻으로 더욱이 그 생각의 장원함을 가르친다. 이 알에아래가 왕궁 터이라 군대 군대 나잣바진 주초柱礎가 비록 말은 업스나 1,000년 전 역사를 분명히 설명한다. 이 주초뿐 아니라 경주 평야에 그득히 깔린 기야장, 돌조각이 하나나 범연泛然한 것이 업스니 혹은 연꼿, 혹은 운문구름 문양, 혹은 국화를 새기어 어느 것이 사람의 손을 거치지 아니한 것이 업다. 돌도 호강이

---

* 진귀한 새들과 이상한 짐승들.
** 임금의 가마.

한때인가 보다. 지금에 뒤깐변소 돌이 되고 개천 막이가 된 것이야 오작 슬흐랴슬프랴.

월성月城 허리에 남으로 석빙고石氷庫가 잇다. 이 빙고의 창축創築년대는 알 수 업스나 ≪삼국유사三國遺事≫에 유리왕儒理王 때에 쟁기와 보습犁耜과 장빙고藏氷庫를 처음 만들엇다始製 하얏고 ≪삼국사기三國史記≫에 지증왕智證王 6년에 유사를 시명하야 빙얼음을 보관藏하다 하얏스니 장빙藏氷의 기원이 오랜 것은 알 수 잇스며 그 입구의 미석楣石, 가로댄 돌에 이조 영종英宗 17년에 개축한 문자가 잇다. 처음에는 돌사립문石扉를 하야 단듯한 흔적이 잇스며 고의 넓이는 한 20척 가량이나 되며 놉기는 너덧길 되는데 천정은 둥그스럼하게 갈빗대 형식肋式으로 싸핫다.

경주 고적안내를 펴어보니까 이 고의 용석用石이 약 1,000개에 늑식肋式 구조로 동양에서 차종此種의 석조건축물은 귀중한 것이라 하얏더라. 나는 다시금 신라의 호강을 생각하얏다. 겨울에 문천강蚊川江의 얼음을 떠서 이 고에 장엿다가 삼복중三伏中 끓는 듯한 전각을 서늘이 식이어 그만 수정궁水晶宮을 맨들엇슬 것이오. 속이 답답하야 크게 소리 지르고저大叫 할 때에 빙수한 종種: 잔을 기울이며 아아 시원해 하고 질기엇스렷다.

첨성대瞻星臺는 월성月城의 북, 읍에서 시림始林으로 가는 도방道傍, 길가에 잇스니 신라조의 천문관측하든 유지遺址로 동양의 최대한 천문대天文臺로 거룩한 건축물이라 이는 신라 27세 왕 선덕조善德朝의 건조라 하나니 화강석花崗石으로 놉히가 30척이나 되게 원통형으로 싸하 올렷고 맨 우에는 이중의 정형井桁*을 언꼬 중앙 남면에 방형의 창窓을 내어 출입구를 맨들엇는데 대의 내부는 승강 계단이 업시 그냥 싸핫슴으로 시후를 관측하는 긴급한 곳으로 시간의 허비되는 사닥다리梯子를 썻슬 리도 업고 아마 승강기 썻나 보다는 의견을 가지는 이도 잇다.

 그도 그럴는지도 몰라 1,000년 전 그때에 잇서 유리琉璃를 고고 만들고 오색五色 모직毛織을 짜고 건축조각建築彫刻이 그만하고 만불산萬佛山 가튼 이상한 물건을 맨드는 솜씨로 승강기昇降機쯤을 맨들엇다는 것이 그리 괴이한 것은 아니라.

 신라 8괴八怪의 하나라는 안압지雁鴨池의 부평浮萍 따위도 아마 참으로 부평이 아니라 말음 닙 가티 무엇을 해 띄어 사람이라도 가라 안지 안케 한 것이 아닐가. 신라의 신물 금척이라는 것도 정말 금金 자가 잇서서 병자를 재면 병이 낫고 사자死者를 재면 사자가 다시 살아나는復生 것이 아니라 생각건대 아마 금척이라는 용한 의원이 잇서서 병자를 다스리면 병든 자가 낫고, 죽게 된 자를 다스리면 죽게 된 자가 살아나게 하는 신라의 편작扁鵲인지도 모르겟다.

 또한, 금척이란 사람의 성명이 아니라 하면 우리말我語에 무엇을 전업하는 자, 또는 전문專門하는 자를 자곳장이라 하는데 장이는 한자로 역譯하야 척尺이라 하얏나니 가령 소리장이를 가척歌尺이라, 활량을 궁척弓尺이라, 어부漁夫한 이를 어척漁尺 또는 어척魚尺이라, 밥 짓는 사람을 칼 자刀尺 또는 도刀 자 아치라 한 따위라. 그러하면 척尺은 자곳장이라는 말일 것이요 금은 그 성姓이든지 그러치 아니하면 금침金針으로 침針 놋는 침장이일 것이라.

---

* 우물정 자 모양으로 가로지른 나무.

월성月城을 지나며 낭산狼山을 바라고 포석정鮑石亭 터로 가면서 랑산狼山 알아래에 살든 어떤 선생을 생각하얏다. 한창적 신라시대의 활기가 발발하야 떠드는 한쪽에 드러움과 어수선을 흠벅 늣기면서 고요하고 깨끗한 딴 세상을 별로 맨드는 그 선생, 섯달 그믐날이라 이웃에서는 비음을 맨들고 떡을 치며 치하하고 웃고 질기는데 엽헤서 그릴스룩에 더욱이 선생의 세상은 꾸미어지도다.

 이 희한한 선생이 세상에 아주 모르게 되지 안노라고 부인이 닥아오며 하는 말, 여보시요 엽집에는 떡을 치는데 우리는 먹이가 업스니 설을 어찌 지내려오. 선생이 천연히 닐어나아 검은고거문고를 끌어다가 동당징 줄을 골라 당둥 딱하고 떡 치는 양樣을 알외이며 부인을 위로하얏다. 이 조調가 신라 악부樂府의 방아음악碓樂이라는 것이다. 그 선생이 성한대보다 떨어진 대가 더 만흔 누덕이를 닙고 지내엇슴으로 남들이 부르기를 백결선생百結先生이라 하얏다. 아아 우악우악하든 신라도 이제는 이 선생을 배우고 말앗다.

 남으로 남산南山 하下 포석정鮑石亭 못 미치에 창림사昌林寺 터가 잇다. 신라의 서신書神 김생金生이가 이 비사碑寺를 썻다는데 그 사람은 물론이어니와 그 비문碑文까지 업서젓다. 고적보존회古蹟保存會에 김생金生의 쓴 백월탑비문白月塔碑文을 걸고 굉장宏壯히 설명하는데 금생의 글씨는 여긔에서만 볼 수 잇다는 것도 좀 심한 말, 방형方形으로 담이 둘리고 그 안에 고목古木이 잇스며 나무 미테 전복全鰒 모양으로 둥글실죽한 돌도랑石渠이 신라의 최후막最後幕을 연하든 포석정鮑石亭의 유상곡수流觴曲水 터라 뜻이나 하얏스랴.

 경애왕景哀王 만승萬乘의 귀한 몸이 견훤甄萱의 사나운 칼에 헤엽업시 슬어지며 꿈속의 경애왕후景哀王后, 한 나라의 국모로 가장 창피

한 욕을 당하고 무서운 불길이 한울에 다핫는데 문무백관文武百官이며 삼천궁녀三千宮女가 밟히며 찔리며 허둥지둥 부르짓는 양이 생각하면 곳 그려진다. 나는 정신精神 일흔 사람 모양으로 우둑하니 서엇다. 아아 무상하다 하는 외에 말이 업겟다. 동행한 분이 운에 과한 사람이라 빨병에 담은 술을 거울러 한 잔씩 돌리는데 유상流觴은 아니나마 그러커니 하고 마시엇다. 인하야 떠날 때에 한 ○의 돈을 손에 쥐어주며—으면 百○을 주겟다 하던 하자호何字號 가진 벗님이 그리웟다. 생각으로 한 잔을 난 후며 빙글에 웃엇다. 이에 글을 한 말이 을프니

    포석정(鮑石亭) 놀음머레 화광(火光)이 어인 일고
    만승(萬乘)의 놉흔 님검 칼 끗에 지단 말가
    서풍에 떠는 나무 입만 넷 경인 듯하여라.

  돌아오는 길에 문천蚊川 남쪽 언덕 오능五陵의 동남방東南傍에 알영정閼英井을 차즈니 우수수 하는 대숩풀 한 귀퉁이에 알영정이라 한 목표木標가 잇고 그 압헤 알영정과는 아주 딴판인 흙무덕이가 잇고 그 우에는 보기만 하여도 가슴이 다 답답하도록 큰 화강석花崗石 한 장을 놀러노흔 것이 잇다. 아아 이것이야 누가 알영정이리라고 생각이나 하얏스랴. 참으로 천만 뜻밧기로다.
  그야 상전桑田이 변하야 벽해碧海가 되는 수도 잇거니와 일국 국모의 발상지로 변하기로 이대도록 변하얏스랴. 나는 경주 인사에게 한 마디 뭇고자 한다. 그대네들이 경주를 자랑하고 겸하야 조선의 문명을 자랑하지 아니하는가.
  그러면 국모의 발상지에 기념각 가튼 것은 못 세운다 하드래도

저윽이 정성만 잇스면 목木이나 석石이나 간間에 표標 하나쯤 세우기는 그리 어려울 것이 아니어늘 홀죽한 나무때기에 알영정 석 자字를 표한 것조차 고적보존회古蹟保存會곳 업섯든들 어더 보지 못하도록 내어버려 두는 것이야 어찌 한심치 아니하리요.

또한 경주인사慶州人士는 교만驕慢이 만타. 고금을 물론하고 노대국민老大國民은 의례 그러하거니와 과연 경주인사는 삼국을 통일하든 그때의 거들음이 잇다. 경주인사여 그대네가 역사로 자랑하는 사람이 어찌 력사를 생각지 아니하고 신라가 삼한을 통일할 때의 형편을 사씨史氏, 역사가가 설명하야 가르되 백제는 교만으로 망하고 신라는 근면으로 흥하얏다고 하지 아니하얏는가. 다시 설명할 것 업시 교만하고서 무엇이 될 것인가.

그대네는 그대네의 직계直系 조상을 생각하여라. 2,000년 전 그때의 사람들이 머리를 집고 눈을 감으며 어찌하면 신라로 하야곰 예술국藝術國이 되게 할고 어찌면 더 부강하야 풍국豐國의 이름을 엇게 할고 하고 경륜經綸하든 생각을 하여라. 그대네는 업서진 신라를 자랑하지 말고 신라의 생각이 끼쳐 잇는 경주를 사랑하여라. 경주를 발전시기라. 나의 생각 가타서는 경주는 진흥할 기망期望이 적은 대라 한다. 교만한 인사를 가지고 한편에 벽재僻在한 경주가 무엇으로 발전하겟는고

경주인사여 분기하라. 경주가 비록 지리상으로 발전의 망望이 업다 할지라도 해륙海陸 교통을 잘 이용하야 상공업 가튼 것을 정성으로 닐으키면 아주 그리 안 될 염려도 업슬 줄 안다. 그것은 망한 신라가 거울하지 아니하는가.

이 정井은 일명에 아리영정娥利英井이요 또는 계정鷄井이니 알영후闕

英后_{英后}가 탄생할 때에 계룡_{鷄龍} 출현의 상서_{祥瑞}가 잇슴으로 이름이며 천하에 유명한 계림_{鷄林}의 호_號가 실로 이에 말미암음이라. 일설에 탈해왕시_{脫解王時}에 김알지_{金閼智}를 어들 때에 닭이 시림_{始林}에서 울엇다고 시림을 고처 계림이라 한다 하얏스나 나는 이에 의심이 잇다. 탈해왕_{脫解王}의 거하든 궁은 지금 창림사_{昌林寺} 터이오 시림은 월성_{月城} 북_北인즉 그 서로 떨어진 거리_{相距}는 닭이 울고 개가 짖어_{鷄鳴狗吠} 서로 들릴 수가 업는 것이라 님검 한 분만이 어찌 계성_{鷄聲}을 들을 수 잇스리오. 암만하야도 시림이 이 오능_{五陵} 송림_{松林}인지도 모르겟다.

그러하면 닭의 소리가 서로 들릴 만한 거리며 시림이란 이름조차 들어마즐 듯하다. 이것은 한 의심으로 하는 말이요 일행이 여럿이라 별_別 소리가 다 나오는데 정말 이것이 우물일가 하는 사람도 잇스며 설령 움물이라 하드라도 사람이 움물에서 나올 리가 잇나

이 오능_{五陵}의 전설도 비석_{碑石}이 분명히 가르침 가티 시조, 알영후_{閼英后}, 남해_{南解}, 유리_{儒理}, 파사_{婆娑} 오위_{五位}의 능릉인 것을 시조가 승천한 7일에 오체_{五體}가 산락_{散落}한 것을 취합_{取合}하야 무드려 하매 사요_{蛇妖}*가 잇서 못 하얏다는 말은 무엇이야 하야 이 등_等 전설의 맨들어낸 소이연_{所以然}은 생각지 아니하고 자기 쏙쏙에 자기가 되속는 소리만 한다.

그러나 그들 책망할 까닭은 업다. 책망할 사람이 잇다 하면 이는 고려의 사가_{史家}이다. 고려의 사가가 몸은 조선 사람이면서 마음은 당_唐으로 화_化하야 아무쪼록은 조선의 족계를 무시하고, 조선의 민성을 무시하고, 조선의 전설을 무시하고, 조선의 문명을 무시하야

---

* 뱀이 나타나 요사스런 짓을 함.

조선으로 하야곰 나나벌의 당唐이 되도록 적은 것이 불행이 행처럼 지금 사람을 맨들어노흔 것은 모두가 고려 사가의 죄이다. 그러나 이도 또한 고려 사가의 죄라고만 할 수가 업다.

더 올라가아 최치원崔致遠 가튼 사람은 신라 말의 학자이다. 20세 된 어린애로 고국故國을 떠나 해외에 유학하고 돌아온 이름난 학자이다. 아무리 어리어서 고국을 떠나앗슴으로 자가自家의 사정을 모른다 하드라도 그래도 저옥한 생각이 잇스면 어떤 틈을 타서든지 자기가 생장하야 자기가 무티일 그 땅의 사정을 적어 전하얏슬 것이 아닌가. 이것은 돌이어 나의 말이 군소리요 적어서 전傳하기는 고사姑捨하고 차라리 자기의 말맛다나 미치괭이 모양으로 산수에 방랑放浪이나 하얏스면 조흘 것을 제깐에 적는다는 것이 당인의 발굼치를 할타 폐주견吠主犬이 되노라고 정성으로 애쓴 형적形跡이 보이는 것은 그를 위위하야 가엽슨 일이요 신라를 위하야 원통한 일이다.

참으로 500년 모화가慕華家의 시조는 최치원이가 그라하여야 의당 할 것이다. 그와 나彼我를 구별할 줄 모르는 어리애를 유학시기는 일도 두려운 일이어니와 아마 나라가 망할 때에는 학자도 망할 것만 나는 것이야 어떤 사람은 쓸어진대 한 가지를 어더들고 풍상風傷하야 황백黃白한 반문斑紋을 얼우만지면서 이것이 소상반죽瀟湘斑竹*이라 아황여영娥皇女英의 눈물이 여기까지 뛰엇던가 하는 이도 잇다. 나는 이에 아황여영의 눈물이란 말에 그 눈물이 피드란 생각이 나며 이에 연상되는 것이 잇다.

---

* 중국 소상에서 나는 대나무.

두견화杜鵑花는 촉나라 임금의 영혼蜀帝靈魂의 피눈물로 붉고 소상반죽瀟湘斑竹은 아황여영의 피눈물로 붉고 우리나라 속담에 수수대의 붉은 점은 호랑이 밋구녁의 피가 무더서 그루타는 말까지 잇다. 그러나 나는 이런 것들을 생각한 것이 아니라 포간浦間에 나는 갈대의 점은 박제상朴堤上의 피로 붉엇다는 것이니 박제상이 목도木島에서 소살燒殺: 불 타 죽음을 당할 때에 발바당은 빼앗기고 피가 뚝뚝 떳는 고기덩이로 보기만 하야도 솔음이 쭉쭉 끼치게 갈대 그루턱을 뚜벅뚜벅 걸어가며 닭, 개새끼가 되어도 하며 한갓 맘을 지키다가 다시 지글지글 끌는 무쇠 우에 올라서든 경광景光이 생각만 하야도 끔직하다.

읍에서 동 5리에 분황사芬皇寺 구층탑九層塔을 절하얏다. 탑은 안산암安山岩을 연와煉瓦 가티—다듬어서 방형方形으로 구층九層을 싸핫는데 어느 때에 삼층三層이 문허지고 그 후에 사승寺僧이 중수重修하다가 잘못하야 또 삼층을 문허떨이고 삼층만 남앗섯다. 그러한데 대정大正 4년에 총독부로부터 수선修繕을 가할 때에 그 안에서 석함石函을 발견하야 구옥句玉, 유리琉璃, 금구金具, 영자鈴子 따위와 다수의 장식품을 발견하얏는데 그 중에 고려 때 주조한高麗鑄 숭녕통보崇寧通寶가 나와서 고려 때에 중수重修한 증적證跡을 어덧다.

이것이 사승寺僧이 중수重修하얏다는 그 세대가 아닐는지도 모를 것이라. 이 삼층만도 그 웅대한 법이 경복궁景福宮의 근정전勤政殿을 쳐다보는 듯한 감이 잇다. 어찌면 그러케 구상이 웅대하며 건축이 장건하얏는고

나는 이 삼층을 밀우어 구층을 생각하얏다. 신라의 활발한潑潑 생각이 천하를 통일하고 인국隣國을 조공朝貢 바들 뜻으로 제일층은 하

국하국國 : 어떤 나라, 제이층은 하국, 제삼층은 하국 하야서 국민에게 대국주의를 보이노라고 싸흔 것이매 오작하랴마는 그 탑이 구층 그대로는 경주의 사산四山을 솟아 올라 한울을 뚤코 천하를 나려보는 양이 과연 대국의 이상을 대표하얏슬 것이다.

그러한데 수선을 가하노라고 탑塔 우를 마말라 노흔 것이 형용할 수 업시 안 되엇다. 그 전에는 탑塔우에 문허진 흔적이 그대로 잇서서 구층이든 것을 분명히 설명하는 듯하든 것이 이제는 어린애가 상투를 짠 모양으로 아주 응태부리가 되어버리엇다.

불국사 역에서 십리도 못 가未十里 토함산吐含山 남쪽 기슭南麓에 보면 하 웃우운우스운 문허무너지고 허술한 절이 불국사이다. 이 불국사의 다보탑은 석굴암과 아울러 천하의 절보絶寶라는 관야關野 박사博士의 설명을 들엇다.

그 말에 이 불국사의 다보탑이나 석굴암과 비슷한 건축조각建築彫刻이 인도나 당에 업는 것이오 잇다 하드라도 거긔의 것은 이것과 가티 정교하지 못할 뿐 아니라 그 의장意匠은 오즉 조선 사람의 생각으로 맨들어낸 것이며 설령 이와 비슷한 것이 인도나 지나에 이것보다 먼저 된 것이 잇다 하드라도 이것은 조선 사람의 손으로 된 것이매 이것들이 조선의 보배가 되는 동시에 또한 세계의 보배라 하며 더욱 다보탑은 형태가 수려하고 기발한 생각奇想이 종횡縱橫으로 치밀緻密하야 화강석花崗石을 가지고 나무를 맘대로 말라 맨들 듯이 정교한 수공手工을 베풀엇다고 연連해 말을 거푸하며 다보탑과 마주 서엇는 속설俗에 무영탑이라 하는 석가탑도 수법이 간단하나 규모가 크고 균형權衡이 득의딱맞음하야 매우 아름답고 경쾌한優美輕快 특질이 잇다 하고 헐어진 범영루泛影樓 기둥基柱을 가르치며 그것은 단면單面 십자형十字形을 성成하야 아래는 넓고 위는 좁게下闊上窄 미美한 곡선曲線을 묘사描한 것이 실로 천래天來의 기상奇想, 입신入神의 수공手工이라 당시 공예장인工匠의 신령스런 팔靈腕은 참 놀랍다 하며 다시 법당法堂 압헤 잇는 석등石燈을 가르치며 저것이 보기에 변변치 아니하나 그러케 경쾌하고 아름답게 맨들기는 참 어려운데 일본에는 오즉 저와 비슷한 것이 나라奈良 당마사當麻寺에 하나 잇슬 뿐이라 한다.

우리는 공학의 지식이 아주 어두운지라 무슨 의론할 것이 업거니와 그 박사의 침이 말라하는 설명에 어깨가 웃슥 하얏다. 불국사에 또 한 가지 유명한 것은 절 앞면寺前面 계단 동서에 노흔 석교石橋이니 동상東上은 청운靑雲이요 하는 백운白雲이라 백운교상부白雲橋上部는 대나무통처럼 둥글며 활처럼 생긴 모양筒狀彎隆으로 하야 지탱支하고 청운교靑雲橋는 편공상석재編栱狀石材*로 하야 지支하얏스며 계단 양방兩房에 석란石欄, 돌난간을 설한 것이니 서의 연화蓮花, 칠보상하교七寶上下橋도 그 결구結構는 대개 전자前者와 갓다.

나는 여긔서 이런 생각을 하얏다. 연화蓮華, 칠보七寶는 물론 불교의 문자어니와 청운靑雲 백운白雲은 무엇을 의미함인고. 이는 필경 먼저 분황사芬皇寺 구층탑九層塔이 정치적으로 통일을 의미한 것 가티 이 절 석교石橋는 종교상으로 통합을 의미함이라 한다. 그러치 아니하면 유교에 합당한 문자 청운과 선교仙敎에 합당한 문자 백운을 취하얏슬 리가 업는 것이다.

---

* 지붕의 나무 공포(栱包)를 엮은 모양의 석재.

절 뒤로寺後 길路을 취하야 토함산吐舍山을 넘어 좀 나려가다가 북北으로 찍겨 얼마 아니 들어가면 머리 빡빡 깍근 중대가리 가튼 돌집이 잇다. 이것이 그리 유명한 석굴암이라. 토함산 동쪽 기슭東麓 끈허진 곳을 파고 화강석花崗石으로 굴窟을 짜아노흔 것이니 터가 그리 등고登高한 줄은 모르나 또한 어지간魚池間히 놉흐며 압흐로 잔산을 깔고 멀리는 동해를 바라 그 위치부터가 그럴듯하다.

굴窟에 입구, 좌우의 벽면에는 사천왕四天王과 인왕상仁王像을 얇게 드러나게薄肉刻 새기고 굴窟의 중앙의 석련대상石蓮臺上에 장육불좌상丈六佛坐像을 모시고 후면의 중앙에는 11면面 관음입상觀音立像을 양각陽刻하고 좌우로 각 5구軀의 나한상羅漢像과 2구軀의 보살상菩薩像을 작하고 주벽상周壁上에 갱히다시 좌우 각 5처處의 불감佛龕*을 뚫고穿 그 안에 좌방左方에 4보살四菩薩, 우방右方에는 2보살二菩薩과 지장보살地藏菩薩, 유마거사維摩居士의 좌상坐像을 안安하얏고 천정天井은 궁륭형穹窿形으로 하얏는데, 그 구축構築의 정精함과 의장意匠의 묘妙함과 수법의 교巧함이 우아정려優雅精麗한 특질을 발휘하야 실로 신라 예술 황금시대의 대표적 유물이라 할지로다.

그리하야 일동日東 : 일본의 학자 조거鳥居 : 도리이 씨**가 이렇게 말하얏다. 이 조상을 보면 그리 장중하고 숭엄한 생각이 나지 아니하고 사랑 흡고 정情답은 생각이 난다. 말하면 아주 여성이라 만일 남성이라 하면 애적愛的, 정적情的 남성이라고 하얏다. 이 굴이 근일에 오아 마구 파괴됨荒壞이 심함으로 대정大正 4년에 이도 또한 수리를 가하얏는데 수리라 하면 원형 그대로 하는 것이 아니라 입구의 천

---

* 부처 모신 움푹 파낸 공간.
** 인류학자 조거용장(鳥居龍藏).

정을 헐어 업시 하야 동글한 석조불감石造佛龕과 가티 되어 굴이라는 생각이 도모지 븟지 아니한다.

  그리하야 어찌하면 가마 갓다 노흔 것 갓기도 하며 또한 달마達摩의 상투肉髻 갓기도 하다. 게다가 수리 전보다 빗불雨水이 스며들어 떨어져야滲漏 조상彫像이 하야케 분을 발라서 아주 녯빗옛빛이란 족음도 업다. 지금도 세면트 칠을 자꾸 한다. 내 생각 가타서는 세면트 칠만 하지 말고 근본적으로 원형대로 수보修補하는 것이 조흘 듯하다. 원형을 일흔 수보는 개조요 수보가 아니며 고적古蹟 보존의 본의本意를 일흔 것이라 한다.

  수리 공사에 감역監役하는 기사가 우리에게 일종의 권면勸勉을 주는데 고적을 보존하는 우리로는 자기의 고적을 아끼어 구경 오는 여러분에게 감사를 하노라 하며 잇대어 시기지 아니하는 설명을 한다. 이 석굴암은 구축이 기하학적幾何學的 구상이 아니고는 도저히 이에 이를 수가 업스며 위치를 잘 가리어 아츰해 도들 적이나 저녁 달 뜰 적이면 그 광선이 발우바로 굴 안에 비추어 참으로 장관이라 하며 조선 사람들은 이 굴을 동해상에 싸흔쌓은 것은 일본을 정복하랴는 의미로 하얏다 하나 나는 그 가티 생각지 아니하나니 이 굴자리를 여긔에 잡음은 일월日月을 숭배하는 의미나 또는 항해선航海船을 보호하는 뜻으로 한 것이라 하며 사천왕四天王 중 하나의 신은 신발이 뒤는 조선 집신 꾸미는 듯하고 압흔 일본 와라지 꾸미듯 하얏스니 이것으로 보면 벌서 그때에 일선日鮮 융화가 의미되엇다고 매우 자득하야 한다.

  나는 이에 딴 의론이 잇다. 고대에 잇서 문물제도文物制度가 대륙으로부터 섬나라島國에 수입된 것은 설명할 것이 업거니와 이 신발에도 또한 그 영향이 미첫나니 그는 이현석李玄錫의 ≪유재집游齋集≫을 보면 넉넉이 일본의 집신과 나막신 제도가 대륙으로부터 들어간 실징實徵을 어들 수 잇스며 그리고 이 석굴암 싸혼쌓은 연기緣起도 9층탑에와 불국사석교佛國寺石橋와에 비추어 그 설명의 약함을 차즐 수 잇다. 그러하면 나는 석굴암 싸흔 연기緣起를 말할 때에 그 기사技師의 빼려는 설명까지 너허야 가하다 한다. 물론 고대에 잇서 일월日月가튼 자연물을 숭배함도 사실이어니와 구층탑을 쌋는 신라 사람, 불국사를 짓는 신라 사람이 석굴암을 지을 때에 또한 엉큼한 생각이 그 속에 들엇슴 것도 사실이 아니랴.

누구든지 녜적을 알려는 이는, 더욱 삼국의 문화를 알려는 이는 경주를 가아보아라. 가보면 무슨 생각이 꼭 닐어날 것이니, 구려句麗의 왕궁에는 방일리方一里의 수정성水晶城이 잇섯다는 역사를 보앗다. 그러나 이는 지금에 상고할 수 업는 것이오 나는 먼저 백제의 서울 부여를 보앗다. 그러하나 그것은 경주에 비기어 손색遜色이 잇다. 여긔에 오아야 고대의 웅원雄遠한 생각을 안다. 구층탑을 보아라. 불국사, 석굴암을 보아라. 그러면 신라 사람의 생각을 다 안다. 어찌면 그러케 웅대하고 장중하고 치밀하얏든고.

나는 지금에 되빡만콤씩 한 무덤을 쌋는 조선 사람과 산덤이 가티 쌋는 신라 사람 사람과는 아주 딴판이어서 도모지 역사상 관계가 업는 듯하다. 나는 신라의 유물을 보고 신라의 생각을 짐작하고 신라의 녯적으로 들어가고 십어 못 견디겟다. 국민의 사상은 지리를 딸아서따라서 다르거니와 신라 사람은 아마도 금강산의 아름다움과 창해의 넓음을 배워서 그러한 듯하다.

지금의 조선 사람도 그 산과 바다를 한 모양 보건마는, 그러나 신라의 쇠망한 원인도 이에 잇다 할지니 한참 적 백제를 병합併하고 구려句麗를 유린하야 국세 문물이 절정에 달하얏슬 때에 벌서 한 엽흐로 자만과 사치奢侈가 딸아서 성채城寨를 쌋는 대신에 사탑을 세우고 화랑을 뽑는 대신에 허무승虛無僧을 놉히어 항해술航海術을 연습하든 창해滄海, 한해瀚海가 인도, 파사波斯 : 페르시아의 진기한 새와 짐승 珍禽奇獸을 나르는 항로로 변하고 예술미美를 배우든 금강산이 한인閒人 탕자蕩子의 꽃놀이花遊하는 장소로 화하얏다. 정코 신라 흥망의 경계선은 이에 난 후인 것이다.

경찰서에서 근일에 파낸 고물을 보앗다. 썩 중요한 것은 무슨 관계로 뵈지 아니하고 약간의 것만―그것도 하루밧게는 공개하지 안핫다. 보옥류寶玉類와 순금속純金屬의 기구器具와 장식품裝飾品도 만커니와 그 중에 제일 진귀한 것은 유리琉璃와 수정水晶이라 한다. 수정 구슬 한 개에 10,000여 원 가치를 가진다 하니 얼마나 고귀한 것임을 짐작하려니와 더욱 유리를 고은 것은 그때에 안서서 희한稀罕한 것일뿐더러 유리라 하야도 그냥 유리만 고은 것이 아니라 속에 사기질砂器質을 싸서 고은 것은 참으로 놀라운 것이며 또 하나 신기한 것은 금대金帶의 띄 돈에 눌리어 썩지 아니한 옷감을 볼 수 잇슴이라.

이 옷감은 굵은 벼 가튼 것이 마사직麻絲織의 녀름 양복洋服과 비슷한 것이다. 손목에 두르는 금팔찌金腕環, 발목에 두르는 각환脚環이 나왓다. 그리하야 이 옷감과 완환腕環 따위를 모아서 밀우어 생각하면 그때의 혹시나 지금 양복 비슷한 옷을 닙지 아니하얏는가. 또는 유리, 자기를 고는 공학과 건축조각建築彫刻 등 놀라운 예술을 합하야 보면 지금 서양의 문명이 동양의 신라 가튼 대로부터 들어가앗다가 다시 재연되어 나오는 것이나 아닌가 하는 생각을 가지는 이가 잇다. 그것도 몰라 아라비아 등等 서국西國의 상인들이 신라에 들어가아 돌아가기를 이저버렷다는 역사와 고구려와 중앙아세아와의 관계를 밀우어 생각하면 어떠할는지. 아라비아 사람이 들어가기를 이젓다는 것 가티 아무튼지 경주를 보는 이는 참아 돌아가기가 실흘 것이다.

경주의 맨 나종 구경으로 봉덕사奉德寺 종鍾을 울렷다. 이 종은 경덕景德, 혜공惠恭 부자 양대兩代가 그 고조되는 성덕聖德님검을 위하야 주성鑄成한 것이니 종 만드는 데 들어가는所入 황동黃銅이 12만 근이라. 금은金銀을 잘 조합하고 수부首部에 기지旗指를 노흔 순조선식純朝鮮式 종鍾으로 다시 어들 수 업는 것이다. 한번 울리매 위잉 하고 울다가 그 소리가 끈허질 만하야서 다시 위잉 하고 음파音波를 계속하야 고국의 남아지 소리를 잠잠이 전한다. 아아 조흔 종鍾이로다. 손끗으로 족음만 튀기어도 윙윙 하고 수십분數十分씩을 계속한다. 신라 사람은 구층탑九層塔, 장육불丈六佛, 옥대玉帶로써 삼기三奇라 하얏거니와 지금 사람은 석굴암, 다보탑, 무열왕릉비의 귀부龜趺와 이 종을 아울러 사보四寶라 한다. 이것이 경주의 사보만 될 뿐 아니라 우리 과거의 문명을 역력히 설명하는 보배가 이것이라. 만일에 이것조차 업섯든들 우리가 무엇으로 자랑하고 위안을 어덧슬고.

일행은 하루 먼조 보내고 나는 오吳라는 벗과 경주에서 몃 군대 남아지 구경을 하고 하루 밤을 더 쉬엇다. 먼저 이틀은 방이 좁아서 과연 고생하얏다. 서로 비고 서로 깔고 아주 야단으로 지내엇다. 이

날은 좀 정精한좋은 여관을 어더서 단 둘이 편히 쉬게 되엇다. 이 밤에 이런 놀애노래가 생각 나앗다. "동경東京 밝은 달에 새도록 노닐다가 들어와 자리를 보니 가라리다리가 네히로새라넷이어라." 이것은 <처용가處容歌>의 일절인데 우연하게 경우境遇가 들어마젓다. 신청천申靑泉*과 최두기崔杜機**가 전생에 부부夫妻로 우호友好하야 지냇다드니 나와 오吳가 또한 그런 숙연이 잇는지도 모르겟다. 밝는 날 일즉 밥을 먹고 시가를 북으로 통하야 한참 건닐엇다. 읍에서 북으로 포항浦項에 닷는 길은 신라적 길 그대로라 한다. 년전年前에 신작로를 낼 때에 길을 깔다가 신라 구로舊路의 양편 우축이 들어나아 별로 힘들이지 아니하고 수리를 가하얏다 한다. 그러켓지 그때에 길이 좁앗슬 리가 잇나. 교통은 문명의 정비례하는데, 시간이 되어 자동차를 잡아타고 이 길을 뒤로 연장시기며 영지影池, 괘릉掛陵 이악이이야기를 하며 경주 동東의 유명한—치술령鵄述嶺을 가르치면서 울산蔚山으로 달아간다. 가기는 가면서도 생각은 참아 떨어지지 아니하야 마아치 생장한 고향을 떠나 듯 연連해 고개를 돌이키엇다.

---

* 신유한(申維翰 : 1681~1752년)의 호. 경북 고령 출신의 조선 후기 문장가, 문신. 문장으로 이름이 낫으며, 특히 시(詩)와 사(詞)에 능하였다. 최두기(崔杜機)와 친했으며, 저서에 ≪해유록(海遊錄)≫ ≪청천집(青泉集)≫이 있다.
** 조선 영조 때 대사간을 지낸 최성대(崔成大). 1671년~?. 시문에 뛰어났다. 호는 두기(杜機). 저서에 ≪두기시집≫이 유명함.

압헤 쓸 것변언弁言 : 머리말*

이 기記는 바람이 선득 선득하고 입히 누릇누릇할 때에 적은 것이 만물이 들어 업들이기 시작하고 눈이 풀풀 날릴 이때에 판板에 실게 된 것은 지면의 관계와 다른 사정이 잇슨 까닭이나 아무튼지 철 느즌 감感이 업지 아니한데 때가 늣기로 말하면 지금에 천년전千年前 이악이이야기를 하는 것도 벌서 때때는 아니라. 이때에 이 글을 읽음이 한 엽흐로 찬 겨을 찌는 녀름을 그때 족족 바꾸어 생각하는 이만한 위안은 어들가 하야 함이라.

---

* 앞에 쓸 말을 왜 글 뒤에 굳이 배치했을까? 권덕규의 괴팍함이 묻어나는 대목이다.

3 | 조선 생각을 찾을 때

출처 : <개벽> 제45호
발행연월일 : 1924년 3월 1일

1. 우리의 종교상 지위

민족의 영예는 두 길로 들어나나니 하나는 정치상으로요 하나는 문화상으로라 그 민족이 이 길로 다 영예를 가진 이가 가장 영화롭고 두 가지 중에 하나만 가지드라도 괜치 아니한데 이미 둘을 다 아우르지 못하는 이상에는 정치상으로보다 문화상의 지위가 오히려 낫다 하노라.

물론 나흔 것이라 비록 한때의 대제국을 세우고 무武로 사린四隣 사방—을 울럿다 하드라도 그것이 슬어지는쓰러지는 때에 다시 무엇이 가관이리오. 비록 그때에는 필요하지 안코 한 작난 갓다장난 같다 하드라도 또한 때가 바뀌고 일이 진행되어時移事往하야 모든 것이 업서질지라도 오즉 문화상의 유물은 영원히 목숨을 보전하야 님자 되는 사람만이 널러 자랑할 뿐 아니라 손 되는 남들까지 기리어 마지 안는 바이라. 한울은 한 군데에 둘을 같이 주지幷與 아니하야서 세계의 모든 민족이 다 한 가지씩을 가지어 떠들고 자랑하나 한울도 우리에게는 사私가 잇든지 우리는 행幸으로 복福이 만흔 민족이라. 남의 가지지 못한 두 가지 자랑을 아울러 가젓도다.

고대에 잇서서 우리 결에겨레가 무武로 얼마나한 세력을 부리어 동서에 더욱 지나—중국—에 얼마나 공포를 주엇는가. 구럭이 대국大國 사람으로 하야금 무향요동랑사가無向遼東浪死歌로 좌우명을 삼으며 금년 약불래공진若不來攻進하면 명년明年 8월 취여병就與兵이라. 아이고 무서워. 고려래고려래高麗來高麗來 에비에비하게 하엿도다.

이는 이 문제에 외되는 것이라. 장제長提하지 안커니와 다시 문화상으로 우리는 그 지위가 어떠한가. 이 우리가 자랑하는 바며 남에게 울얼음우러름을 밧는 바로다. 이만큼 쓰고 보면 보는 이야 응 사람이란 저를 자랑하는 특성이 잇는 대에다가 더구나 역사를 말하는 이나 붓을 드는 사람이란 그 중에 더한 것이라 하야 돌우여도리어 의심하는 이가 잇스리라. 하나 내 예를 들어 증명적으로 말하려 하노라.

위선爲先하나 종교 방면으로 우리 종교의 지위를 말하야보자. 신神을 표창하는 신화가 최초에는 우상을 숭배하다가 산山 혹 성진星辰—별—들의 자연물을 예배하다가 족음조금 지혜가 늘므로부터 우상, 자연물과 가튼 비정적非情的 물물을 버리고 웅熊이나 악어鰐魚 따위의 유정물有情物을 숭배하다가 요술자妖術者 가튼 사람을 신神이라 하야 신인동형설神人同形說을 주창하다가 인지人智가 대개大開함에 딸아 종교도 진화에 달達하야 신은 무형이요 이상적 것이라 하기에 이르니 곳 불교佛敎가 진여眞如를 신이라 하고 기독교가 상제上帝를 신神이라 함이 이따위라.

다시 신의 수도 진화하나니. 태고에 잇서서는 인민이 금수, 충어虫魚와 밋 종종種種의 자연물을 숭배함과 가튼 극히 유치시대에는 늘 다신교를 봉하든 것이 사회가 진보하야 이상적 무형의 신을 배하게 되니 이것이 소위 유일신교라. 이제 문명 각국에 행하는 종교는 다 유일의 신을 신봉치 아님이 업고 또 일신적 종교에 이종이 잇스니 하나는 유일의 전지전능한 신만을 인하는 단일신교라는 것이요. 하나는 유일 최고의 신의 알에아래에 기다幾多의 신이 부속하얏다는 복일신교複一神敎라는 것이니 예例하면 기독교의 삼위일체설三位一體說과 가튼 것이 이 종류에 속하는 것이라.

그러하면 우리 종교는 어떠한가. 지금으로부터 4,000년 앞서에 벌써 천신인天神人 삼위일체설을 주창하얏고 신교神敎의 대표적 신으로 인지되는 환웅桓雄이라는 신이 그의 거룩한 생각을 베풀어 들릴새 이를 듯는 자—저자와 같음으로 신시씨神市氏라는 니름을 가젓스며 이 신교 곧 종교의 영향이 어디까지 밋첫느냐 하면 남한의 소도蘇塗를 세우는 풍속이 인도에 옴기어 불교의 '소트파'—탑—라는 것이 되지나 아니하얏슬는지.

지나에서는 우리 선도신仙桃神 가튼 신을 봉사奉祀함이 대단하얏스며 일동日東—일본—에 우리 신교의 준 영향은 이루 들어 말할 겨를이 업는 바요, 신교의 일파가 선교란 명칭으로 연제燕齊에 전하야 방사方士 이외의 소위 왕공제자王公帝子까지 해동海東에 삼신산이 잇고 그 우에 불노초가 잇다 하야 쓸어저쓰러져 미치든 예例는 그만두고라도

동이東夷 곧 지금의 해주인海州人이라는 소련대련少連大連*이 아즉

---

* ≪예기(禮記)≫ <잡기> 하편에 '소련과 대련은 상을 잘 치렀다少連大連善居喪'라고 나오며, 그 주해(註解)에 '삼일을 게을리 하지 않았고, 석 달을 느슨하지 않았고, 한 해가 지날 때 슬퍼하고 애통해했으며, 삼 년을 슬픔에 젖어 있었는데, 동이의 아들이다三日不怠 三日不懈 期年悲哀 三年憂 東夷之子也'라고 쓰여 있다.

도 태산 곧 니구산尼丘山 가튼 자연물을 밋는 지나인支那人들의 심사心師가 된 것은 물론이며 현장玄奘, 규기窺基는 원측圓測스님을 못 결어 새암이 무쌍無雙하얏고 현수賢首 따위가 원효元曉 곧 저의 말로 효공曉公의 생각을 도적盜賊하얏스며 천축승인天竺僧人이 해동승려海東僧侶를 이인異人으로 숭배하도록 이혜理慧가 투철함은 다 우리 종교 대종大倧의 오지奧旨에 뿌리가 심기어 더욱 몸이 윤택한 바니, 이른바 국유현묘지도國有玄妙之道하니 포함삼교包含三敎하야 접화군생接化群生이라 한 대에 비기어 우리의 선철先哲이 혹 도道로든지 유儒로든지 또는 불佛로든지 그 들어남이 비록 다르다 하야도 실상은 다 한번 비가 오자 수많은 물이 흐르지만 각기 방향이 다르다一雨所潤萬奔殊方함이라 아니치 못할 이로다.

2. 종리倧理의 파묻힌 까닭

  실체가 잇는 바에 그림자가 따르는 것이라.
  이와 가티 대종의 진리가 현오玄奧, 심오하고 남에게 영향을 주엇다 하면 어찌하야 그 그림자도 접해볼 수가 업느냐 질문하는 이가 잇스리라. 나는 이에 대답하기를 여기에는 별다른 여러 가지 까닭이 만흘지나 대개 네 가지 까닭에 원인하얏다 하노니,
  첫재는 조대朝代가 자주 흥체興替하야 사서史書가 전전傳傳치 못함이요,
  둘재는 모화자慕華者―중국을 사모하는 자―의 죄과罪過,
  셋재는 대종교도들의 죄며,
  넷재는 대종교리의 과범過汎함이라.
  사서가 전전傳傳치 못하매 대종교가 우리 정신에 함양된 영향과 밋 그

후전後傳의 여하를 차저볼 길이 아득한데 인병隣兵 : 당나라 군사을 끌어들여 자가自家의 욕심을 채운 김춘추金春秋, 김유신金庾信의 일시적 수단이 이내 후래 라인羅人, 신라인의 외인숭배벽外人崇拜癖을 이루어 최치원崔致遠이 걸음을 하고 김부식金富軾이 집대성을 하얏던 소위 ≪삼국사기三國史記≫ 편찬에 (니름이 삼국사기이지만) 대종교들이 붓을 제외除外하얏더라.

연후에는 이 계통으로 아들이 나고 또 아들이 나고 증손 고손 몇 대손에 불행히 뒤에 끊어짐이 생기지 아니하야서 그만 영영으로 조선 문화를 가다위치고 말엇는데 그들이 생각만 돌앗드면 다 깨두들이고 파내버렷섯슬 탑비분묘塔碑墳墓, 암원庵院 따위와 그네들이 발ㅅ길만 미쳣드면 쪼차가아 업쌋섯슬없앴었을 외지外地에 잇는 건축서화建築書畵와 또 만근輓近 : 요즘에 외지外地에서 발굴되는 서적이 잇서 불행인지 행幸인지 우리의 문화에 그림자를 끼치엇도다.

어찌 생각하면 구우九牛의 일모一毛 가튼 그것조차 아주 업서져 안보엿드면 우리가 다 퇴화하야 개가 되든지 괴가 되든지 속이나 편하얏섯슬 것을 원수怨讎스럽게 그 남아부터남아붙어 잇서서 제가 남보다 나흐니 못하니 하며 전에 잘살앗느니 이제 잘못 사느니 하며 이러니 저러니 어쩌니 어쩌니 하야 자각이니 민족이니 문화운동이니 무슨 운동이니 하며 더하면 인생이니 종교니 철학이니 하야 이런 것 저런 일, 제 슬홈슬픔, 남의 걱정하기에 겨를이 업는 바로다.

되풀어기로 또 한 가지부터 말할 것은 우리가 설혹 일부 유학자 모양으로 춘추春秋, 강목綱目을 꾀어뚤코꿰뚫고 사서오경四書五經, 제자백가諸子百家를 물 흐르듯 박밀 듯 외운다 하드라도 우리에게 무슨 자랑이 되며 필경 근사록近思綠 따위를 밭갈 듯, 논 이기 듯하야 주자학파朱子學派의 철학을 완성하얏다 하드라도 그것이 무슨 자랑이 되잘 것 업스며 무슨 전서全書, 무슨 대전大全이 산山덤이처럼 싸힌다 하드라도 우리 존재의 큰 가치를 주는 것 아니로다.

더 얕고 가까이淺近 말하면 그것이 조선 사람의 참 생활과 본래 사상에 관계가 그리 업는 바며 조선의 것으로 남에게 영향을 주지 못하는 까닭이로다.

사람이란 버릇을 떼기도 여간 어려운 것이 아니지마는 또한 새것을 쫓고 기이한 것을 조하하는 특성이 잇는지라.

상교象敎―불교―가 처음 들어올새 배달교화에 영고제천迎鼓祭天하든 물이무리가 불교를 배척하고 훼손함排之毁之이 어느 곳이나 막심하여 無所不至 암만하야도 무궁화 피는 이 동산은 니른바 인연 있는 땅有緣國土이 아닌가보다 하고 전법傳法의 소임을 가진 자가 뒤통시를 치고 물러설 수밧게 도리가 업시 생각할 즈음에 박염촉朴厭觸 : 이차돈의 본명의 흘린 피가 하도 이상상한 일인 때문에 불교도의 발ㅅ길이 모레毛禮의 집 굴실窟室 밧게 노히자 하나씩 둘씩 불타佛陀의 오묘한 진리妙諦에 귀를 기울이기 시작하야 급기야 듯고 본즉

모든 악惡이란 짓지 말고 오즉 선善이란 행하는 점에서 난랑비서鸞郎碑序 자래自來의 행음行吟하든 대종大倧 : 풍류도의 그것과 뜻밧긔 일치한 것을 안 뒤에 대종교와 불교와의 계경界境을 그리 가르지 아니할 뿐 아니라 불타를 밋고 불타를 노래하는 무리가 날로 수를 더하야 연월이 차고 세기가 지나매,

이로부터 석학이 나고 고덕古德이 나아서 서역西域의 자등慈燈을 놉

단이 달고 혹시나 그 빛이 보조普照치 못할가 하야, 천릿길 돌아와 이차돈에 묻노니千里歸來問舍人, 푸른 산 홀로 몇 년을 지냈는고靑山獨在幾經春. 말세를 만나 불법을 행하기 어렵다면若逢末世難行法, 나 또한 그대처럼 몸을 버리리라我亦如君不惜身―대각국사大覺國師의 이차돈의 사당에서 쓴 시厭觸舍人廟詩―를 부르는데 대종교도들은 그래도, 늘 공손히 앉아 서로 범하지 않으며恒恭坐而不相犯 서로 칭찬하고 해치지 않고相譽而不相毁 망령된 말을 안 하며不妄言 범범히 웃을 뿐―≪신이경神異經≫―.

다시 말을 돌리어 유교 편으로 보면 네나 이제나 배타성排他性이 풍부하고 포용력이 부족한 유학자는 자기의 국토, 자기의 국수國粹를 떠나서 모두 지 자기의 몸동이를 일우인이루고 있는 세포 알알이 유경한문자儒經漢文字 속에 구금拘禁되어 사는지라.

신라에 잇서서도 조선국수朝鮮國粹의 하나인 신라의 그것을 어찌 그리 짓밟바버리든지 이를 보다 못한 진성여왕眞聖女王이 신라의 국수를 보존코저 각간위홍角干魏弘과 대구화상大矩和尙을 명하야, ≪삼대목三代目≫이란 서명하에 전래傳來의 사상 감정을 실은 시가詩歌 등을 수집蒐輯케 하며 국학 부흥을 운동하얏섯다.

이에 유학자들은 예의 행동으로 경향이 분기하야 심지甚至히 여왕女王과 위홍魏弘 사이에 추행醜行이 잇다는 등 거리에 욕을 써부티며 백방으로 저희沮戲하매 이 운동이 중도에 실패하니 이를 종유倧儒의 충돌 곳 대종교와 유교와의 종교전쟁으로도 아니 볼 수 업거늘 그래도 대종교도들은 아무것도 하지 않음으로 대처하고無爲而處, 아무 말도 하지 않으며 가르침不言而敎으로―<난랑비서鸞郞碑序>에 나옴―계유戒喩를 삼아 이런 일들에는 아무러케도 생각지 안는데 유교는 암리暗裏에 분려奮勵하야 진흥의 도도가 심상尋常이 아니언만

곳곳마다 향불, 모두 다 부처에게 빌고(香燈處處皆祈佛),
집집마다 풍악 소리, 천신을 섬기네(簫管家家盡事神).
오직 몇 사람만이 공자묘를 찾는데(惟有數間夫子廟),
뜰 안 가득 봄풀이요, 적적하니 사람 없네(滿庭春草寂無人).

안유安裕의 시詩一을 지어 후학을 면려勉勵하얏다.

이와 가티 대종교와 불교 또는 유교 사이에 암투가 적지 아니하얏스며 충돌이 한두 번이 아니엇마는 대종교도들은 늘 한 모양 누가 나를 건들이랴 하는 듯 안여晏如하얏도다. 그러나 이 대종교도의 안여晏如한 행동을 종리倧理와 떼어볼 수가 업슬지니 우리 진종眞倧의 이理는 그 크고 깊고 넓은玄深廣博한 법이 한울과 바다이라. 우리의 육안으로 규측窺測할 바—아니니 우리 교를 평하야 이러하다 함은 마—치 장님이 코스길이코끼리 구경한 것 갓하야 먼저의 <난랑비서>에 유불도 삼교를 포함包含三敎하야 뭇 생명들을 접하고 교화함接化群生이라 함도 실상 이 종교의 한 귀퉁이를 엿보아 그럴상하게 설명할 것일지로다.

그리하기에 우리 조선 사람처럼 동화력同化力이 부富하고 또한 여간 동화할 수 업는 민족이 업나니 5,000년 전 신시神市대에 이미 거룩한 이의 생각이라 하야 그것을 저자처럼 모여들어 들엇다 하면 그때 그 민족의 문화의 정도를 넉넉이 짐작할 수 잇는데 아무튼지 우리 대종교리大倧敎理에는 갓갑게 심신의 안과 멀리 나무끗 바위틈까지라도 싸안찌 아니함이 업서서 말하면 어떤 한 귀퉁이를 떼드라도 당치 아니함이 업스매 불교의 생각도 유교의 생각도 다른 어느

교의 생각일지라도 다 여긔에 싸혀서 움즉이면 이理에 당치 아니함이 업슬새 그럼으로 불교의 생각도 이미 우리에게 잇섯고 유교의 생각도 이미 우리에게 가추엇는지라. 그리하야서 불교가 들어와도 얼른 우리에게 수용이 되며 유교가 들어와도 얼른 우리에게 수용이 된 것이로다.

이러케 말하야 조선에 불교가 흥하얏다 하야도 이 우리의 생각의 발로發露며 유교가 흥하얏다 하야도 이 우리의 생각의 발로로다. 그러하나 이것이 한편으로 자랑이 되는 동시에 또 한편으로는 제 일 하는 모든 것이 시들하야 저를 직히지 못하는 허물이 되여서 조선 고유의 지방적 취미와 민족적 색채가 이에 자저졋나니라.

조선 때문에 외인外人의 사상에 미친 악영향을 이 사이에 쓰려 하얏스나 밧븜으로 그침.

3. 조선 생각을 차즐대

우리에게는 녯것은 이미 문허지고 새것은 아즉 일우지 못하얏스니 어대로 보든지 조선 사람과 세계와의 영향이 그리 크지 못함은 물론, 조선 사람 스스로도 말미암을 길이 업스매 조선 사회는 과연 정돈되어가는 사회가 아니라 질서 잇게 나아가는 사회가 아니라 가위可謂 난장판이요 헤매는 판이라.

딸아따라서 5,000년 역사가 그리 자랑할 것이 못 되며 금수강산이 그리 아름다울 것이 업도다. 그러나 역사에 눈찡글이지 말어라. 강산에 침배앗지 말어라. 현재―이미 과거만 못하고 미래―또한 의문에 부텻스니 이 의문을 잘 해결하고 조선 결에겨레가 존재의 가치를 엇고저 하면 이는 세계 사상에서 영광스러운 지위를 차지함이니 조선 사람이 이 영지榮地를 엇는 길은 오직 하나요 다시 업는 문화의 길이요 조선 사람의 것이라고 닐컬을 그러한 문화의 길이로다.

세계의 문명이 아즉 완성한 것이 아니며 조선 사람이라고 문화인이 되지 말라는 이理가 어대 잇스리요. 허믈며 문명을 가졋든 민족 조선 사람이리요. 우리 문화운동이란 것은 오즉 녯 문화를 차저 셰워서 본래의 빗츠로 가식加飾할 뿐이라. 그리하야 이것을 늘릴 뿐이라.

다른 말로 하면 조선 사람의 사상, 감정 곳 실實사회에 접촉하는 그러한 것이요, 참 조선과 관련이 뜬멀은 모방적 문명 그러한 것이 아니로다. 여러분이어 나를 과히 꾸짓지 마소라. 이제에 문화운동이니 무엇이니 하고 떠드는 것이 그 어떠한 방식으로 하느뇨.

동경에 가본 사람은 거긔 사람이 거긔서 하는 다시 말하면 거긔 사람에 맛게 하는 고대로 조선에 오아하며 서양에 배운 사람은 또한 먼저의 방식대로 서양 사람이 저의게서 하는 고대로 조선에 오아하지 안느뇨. 이것이 마치 우리 선인先人들이 불교를 배워 생각으로 인도에 가아 살고 유학을 본바더 지나에 가아 종노릇하든 것과 다르지 안타 하노라.

이 구절을 보는 이는 크게 성내어 어대 조선 사람이 그러할 이理가 잇스며 또한 철학, 종교, 문학 가튼 것은 결코 한 지방만 표방하야 연구하는 것이 아니요. 우리 인생을 표방하야 우주에 합일하도록 지선至善을 힘쓸 뿐이니 이 논은 한쪽만 보는 한 편견이라 하리라.

물론 다 그러한 것이 아니요 그러치 아니하면 다행이며 우주에 합일하도록 지선至善을 힘쓰면 그만이나 그러타고 서양 철학이 꼭 동양에 맛는 것이 아니며 불란서佛蘭西나 로서아露西亞의 문학이 꼭 조선에 맛는 것이 아니니 그러하면 조선에 맛지 안는 철학이나 문학이 무슨 우주에 합일을 의논하리오.

오즉 사람은 사람사람이 저의 토대로부터 비롯하야 모든 것을 해석하고 우주에까지 합일하기를 힘쓰느니라. 문제가 이미 조선의 문화 곳 조선 생각을 말하자는 것이며 넘우 벌엇도다.

아아 조선의 생각은 어대 가아 차저서 어떠케 세울고. 그것이야 조선에서 차저서 조선 사람의 실생활에 맞도록 세우는 것이지, 칠판 미테서 차즐 것도 아니오. 한적漢籍에서 차즐 것도 아니오. 동경 유학생의 소견 알에아래도 아니오. 서양 유학생의 이상 속에도 아니라 칠판 밋이나 유학생들이 이것을 찻는 방법 이것을 조직하는 형식을 배우는 것이지 배우는바 서양 문학이나 일본 윤리를 고대로 옴기자는 것이 아님은 물론이로다.

또 그 찻는 데가 조선인 것이야 물론이지마는 조선이라 하면 그 혹或 북쪽일가 남쪽일가 혹或 늘근이에겔가 유자幼者에겔가.

우리의 진정한 역사는 5,000년의 역사 그것이 아니라 놉고 나즌 메이나 맑고 흐린 바다들이며 우리의 철학이나 문학이 이제 우리 양복 입고 과학을 말하는 절믄 사람에게 잇는 것이 아니라 저 늘근 부로父老며 약한 부녀자와 어린아이婦幼와 무식한 노동자에 잇다 하노니.

저 백두금강白頭金剛의 메뿌리에 걸린 아롱아롱한 아츰 구름이 5,000년간 얼마나 우리에게 빗의 미감美感을 주엇스며 창해다도해蒼海多島海의 굼실굼실하는 저녁물ㅅ결이 얼마나 소리의 미감美感을 주엇스며 늘근 한 아비 한 어미의 5,000년 나리바든 전설이 설마 무의미한 것은 아니며 어린아이의 뛰노는 작난 짓거리는 소리가 어찌 그리 뿌리가 없는無根底 것이랴.

노동자의 끈히지 아니하는 욕설이 혹 우리 군자국君子國의 도덕적 반향이 아닐는지. 밋걸음에는 재를 주고 부억에는 숫을 까는 것이 얼마나 과학적 지식인고.

아아 조선을 알려는 사람아, 조선을 연구하려는 사람아 금강으로 가거라. 다도해多島海로 가거라. 선인의 유적이 잇는대어든 가거라. 선인의 활동한 지역이어든 내외를 물론 어대든지 가거라. 거기에 귀를 기울이면 꼭 무슨 소리가 들릴 것이니 눈을 굴리면 꼭 무엇이 나타날 것이니 생각하면 꼭 무슨 생각이 날 것이니 늘근이에게 물으라. 어린애와 함께 놀아라. 노동자에게 배우라. 그들은 우리의 큰 스승이니라.

연후然後에 그 듯고 보고 배운 바가 어느 날 아침—旦 붓 끗에 오를 때에 그것이 시詩가 되고 그림이 되고 음악이 되고 문학이 되고 철학이 될지니라. 이 5,000년 동안 싸혀 나려온 보고寶庫를 열 자者는 오즉 힌옷 닙고 너나하는 조선 사람이라. 조선 사람이라야 할 천명天命이 잇스며 조선 사람이라야 할 능력이 잇느니라.

이 조선 사람이 생각해내는 문화가 장차 세인의 이목을 경동驚動—놀래켜 움직임—할 것을 생각하는 깃븜으로 이 글을 초抄하며 "제터에 지은 집이 아니면 언제든지 헐리리라", 이 한마디 말로 끗을 마치노라.

4 | 조선에서 배태胚胎한 지나支那의 문화
  - 조선고대사 연구의 일단

출처 : <동광> 제7호
발행연월일 : 1926년 11월

　조선 사람은 점잔흔 사람이다. 그러함으로 군자라는 이름이 잇다. 착한 사람이다. 그러함으로 선인이란 일컬음이 잇다. 착하되 얼마나 착하던고 하니 늘 공손히 굴허안저 서로 닥들이는 일이 업스며 늘 기리어 일컷는 일은 잇스되 서로 휘뿌리어 흠담欠談하는 일은 업섯다. 늘 조심하며 늘 빙글에 웃어서 얼른 보기에 어리석게 보이엇다. 이만콤 착하고 점잔흔 사람인 까닭에 물러가 직히는 일은 잇스되 나아가 빼앗는 일은 업섯다. 그러함으로 나라에 이利가 되리 만한 큰 사건이 잇스되 제 마음에 털끗만치 부끄럼이 잇서도 거짓말한 법이 업섯다. 이것이 조선 사람의 심성이다.
　이러한 조선 사람이매 남支那人들이 너이는 오랑캐나라 하고 이름을 지어도 속으론 어떠햇던지 거트로 고개를 끄덕끄덕 하엿고 너이들이 우리에게 한 번도 지지 안흔 일이 업다. 꼬박꼬박 젓느니라 하여도 따로 안자 코ㅅ방귀 뀌는 말이 잇나 하엿다. 그리다가 겻고 트는 바람에 한 번 넘겨박이고 '멸조선滅朝鮮 치사군置四郡―조선을 멸하고 사군을 둠―'이란 문자도 쓰이고 '합한국 칭조선合韓國 稱朝鮮―한khan나라를 합하여 조선이라 부른다―'이란 구절도 박이는 것이다. 그리하여 기사 이상의 엄청난 치욕도 당한 것이요 역사 이외의 긔

막히는 기록도 소유한 것이다.

  이러한 조선 사람이며 그야말로 생후 거짓말이라고는 해본 적이 업슬뿐 아니라 남의 거짓까지 밋게 되엇다. 조선 사람은 글스자나 하는 것이 돌이어 탈이어서 한서적漢書籍—중국 서적—끄트머리를 한울 가티 밋고 일본학자 주둥이를 어미 가티 딸아서 거짓말할 줄 모르던 저의 조상의 유훈遺訓이 돌이어 거짓이 되고 엇그제까지 지키던 미풍선속美風善俗을 훌부심하여 내버리는 것이다. 이것이야 목전에 보는 것이다. 조선놈의 내 말이기로서니 엇지 못할 거짓말이라고 하랴.

  강화江華에 거소리居巢里가 잇스니 이것을 범증范增의 시골이라 하고 해주海州에 은殷나라의 고죽군孤竹君이 거기에 머물럿다 하고 태안泰安의 가의도賈誼島를 가리처 의誼가 압서 이에 귀양살이 하엿다 한다. 이것은 다 무식한 사람의 일 업시 지어낸 말이어니와 설인귀薛仁貴에게 연개소문淵蓋蘇文이가 소인小人을 개 바쳣다는 말이 정말이 되겟느냐. 소정방蘇定方이가 김유신金庾信 아페 굴어 업디어 발발 떨던 것이 거짓말이 되겟느냐. 신공왕후神功皇后가 정한征韓하엿다는 야설野說을 미드며 유례이사금儒禮尼師今의 백마총白馬塚 사실事實을 부인해야 가可하랴.

  어찌하여 조선이 자래自來로 남에게 부속되지 안흔 적이 업다는 것은 캐는 양반들이 지나사중국사가 말끔 이민족異民族이 들어가 한민족漢民族을 통치한 역사인 것은 문제 삼지 안는고. 이것이 오직 조선 사람의 하는 것이요 조선 사람의 붓끗이요 말머리다.

  일본은 별문제로 하고 동양에 잇서 지나는 과연 큰 나라요 역사 잇는 나라다. 그러나 그 역사 첫머리를 펼 적에 과연 남부끄럽지 안흘 만한 시조始祖가 잇느냐 하면 참으로 어더낼 수가 업다. 그러나 조선 역사는 어떠하냐 첨으로부터 천강天降을 밋는 고상한 이상을 가진 족속으로 천天, 신神, 인人 삼위일체인 단군을 밧들엇다.

그리하여 역대의 건국제왕建國帝王이 내가 단군이로라 하지 안흐면 단군의 아들이로라고라도 하엿다. 단군을 아무리 부인하여 말살하려 하는 패라도 부여夫餘의 존재는 인정치 안흘 수 업슬 것이오, 부여의 존재를 인정한다 하면 해모수解慕漱, 해부루解夫婁, 고주몽高朱蒙이 모도 단군 혹 단군자檀君子라 한 문구를 없애버리지塗削 못할찌니 이런 문제는 문제될 까닭도 업는 것이다.

대체 조선 민족은 상고로부터 썩 문화하엿다. 무武의 방면으로 보더라도 지나족이 아직 황하연안黃河沿岸에 엉겨붓기 전에 조선 민족은 벌서 오열하烏列河(遼水) 이쪽으로부터 서으로 발해渤海 서북안西北岸을 거처 다시 황하黃河, 태산泰山 이남以南으로 대강大江 이북以北 지나支那 내지內地로 몰려들엇다. 이때는 정定히 단자당요斷自唐堯라 하는 요堯의 시대엿다.

조선 사람은 태고로부터 동양 사람으로 천하의 대본이라 하는 농업을 힘썻다. 그리하여 나라를 다스리는 조목條目에도 주곡主穀이 첫째이엇다. 곡식을 주장함으로 농작에 대관大關되는 천후天候를 엿보지 안흘 수 업섯다. 그리하여 천문에 대단히 능하엿다. 그럼으로 요堯라는 님검도 천문을 이인夷人에게 물은 흔적이 잇다.

조선 사람은 과연 그 이전 알기 쉽게 그때부터 미리 천후天候를 보아 년세年歲의 풍험豊險을 료량하도록 천문학學에 장長하엿다. 그뿐 아니라 정치의 어려움을 이인夷人에게 뭇게 되엇다.

그야말로 순舜이란 사람은 동이東夷 곳 조선 사람으로 요堯의 청請

에 진진塵하여 그 정사를 꺼들게 되엇다. 순舜이란 사람도 천하를 두 려는 생각이 귀를 씻으리만큼 청백淸白하지는 못하엿다. 마침내 요堯 를 폐廢하고 그 자리를 앗게 되엇다. 요堯가 순舜에게 가첫다갓혓다는 이야기가 이러한 소식을 전함이다. 순舜이 동이東夷 곳 조선사람인 것은 선유先儒들의 말이 일치한 바이어니와 순舜이란 그 칭호조차 과연 조선적이다.

조선에는 자래 무궁화가 만핫다. 그리하여 근역槿域이라고까지 일 컷는다. 꽃을 보고 누가 조타 아니하더냐. 이 무궁화가 지나 사람의 눈에까지 곱게 보엿다. 그리하여 누구를 사랑하여 그 얼굴을 아름답 다 일컬을 데에 반듯이 무궁화에 비하엿다.

시에 '안여순화顔如舜華'라 한 것이 이것이다. 순舜의 뿌리가 되는 글 자 뜻根本字義은 무궁화다. 그러한데 순舜은 누구로부터 그 찬미를 어 덧슬가. 혹 그 가정으로부터 어덧슬가. 혹 백성에게로부터 어덧슬가.

신경준申景濬은 이에 대하여 그 아버지에게로부터 어든 것이다 하 엿다. 그 대의는 고수瞽叟, 순임금의 아버지가 아무리 완악頑惡하기로 그 아들을 사랑하지 안핫스랴. 그 후첩에게 빠저서 구박한 때가 잇슬 뿐이다. 순舜이 어렷슬 때에 그 사랑이 기펏슬찌니깊었을지니 사랑이 기프면 아름답게 녀기기를 꽃처럼 하엿슬 것이다. 그러하매 순舜이 란 그 이름은 남에게서 어든 것이 아니라 고수瞽叟의 준 바라 하엿 다. 그도 그럴는지 모르거니와 나는 이러케도 생각이 된다. 순舜은 근역槿域의 사람으로 그 사람이 아름다운 법까지 무궁화꼿 갓다 한 것이라 한다.

조선 사람은 과연 상고에 잇서 일쯕이 문화하엿다. 지나 사람이 아직 투구가 무엇인지 갑옷이 무엇인지를 모를 때에 조선 사람은 벌서 갑주甲冑를 맨들엇다. 과하마果下馬를 타고 대궁大弓을 둘러메고 단겨 말 타고 활 쏘는 데騎射에 장長함으로 일컬음을 밧는 사람, 조선 사람이 제일 먼저 갑주를 발명하엿다.

　탁록涿鹿의 야野에서 황제헌원黃帝軒轅 씨에게 청천벽력靑天霹靂을 나리던 치우蚩尤의 사실이 이것이다. 고죽孤竹과 청구靑邱가 한 가지 조선의 일부로 치우蚩尤는 청구靑邱의 패왕覇王이다. 갑옷을 입고 투구를 쓰고 말을 타고 활을 쏘며 지처 들어갈 때에 말굽에 이는 티끌이 과연 천지를 가리엇다.

　이때 한인漢人의 웃으운 활, 굼뜬 팔매질로야 갑주 기마騎馬한 청구靑邱의 사졸士卒이 꼼작이나 할 것이냐. 그러함으로 지나支那 사람들은 치우蚩尤를 가리처 동두철신銅頭鐵身이라 또는 입으로 능히 안개를 핀다고까지 하게 되엇다. 황제가 지남거指南車를 맨들어 치우蚩尤를 파破하엿다는 것은 한족 자가自家의 폐흠蔽欠―흠을 가림―으로 쓴 말답지 안흔 말이다.

　사람이 동물 중에서 제일 자랑거리라 하는 글ㅅ자도 조선 사람이 제일 먼저 맨들엇다. 복희씨伏犧氏가 조선 사람이라는 말 가튼 것은 미들 수 업는 것이어니와 지나의 창힐蒼頡이라는 사람은 황제 때 사람이다. 새의 발자취를 본떠서 한자를 맨들엇다는 사람이다. 그런데 여긔에도 조선과 관계가 잇다.

　≪포박자抱朴子≫에 '황제黃帝가 청구靑邱에 와서 풍산風山에서 자부선생紫府先生에게 삼황내문三皇內文을 어더갓다' 하엿다. <삼황내문三皇內文>은 만신萬神의 이름을 적은 신교神敎에 당當한 책자冊子이다.

　청구靑邱는 물론 조선을 가리침이요 풍산이라 함은 풍이風夷의 산山이란 말일찌니 풍이는 곳 부여의 이칭異稱이나 대개 동방의 황인黃人 곳 조선인을 가리친 것이다.

황제가 그 신하로 하여금 문자를 맨들릴새 반듯이 어대에던지 참고함이 잇슬 터인데 자기보다 문화가 먼저 열린 조선에 와서 문질問質할 것이 의례依例이라 그 설명을 보아 삼황내문三皇內文이 분명히 신교의 책冊이요 그 어든 대가 분명히 조선인즉 그때에 조선의 문자가 잇슨 것이 사실이라.
　그러하면 창힐蒼頡이 조자造字에 삼황내문三皇內文을 참고 혹 의방依倣한 것이다. 황제의 시대는 워낙 불가신不可信의 시대로 처리되는 것이매, 이 시대에 잇는 창힐蒼頡의 조자造字까지 부인한대면 그것은 별 문제어니와 만일 그것을 시인한대면 가튼 시대에 잇는 조선 사실 또는 그 적힌 대가 ≪포박자≫라 하여 구대 내버릴 것은 업슬까 한다.

　그는 그러하거니와 여긔에 따라 생각되는 한 가지는 한자의 원시가 상형象形인데 조선의 이때에 쓰던 문자가 어떠한 것일까이다. 국가가 애초에 형성되지 안핫다 하면 모르거니와 형성되엇다 하면 반듯이 긔사하는 문자는 잇서야 할 것이니 잇스면 그때에 잇서 지금 가장 진보되엇다는 음표문자音標文字가 생겻슬 수는 업는 것이요,
　상형이나 또는 그 비슷한 무엇이 잇섯슬 터인데 지경이 연접連接하고 세긔가 백중伯仲하는 조지—조선과 지나—조지朝支의 간間에 반듯이 서로 비슷한 문자 또는 가튼 문자를 썻슬 것이라. 한자가 이제 지나 고유의 것으로 전하는 것은 사실이나 나는 이것을 지나인 독창의 것으로 생각하고 십지 아니하며 조선도 이때 상고에 잇는 상형문자를 쓰되 지나의 그것과 가튼 것을 썻스며 그것이 원시는 조선인의 창안으로 그 이점을 공유하다가 후세에 지나인의 소유所有로 귀歸한 것이리라 한다.

이 논의 논하려 하는 바는 지나문화의 소유자가 지나인족과 전쟁과 박해가 때로 이어서 순舜, 우禹, 주공周公의 개교開敎한 공로도 날로 덜리는 한쪽에 건국 이후 일쯕 한 번 파괴를 입지 아니한 부여扶餘 곳 조선의 문화는 꽃이 날로 한 송이씩 피어 열매가 날마다 한 개씩 여므는데 조선 학자의 행려가 그 쪽으로 늘고 조선 민족의 천이遷移가 각각刻刻으로 세勢를 가하여 선교仙敎의 교훈敎訓이 하북河北에 더 피고 태일太一의 학풍이 회대淮岱에 퍼지며 소련少連, 대련大連의 덕행德行이 공자孔子의 사모思慕하는 목표가 되고 회이淮夷, 서이徐夷의 천신天神을 숭상하는尙神 풍속이 굴원屈原의 탄영嘆咏하는 문장으로 화하엿다.

더구나 공자는 이인夷人문화의 이식지移植地인 태산泰山 녹지麓地에 생生하여 그들의 문화에 만히 접촉침염接觸浸染하엿슴으로 그들의 생활, 속상俗尙, 사상을 비교연구하여 민족 개조의 박휘바퀴를 돌릴새 수신修身, 제가齊家의 쪽으로 하엿다.

강상綱常을 거스르고 살육을 예예로 하는 (그때 형편) 자기의 족속을 구해낼 도리를 오직 이것으로써 한 것이다. 그리하여 윤리의 방면으로는 삼강三綱, 오륜五倫을 주主하여 수신修身으로부터 시始하고 경제經濟의 방면으로는 제가齊家로부터 치국治國, 평천하平天下에 말을 그칫다.
 이와 가티 종교의 오계五戒를 본떠서 자기의 윤리관을 세고 그 중의 임전물퇴臨戰勿退의 무武의 사상을 평천하로 유화柔化한 것 갓다. 또 한편으로 노자 가튼 이는 동東으로부터 들이오는 조선 선교仙敎의 청고淸高한 도리를 엿보아 정사세구精思細究한 결과 무위無爲 무화無化의 거룩한 생각을 뽑아냇는지도 모른다.
 아무러커나 상고上古에 선도의 사상이 조선으로부터 지나에 들어간

것은 사실이매 아주 터문이 업는 것이라고는 생각 안키를 바란다.

공자의 도학이 집대성이라는 것 가티 지나의 사상, 문화가 동방 제민족의 사상, 문화를 총집대성한 것도 사실이 아니냐. 먼저 부여가 거꿀어지고 이어 구려句麗가 어퍼진 후에 우리의 전가보록傳家寶錄이 무지한 외인의 손에 녹아저 업서지고 뒤를 이어 고흥高興, 이문진李文眞이 나지 아니하매 우리의 사상이고 문화고를 다시 엿볼 길이 막혓다

만일 우리의 그것이 완전히 남앗다 하면 지금의 지나 것이라고 하는 지나의 그것이 얼마나 빗이 덜리엇슬는지도 모른다. 보만재保晩齋*의 이른바 '조선이 중화中華보다 낫고도 못한 것은 문적文籍이 업는 까닭이요. 중화가 조선만 못하고도 나은 것은 문적文籍이 잇슴으로 낫다' 한 것이 과연 올흔 말이라 한다.

지금에 조선 역사를 연구하는 사람은 순직한 사람의 일러오는 전설을 가버이 너길 수 업고 또한 조선의 기록보다는 그 시대를 노코 설상設想을 아니할 수가 업다. 지금의 우리가 참고한다는 조선의 기록이 우리의 손으로 된 것이 하나가 잇는가 모도 우리를 더퍼 누르려 하는 적賊의 쓴 바가 아닌가.

---

* 조선 후기 학자 서명응(徐命膺, 1716~1787년)의 호(號). 본관은 달성(達城). 영조 때 과거에 급제, 서장관(書狀官)으로 청나라에 다녀온 뒤 예조참판, 대사헌, 홍문관제학 등을 지내고, 이조, 호조, 병조판서를 지냈다. 정조 1년 규장각 제학, 홍문관 대제학을 거쳐 봉조하(奉朝賀)가 됨. 역학(易學)에 밝고 실학(實學) 연구에 전심한 북학파(北學派)의 한 사람이다. 저서에 《보만재집》과 《보만재총서》가 있다.

적이 가르되 "네가 오랑캐라." 햇서도 그대로 벗긴 것이오. 적이 가르되 "네가 우리의 종이니라." 햇서도 그대로 적어온 것이 아니냐. ≪삼국사기三國史記≫나 ≪동국통감東國通鑑≫이 적인 지나 사람의 붓끗으로 된 그것을 다만 년대를 차자 정성스럽게 들이낀 것이 아닌가. 더구나 이들의 책중冊中의 안설按說이라는 것은 적賊의 이야기를 무슨 계훈戒訓처럼 녀기는, 지나에 대하여 노예사상奴隸思想을 가진 조선 사람이 적의 설명을 탄복하여 마지안는 안설按說이 아닌가.

내 말하되 "조선은 아직 역사가 업는 나라이라." 한다. 역사는 따로히 잇다. 그러나 역사책은 업다. 다만 역사의 자료가 잇슬 뿐이다. 이제 말한 바와 가티 이 역사의 자료가 모도 적의 적어논 바이다.
　어떤 때는 남의 적은 역사가 한편 짝을 가리고 적은 그 민족의 그 역사보다 정확한 구절도 업는 바는 아니나 제 민족이 적은 그것이 업고 남이 적은 그것만이 잇는 그 역사를 가지고야 어찌 정확 여부를 말하랴. 그러나 외인이 적은 우리 역사자료에나마 페지 꼿다운 사실이 들어나는 것을 보면 그 반면에 어떠한 훌륭한 사실이 잠재햇던 것을 집작하겟다.

　조선 역사에는 원사실原事實을 차자 적을 사이도 업섯스매 거짓말 할 나위는 근본부터 업는 것이다. 우리에게도 훌륭한 역사가 나기를 바라며 또한 그것을 밋는 생각으로 이 되지 안흔 말을 초抄하는 것이다.

5 | 내가 자랑하고 싶은 조선 것

— 잇고도 할 줄 모르는 자랑

출처 : <별건곤> 제12·13호
발행연월일 : 1928년 5월 1일

1

나는 조선 사람이다. 조선 사람이로되 지금 조선 사람이 아니라 녜전 조선 사람이다. 이 몸동이가 처한 바는 녜전의 조선이 아니로되 나는 꼭 녜전의 조선 사람이다. 남이 아무리 나를 지금의 조선 사람이라 하여도 나는 지금 조선 사람이 되고도 싶지 아니하려니와 본대부터 나는 녜전의 조선 사람이다.

남이 또 뭇기를 네가 나기를 지금에 낫고 너의 하는 것이 지금 세상의 하는 것이니 무슨 열업는* 소리냐 하렷다. 그러나 나는 지금 조선 사람은 아니다. 내가 녜전 조선 사람의 긴 혈통을 받아서 녜전 조선 사람의 살든 조선에 낫고 그리하야 나의 바든 풍기風氣가 녜전 조선 사람의 먹는바 음식이 녜전 조선 사람의 먹는 바요, 나의 짓거리는바 말이 녜전 조선의 것이오, 이럿케 먹는 바 닙는 바가 녜전 조선 사람의 하는 것임과 가티 내가 행하려는 바 세우려는 바 도덕이나 모든 표준이 다 녜전의 것이오 지금 것은 아니다. 내가 그

---

* 좀 겸연쩍고 부끄럽다.

리하기에 길을 가다가도 김이 설여 나는 설렁국은 먹고 싶으되 싸구려 진고개 사탕보다 단꿀물이 낫구료 하는 것은 애초부터 둘아볼 바가 아니며 설설이 끌 헛소 군밤이요 무르고도 덥소 군밤이요 하는 소리는 엇구수하야 듯기가 조흐되 벽돌집 모퉁이에 서서 야끼구리하는 것은 진정眞情에 듯기 실타.

이와 가티 나는 녜전을 조와좋아 하고 지금을 슬혀싫어한다. 천하에 제일 보기 미운 것이 어떤 것이드뇨. 두말할 것 업시 저─허여케 시인 늙은이가 권련卷煙─담배불에 수염을 태우면서 고린 한푼하는 것보다 더 밉광스러운 것은 업슬 줄 안다. 이것은 지금 조선을 아무리 찬송하고 춤추는 패일지라도 그리 조하는 못하리라. 그래도 지금을 조타고좋다고 하는 양반은 일공에 일공을 더하야 만만점滿滿點이다. 허허 이것은 다 우순 말이고.

2

지금 조선 사람은 자랑이 업다. 제 아무리 철학을 공부하엿다 하자. 그리하기로 조선 사람의 속정을 캐어본 적도 업는 철학자가 병신 바보 철학자가 아니냐? 제 아모리 박물학자라고 하자. 그리하기로 조선 식물이 무엇이 잇는 줄도 모르고 식물 니름이름 하나 조선 말로 기억하는 것이 업는 학자가 무엇이 그리 찟다우냐. 게다에 하오리가 시원하야 조타하것다.

그러나 미친놈이 벌거벗고 가면 그 사람도 그 놈이 미첫다 하렷다. 아무튼지 지금 조선 사람은 자랑이 업다. 만일 잇다 하면 그것은 조선의 자랑이 아닌 다른 무엇일 것이다. 그러면 녜전 조선은 자랑할 것이 무엇 잇느냐. 녜전 조선 사람의 자랑이라는 것을 대개 들어보자. 지금도 취운정翠雲亭이나 황학정黃鶴亭에를 가면 활 쏘는 패를 보것다.

이것이 역시 녜전 조선 사람의 하든 것이다. 아즉도 저 지나支那―중국―사람이 투구가 무언지 갑옷이 무언지를 모를 때에 청구靑邱의 사람들은 벌서벌써 갑옷투구에 단궁檀弓을 둘러메고 지나 사람을 잡아 눌럿다. 그리하야 그들이 우리가 갑옷투구에 그네 쏘는 활을 맛고도 아무러치도 아닌 것을 보고 우리더러 동두철신銅頭鐵身―구리 머리에 쇠 몸―이라 활을 잘 쏘는 대궁인大弓人 그러고도 어질은 사람 인인仁人이라고 까지 닐컬엇다. 이것도 자랑이라 하면 하나 가는 자랑이다.

활자의 창제는 인쇄의 편리로 서적을 광포廣布하야 지식을 보급케 하는 그릇으로 그 생각해낸 자가 누구냐 하면 조선 사람이요, 그 실용한 시대는 서기 1230년경이니 화란和蘭―네덜란드―의 코쓰터나 독일의 꾸텐뻬르―히보다 압서기 수백 년 전이라. 활자의 공력이 크다 하면 이것의 가장 앞선最先 발명이 어찌 자랑이 아니랴.

벌써 4세기 전에 철갑선鐵甲船을 지어 썻다는 것이 이미 세계에 공인된 사실이요 아울러 최선의 발명이라는 것으로 자랑을 삼는다 하면 이것도 여간한 것은 아니다. 고구려의 벽화나 이조의 측우기나 고려의 자기, 경주의 석굴암이며 갓갑게 이동무李東武―이제마李濟馬―의 사상설四象說 등을 낫낫이 들어 자랑을 채운다 하면 실로 적지 아니하려니와 이보다도 더 큰 자랑이 우리에게 잇다 하면 희한할 것이 아니랴. 그 무엇잇고.

3

과연 우리의 자랑은 무엇이냐. 도덕상道德上으로 보아 주周나라의 공자 가튼 이가 귀화하려 하얏다는 것이 자랑이랴. 동양 것이 다 그르고 조선 것은 하나도 보잘 것이 업스되 금강산 하나는 세계에 다시 잇지 못하다는 어떤 서양 유학생의 말한 바와 가티 이것으로 자랑하랴. 불교철학의 중시조中始祖 원효공元曉公이 낫섯다고 자랑을 삼으랴. 팔만대장경八萬大藏經의 귀서거질貴書巨帙이 잇다 하야 자랑을 삼으랴. 인삼의 영약靈藥이 난다 하야 자랑을 삼으랴. 이들이 자랑 아닌 바는 아니나 여긔 말하려는 자랑은 아니다.

인류가 글ㅅ자라는 묘기를 가진지 이미 몃 천 년 꼴사납고 어수선하고 거북한 것이 미상불 하나둘이 아니어니와 지금에 가장 세력을 가진 로마자나 아즉 것아직껏 여력餘力을 벗히는빼치는 한자가 하나는 무의적無義的의 것으로, 하나는 표음적標音的의 것으로 동서에 갈라 잇서 최후의 승자와 갓트나 의의적意義的의 한자가 본대부터 실용에 편便한 것이 아님은 말할 것도 업는 것이요. 표음적 로마자도 또한 이치에 맛지 안코 소리가 아무러지지 못하야 일용日用에 그 용을 다하지 못하기로는 거의 불구적不具的 글ㅅ자字이다.

그러면 이치에 들어맛고 소리에 막힘이 업스며 모양이 째여서 도무지 나몰할나무랄 대 업는 글ㅅ자는 업느냐. 아니다. 아니다. 한학자의 천대를 바다 오늘까지 크게 쓰이지 못한 언문諺文 곳 우리의 생각으로 맨들어낸 훈민정음訓民正音이야 말로 한 점도 틔가 업는 가장 고등高等된 합리한 글ㅅ자이다. 그 모양의 아름다움과 소리의 넉넉함과 배우기 쉽고 쓰기에 편한 것이 그 하나으론 미술적 감정을 주며 그 하나으론 교육적 이점이 잇고 그 하나으론 실무적 본능을 가추어 글ㅅ자로의 요구할 모든 요점은 하나도 가추지 아니한 바 업서서 내외의 모든 학자가 이와 가티 평하얏다.

"정음正音은 우주의 가즌 소리와 가즌 묘妙를 다 가저서 쓰려 하야 못 쓸 것이 업고 어대가 막힐 대가 업다." 하고 (정인지鄭麟趾)

언자諺字는 "소리란 소리는 다 갖추어서 글ㅅ자가 잇는 후後의 다시 업든 것이라." 하고 (이승호李昇湖)

"언서諺書가 나가지고 만방어음萬方語音을 통通치 못할 것이 업스니 성인이 아니면 할 수 없는 배라." 하얏고 (이수광李晬光)

"그 글ㅅ자가 만치 안퇴많지 않되 짜임이 꼼꼼하고 쓰기에 편하고 배우기 쉬워서 온갓 말 모든 소리를 샃샃이 그려낼 수 잇스니 이것은 녯 성인聖人이 미처 생각지 못한 바며 통천하通天下에 업는 것이라." 하고 (신경준申景濬)

"언문은 지금 세계의 이백수십종二百數十種의 국어 글ㅅ자 가운대에 가장 신식의 것으로 동양의 유일한 알파뻬트식 글ㅅ자로 다른 국어에서 볼 수 업는 첫째의 학술적 조직을 가젓스니 이 점으로 보아 언문은 참으로 세계에 자랑할 만한 조선의 산물이라." 하고 (금택장삼랑金澤庄三郞)

"글ㅅ자 획字劃이 적고도 짜임 짜임의 규칙이 정당한 점으로 말하면 세계의 음운 글ㅅ자 가운대에 이 이상에 갈 것이 업슬만치 정교精巧히 되엇다." 하얏다 (백조고길白鳥庫吉).

그러나 지금에 보아라. 타고난 천혜天惠의 음성에 잇는 귀중한 글ㅅ자를 가지고도 이것을 연구하겟다 잘 쓰겟다 생각은 업고 돌이어 도리어 앓는 놈 따라 붓는단 셈으로 총소리가 땅한다는 것을 "존소리가 단"하는 생生 벙어리를 배우러 애쓰는 패가 얼마냐. 한우님께서 할 것을 하一나님께서 하고, 키 작은 코보가 되려는 축은 얼마나 만흐냐. 이따위 행사는 인생의 최고 이상理想이 목구녁에 풀칠하는 대에 잇는 이유겟지. 그러나 생각이 업는 것은 사실이 아니냐. 이것은 자랑이 못 된다. 역사의 찬란을 말하고 생활의 영화를 바라는 사람아. 조선 사람아. 남보다는 남의 것보다는 모든 것이 그날 그때에 된 것이 아니다. 하나도 애 아니 쓰고 힘 아니 들인 것은 업지 안흐냐. 성공의 열매만 보고 그것만 꿈꾸는 사람은 얼이석은 머덜이가 아니냐.

레닌의 이야기를 하것다. 그러나 레닌의 압서의 무수한 레닌을 거쳐 레닌 자신도 한평생 일각一刻을 말지 안코 심력을 다하여 닐움이 룸이 잇음을 생각해야 할 것이다. 그리고 기회란 운수까지 아울러 된 것이 아니냐. 기회를 만나거든 우리도 이리하였소 하고 내노흘내놓을 것이 잇서야 하겠다. 그때는 우리가 사람으로 자랑이 되는 때이다. 지금 조선에 난 것이 한恨이 되기도 하겟지. 그러나 이 조선에 매달려서 자랑을 피울 수밧게는 업슬 것이다.

― 같은 내용의 글이 <개벽> 제61호(1925년 7월 1일)에 "마침내 조선 사람이 자랑이어야 한다"라는 제목으로 먼저 실렸음.

6 | 조선근대사중朝鮮近代史中에 통쾌한 일

출처 : <별건곤> 제8호
발행연월일 : 1927년 8월 17일

　나는 넷날 일보다 근세사로 보아 대원군의 서원철폐한 것이 퍽 통쾌한 일이다. 그때쯤 유교와 유생儒敎及儒生은 일반민중에게 우상가티 무섭게 보히엇섯는데 대원군이 집정한 후로 전광석화적으로 서원을 철폐하엿다. 이에 대하야 비난하는 사람이 잇스매 대원군은

　"선현先賢을 팔어가지고 협잡하는 굴혈窟穴을 그대로 둘 수 업다. 공자가 다시 살아나도更生하야도 어찌할 수 없다莫可奈何."

라 하엿다. 그래서 각지에서 이 반대운동을 하러 경성에 집중한 수천 명 유생의 상소와 물의를 일갈에 배척하고 수백 명 유생을 마포麻浦까지 군졸을 식히어 내쫏고 필경 초지初志대로 단행하니 존화尊華사상을 박멸撲滅하는 점으로든지 양반의 굴혈을 소탕하는 점으로든지 양반사상을 파쇄破碎하는 점으로든지 일대 통쾌사事이다.

7 | 량미만곡凉味萬斛*의 제주도

출처 : <삼천리> 제7권 제6호
발행연월일 : 1935년 7월 1일

따로 안저 제주도濟州島 생각을 하야보자. 제주도는 흔히 하는 말로 육로로 천리 수로로 천 리 서울서 근 2천 리에 잇는 섬이다. 사면이 바다로 둘린 둘레 4백여 리周廻四百餘里의 큰 섬이다. 그 섬 가운데에 한라라는 큰 진산鎭山이 잇고 그 산ㅅ발이 사면으로 버더 무수한 작은 산이 되엿다. 또한 이 모든 산기슭으로 인촌人村이 벌여 잇다.

이 사람들의 생애는 지형을 따라 산지로는 농업이 주장이요 해변으로는 어업이 주장이다. 땋호여 구원丘原이 만흠으로 산지나 해변을 물론하고 목축을 겸행한다. 그리하야 산에는 과실이 만코 들에는 곡물이 풍산하며 또한 겸하야 온갖 수산이 무진장이렷다. 사람은 섬사람이라 외인과 접촉이 적음으로 혹 무무貿貿할 법 하되 순순淳淳하기 짝이 업슬 것이요 그리하야 여자는 정신貞信하고 남자는 역작力作하렷다.

그리 한라산이 중앙으로서 사방으로 뻐첫스니 산 사이에는 골이 지고 골 가운대는 내가 흘러 혹 폭포가 되고 혹 징담澄潭이 되고 혹 격단激湍이 되어 혹 구경에 족하며 혹 탁족濯足에 가하며 혹 관개灌漑에 족하야 물로 하야는 무슨 불만이 업슬 것이요. 또한 바다의 굴곡

* 서늘한 맛이 만점.

이 심하야 혹 항구에 가하며 혹 어장에 의하며 혹 선유船遊에도 의하야 바다로 하야서도 또한 무슨 불만이 업스럇다. 그나 그뿐이랴.

박연암朴燕岩의 화식전貨殖傳이라 할 만한 <허생전許生傳>에도 나타나는 말총의 다산지로는 제주도가 국내에 제일이니 중대가리 세상 지금에는 좀 시세가 낫바젓다 할지라도 암시岩市 갓냥의 섬작纖作은 한 가지 목마牧馬의 부산副産으로 수출이 다대한 것이며 또한 기후로 말하야도 봄에는 백화가 만발하고 녀름에 만수萬樹가 음농陰濃하며 가을에는 오곡백과가 누렷벍엇하며 겨울에도 동백 만병초상록수萬病草常綠樹가 울울창창하야 온대중의 가장 더운 온대의 기후를 온전히 들어내는데 겨울에 칩지 안흘 뿐만 아니라 녀름에도 그리 덥지 아니한 것은 해양적 기후를 겸한 것이엇다. 과연 기후가 그러하다.

지금 이 삼복의 무서운 녀름이지마는 육지에서처럼 그리 더운줄은 모르겟다. 겨울에는 내가 잇서본 적이 업스니까 말하기 어려우나 본도本島의 남방南方에는 겨울에도 솜옷을 안닙어도 괜치 안흘만 하다 한다.

그러한데 생각하는 제주와 와서 보는 제주는 서로 틀리는 점이 적지 아니하다. 위선爲先 제일 놀라운 것은 사람 생활로 하야서 필요불가결할 어염시수魚鹽柴水 네 가지에 압서의 한 가지는 넉넉하야 말할 것이 업거니와 뒤의 세 가지는 여간 부족한 것이 아니다. 전에는 산림이 울창하엿다는데 망하는 나라의 특징으로 수목을 죄다 깟가 먹어서 지금은 한라산 엇개와 일본인의 경영하는 표고밧椎茸場 외에는 아주 밝안 야지野地이다. 수목이 업서진 것은 근래의 일이요 넓은 산릉에 배양培養 곳 하면 되려니와 물 소곰 두 가지는 본래부터 부족한 것이니 이에는 미상불未嘗不 어찌하나 하고 니마를 집흘 수밧게 업다.

물이 업다면 말로만 듯는 이는 산이 크것다 산이 커야 골이 깁다고 골이 깁흐면 자연 내가 클 것이니 물이 부족할 리가 업스며 이러한 곳에 샘물인들 여북 조켓느냐 하리라. 그러나 이는 제주도를 보지 안이한 사람의 한 공론뿐이요 실제에는 썩 다르다.

제주도라 하는 것이 한덩이 화용암火熔岩으로 엉긔인 섬이니까 돌이라는 것이 마마天然痘만히 한 울멍줄멍한 얼음박이 돌이요 화강석花崗石 종류는 하나도 업스며 이 돌이 선떡덩이 부스러지듯 울우를 문허저 놉게 싸힌 데가 산이요 낫게 싸인 데가 골작이니 여간 큰 물이 아니면 죄다 밋흐로 은복隱伏하야 흐르며 샘이 잇다 하야도 여간 큰 샘이 아니면 밋흐로나 소슬는지 우으로 솟기는 참으로 어렵다. 그리하야 동리洞里마다 다 샘이 제법 잇는 것이 아니매 심하게 말하면 물을 5리쯤에 가 길어오면 오히려 갓갑다 할 만한 데가 적지 안타.

우리가 처음 나린 곳은 제주성 밧 산저포山底浦라는 대인데 여긔에는 과연 산저 물이라는 조흔 물이 잇다. 그리하야 이른 아츰이나 저녁 나절쯤에 노장소유老壯少幼의 여자들이 이 물을 깃노라고 어즐어히 드나드는 것은 참 장관이다.

소곰으로 말하면 해우포변海隅浦邊에서 구어만 내면 바다 물이 업서지도록 무진장일터이데 포변浦邊이라는 것이 서해안 모양으로 기幾 10리씩 연장된 개펄이 아니라 석각石脚이 두절된 해안인즉 염전으로 될 만한 위치가 도모지 업다. 정의旌義, 대정大靜의 고우포곡苦于浦曲에서 얼마씩 구어내는 소곰으로야 21만여 인구의 수요에 공供하기에 가망이나 잇슬 것이냐.

제주도야 잘 잇섯나

　제주도에는 3다多라는 말이 잇다. 돌이 만코 바람이 만코 여자가 만코 이것을 한문으로 쓰면 석다풍다녀다石多風多女多이다. 만흔 것이야 무슨 힘이랴마는 만흔 것도 쓸대업는 것이 만흐면 걱정이어든 허물며 잇슬 것이 업는대야 정말 걱정이 아니랴. 나는 삼다라는 반대로 사무四無라는 말을 하얏다. 곳 천무도무과무염무泉無稻無果無鹽無이다.

　업다 하면 아주 그야말로 씨알머리도 업다는 것이 아니라 잇서야 할 비례보다 적다는 말이다. 전에 말한 바와 갓치 산야가 기구岐崎崛磷노하야 유후腴厚하다 할 평토平土는 반무半畝도 업스니 본래 물이 흔치 아니한대다가 수전水田으로 하야 경작할 만한 면적이 적으며 도작稻作이라고는 일년 풍작이 전도全島에 겨우 2만석, 아야제주 인구 21만여에 대하야 2만 석萬石이라는 말이 얼마나 놀라운 소리냐. 또한 안저서 들으면 과실이 썩 흔할 것 갓다. 들에는 업하는 과果* 산에는 자개자락自開自落하는 산과山果 생각만 하야도 시기를 딸하 울긋붉읏 검어 누릇한 것이 가지가 축축 늘어지게 줄엉줄엉 매여달린 양 먹기도 전에 속이 느긋하다.

　그러나 이도 실제와는 대상불동大相不同, 백자栢子는 전무, 리률梨栗 등 잡종이 절희絶稀하며 시목柿木은 간유間有하나 과육果肉이 풍농豊濃한 것이 아니요, 또한 풍속에 하의夏衣를 시서柿漆에 염염染하야 의하는 고로 감을 식용에 공供하는 일이 매우 드믈다. 그러하면 과실로도 보통 과실로는 잇다는 편보다 업다는 편이 이긴다. 이만큼 쓰고 보면 나의 니른바 사무라는 말이 그리 심한 것은 아니다.

　이런 말만 작구 쓸 것 가트면 제주도의 험만 일부러 잡아내는 것

갓지마는 실제가 이미 그러하고 기왕 쓰는 끗이니 몃 마듸 더 쓰려 한다. 또한 보시는 이에게도 좃튼 그르든 새로 듯는 말이면 아무튼지 기문奇聞이 될지라 구태 지리한 것을 피치 아니하고 계속하야 쓰노니 이 우의 삼다라는 말과 가치 또한 산지고야석다山之高也石多 고故로 돌이 만흐매 산이 놉고 산이 놉흐매 바람이 만흐며 이 바람으로 하야 재앙이 만흔데 제주도의 바람이야 어떠케서든지 육지 모양으로 초개草蓋 집웅에 거미줄을 늘이는 것이 아니라 닷줄 가튼 동아바로 수 뜨듯이 얽어매엇다.

제주도에는 또한 삼재三災가 잇다. 산고山高하매 풍재風災가 만코 토박土薄하매 한재旱災가 만타. 밧작 말나 물이 업다가도 큰 비 곳 나리면 물이 어대가 정류停溜하야 흐르는 것이 아니라 깁흔 골작이로 막우 쏫치는 고로 수재水災가 심한 것이다. 그러다가 또 날이 번쩍 면 바위만 웃득 서고 돌작알만 대글대글 하는고로 또한 한재旱災가 심한 것이다.

이미 말한 바와 가치 바위가 만흐나 이 바위라는 것이 화강석花崗石 가튼 단단한 것이 아니라 푸석푸석할 화용암火熔岩 덩이인고로 또한 어떠한 것은 불에 달꼬 달은 땜장이 글뚝 흙 가튼고로 제주도 바위로는 그 돌ㅅ장을 뜰 수가 업고 약간 뜬다 하드라도 이 돌로 구들을 노호면 불이 붓는다 한다. 그런 고로 제주도에는 방에 구들을 놋치 못한다. 그리하야 방치고 온돌이라고는 도모지 업다. 내가 들엇든 산저포山底浦 여관에도 주인이 전주 사람인고로 육지의 손을 치기 위하야 방이 네 개에 온돌은 겨우 한 간間을 마련하엿다.

그러하면 본도本島 사람은 겨울에 어찌 지내는고. 여기 사람은 방을 꾸미되 구들돌을 놋는 것이 아니라 돌을 저다 평평히 고르고 알

의목깨에 사람 하나 안즐만치 함실 한 장張을 언꼬 그 우에 맥질을 하고 장판을 한 후 불을 땐다는 것이 나무조차 귀해서 함실ㅅ장 밋 헤다 마른 말똥을 피우고 간신간신 지낸다. 또한 토산으로 업는 것을 치면 산채山菜에 출朮, 인삼, 당귀, 길경吉更 등이 업스며 해산海産에 해의海衣, 락제絡蹄, 모려牡蠣, 청어, 석수어 등이 업스며 도기, 사기, 유鍮, 철이 업슴은 물론 먼저 말한 것 갓치 도작稻作이 적음으로 청주淸酒가 절무絶無하다. 새로는 학작鶴鵲 등이 만코 치雉, 오烏가 제일 만흐며 그 전에는 노루獐, 사슴鹿 등이 만헛다 하나 이제에는 거의 볼수가 업스며 여우狐, 토끼兎, 호랑이虎, 곰熊 등은 본대부터 업스니 육지 사람의 그리 무서워하는 호환虎患 가튼 것은 아주 염려가 업는 것이다. 딸하서 호랑이 이야기 몃 백 종에 제주도 호랑이 이야기는 업는 것이요, 만일 이야기하는 사람이 잇다면 그것은 거짓말이다.

기이한 풍습

먼저의 2회는 제주도의 결점만 말한 것 가타야 대단 안되엇다. 이제부터는 문제를 돌리려 한다. 제주도 이야기를 하면 누구든지 고부량삼성高夫良三姓을 연상하고 삼성三姓 이야기가 자연히 딸하온다.

모흥혈毛興穴은 제주북가악천濟州北嘉樂川, 가략곳내 서西 편편한 언덕에 잇스니 그 혈穴이라는 것이 무슨 혈穴처럼 된 것도 아니요 어느 절벽 밋헤 가 잇는 것도 아니라 편편한 언덕 가운대에 두어 평 둘레나 되게 움욱이 파인 대이다. 그리 유명한 삼성혈 이것이든가 하고 처음 보는 사람으로 하야금 고만 물끄럼이 섯슬 수밧게 업시한다. 과연 이것이 삼신이나 신구덩인가. 이것이 무엇 하든 구덩인고 이것 무엇하든 자리인고 하고 보고 보아도 보면 볼수록 의심만 깁게 한다.

연월이 구심久深하야 구덩이가 얼마쯤 메엇다 하드라도 그러나 세 사람식이나 복작이를 치든 구렁이 이 자리가 과연 이것이든가. 암만 하야도 알 수 업다. 그러나 또한 수천 년 동안 변함업시 나리 전하야 오는 이 자리가 무슨 까닭이든지 잇기는 잇슬 터인데 그러나 이 것이 무슨 역사지歷史地 갓지는 아니하다. 그러타고 부인하자는 것도 아니요 부인할 수도 업다. 아무리 하동혈夏冬穴하든 상고이기로 이가치 정말 구덩이에서 살앗든고. 아무튼지 이것이 삼성혈이라는 것이라니까 삼성혈이라 하야두고 그는 그러타 하드라도 삼성이 나린 줄을 어찌 알아서 벽랑국왕碧浪國王이 왕녀 3인을 보내엇는고. 그도 물문勿問에 부치고 만다 하드라도 신인들이 그리 영특하게 활을 쏘아가며 군장 되기를 다투엇슬가. 모두가 알 수 업는 일이니까 그저 순탄하게 삼성이 나서 각기 장가를 들고 각기 토지를 점령하야 살앗다는 한 사실로 보아두고 그 주위의 사정을 거두어 맞추어보는 것이 조흘가 한다.

그러하면 위선爲先 이 제주도가 어느 때쯤 생겻슬고. 역사를 고하건대 고려 목종穆宗 5년에 제주도의 한 산이 네 구녁이 나고 적수赤水가 용출湧出한 지 닷세 만에 긋치는데 그 물이 다 와석瓦石을 일우엇다 하고 또 그 10년에 한 산이 남해南海 중에 용출湧出하는데 운무雲霧가 회명晦冥하고 지동地動이 울에갓치 무릇 한 닐헤를 하다가 비로소 개이니 산의 놉히가 100여 장이오 주위가 40여 리에 초목이 업고 연기가 그 우에 덥히어 바라보매 석류황石硫黃가 탓는대 지금의 대정大靜의 군산軍山이 거긔라 하엿스니 제주도는 물론 지진을 말미하야 소사나온 한 화산으로 그 용출된 시기가 암만하야도 삼국

이전이라고는 할 수 업는 것이 고려 초까지 잇다금 화산이 용출하 얏슨즉 지지地志에 이른 바와 가치 삼성의 난 시기는 정히 삼한의 시에 당할 것이오 김조순金祖淳의 말처럼 삼을나三乙那의 난 때가 단군과 동시라 함은 근사도 하지 안은 말이다.

더욱 ≪택리지擇里志≫에 니른바 한명제영평 8년을축漢明帝永平8年乙丑에 자기紫氣가 남명南溟에 떳다 하니 삼성의 난 때가 이때나 아닌가 한 것도 한 방증은 될 것이며 고씨가보高氏家譜에 삼신용출三神湧出이 한선제漢宣帝 오봉五鳳 2년이라 함이 더욱 그러하니 고량삼성설高良三姓說이 박석금삼성설朴昔金三姓說에 당하며 삼녀부래설三女浮來說이 석탈해도래설昔脫解渡來說과 근사하며 사시복지설射矢卜地說이 매탄복거埋炭卜居와 근사함에 보아 삼신 하강시가 암만 하야도 삼한 이전 더욱 단군과 동시라고는 하지 못할가 하며

지지地志에 삼한시 운운함은 마馬, 진辰, 변弁 삼한이 아니라 구려句麗, 백제百濟, 신라新羅의 삼국을 가라침인 것 가트니 삼신의 하강한 시기가 삼국과 동시 또는 그 이후 일가 함이오 또한 제주도가 아모리 해중절도海中絶島라 하드라도 그 기원이 삼국 이전 또는 삼한쩍 이전일 것 가트면 육지와 통한 시기가 그리도 늦게 백제 문주왕文周王 2년에야 잇슬 리가 업다. 그러함으로 삼신 하강의 시기 곳 탐라耽羅의 기원이 삼국 이후일 것이라 하는 것이다.

그리하면 이 삼신 곳 삼성의 자손이 퍼지고 퍼지고 하야 이 제주도의 인민이 되엿느냐 하면 그는 꼭 그러타고 하지는 못할지오. 이 섬 개척은 삼성三姓 가튼 거룩한 인물이 비롯하고 육지로부터 이주한 백성이 본도 인구의 대부大部가 되고 동으로 동경에서 건너온 자도 잇고 서으로 지나에서 들어온 자도 잇스며 또한 최후에는 몽고로서 나려온 자도 잇서서 인종이 섯기매 언어풍속이 딸하 그러함이

만히 잇스니 위선爲先 그 1, 2를 들건대 목마牧馬에 장長하고 여자가 근로함은 북륙北陸의 풍습이요 무슨 말을 반문할 때에 명사로 끗을 맛침은 지나 어법의 모형이요 여자가 바누질을 할 때에 바눌 잡는 법이 화녀和女와 가튼 것과 마스라는 종지사終止詞를 명사, 동사, 형용사, 밋이나 문사問詞, 설명사說明詞 밋헤 두루 쓰는 것은 일본의 풍기이라 한다.

가령 예를 들어 설명하면 이것이냐 할 때에 '이것말슴' 하고, 사람이요 할것에 '사람마스', 잇슴니다를 '잇서마스' 하는 따위이다.

본주목사本州牧使 찻고지고

고대古代의 어디가 그러치 아니한대가 업지마는 제주도처럼 미신이 만튼 지방도 드물가 한다. 미신이 어떠케 만핫든지 무슨 사詞, 무슨 당堂하는 것이 한 1,000개 되엿드라 한다. 그것은 지금에 전하는 사詞 500 당堂 500이라는 말을 들어도 짐작할 것이요 또한 지금도 승당이라는 남무녀무男巫女巫가 곳곳이 들끌어 잇스며 저 남쪽 대정大靜 지방 가튼 대에서는 이때껏 배암을 7성星으로 위하야 섬긴다는 말도 잇다.

그러하면 배암만 위하는 것이 아니라 7성을 위하든 자취를 역력히 알 수 잇다. 이것은 인민의 정도가 아즉도 유형적물有形的物을 숭배하든 시기에 잇든 것이다. 대륙도 아니요 해양절도海洋絶島에서 컴컴한 그믐밤에 한울을 우럴으면 무수한 성진星辰이 반작하는 것이 더욱 두렷이 제차第次 잇게 자를 변치 아니하고 언제 보아도 거기에만 잇는 것이 보기에 야릇하기도 하고 검검하기도 하야서 의례 그러할 것이요 그 풍습이 다른대보다 후에까지 잇든 것이다.

그러하면 이에 부처 말할 것이 하나 잇다. 제주성 내에 칠성도七星圖가 잇스니 이는 고부량삼성高夫良三姓이 각기 세 구역을 난우어 가지고 북두형北斗形으로 웅거하야 살앗는 고로 이 칠성도가 잇다 하나 얼른 그러타고 밋기만 하기는 어려운 것이요 이 칠성도는 한울이나 북두에 제祭하든 터가 아닌가 한다. 그러치 아니하면 칠성으로 밋는 사신蛇神에게 제하든 대나 아닌가 의심할 수도 잇다. 아무튼지 이 칠성도는 성진星辰에게든지 어대든지 제하든 터인 것은 분명하고 삼성이 북두형을 모방하야 살앗다는 말은 당치 안흘가 한다. 북두가 구부정하니까 배암에다가 비기엇든지 배암이 꿈틀꿈틀하니까 칠성에다 비기엇든지 그만두고 숙종肅宗 때까지 목사牧使가 다 요사妖蛇의 작희作戱를 닙어 행지行止조차 곤란하엿든 것을 보면 본도에 배암이 만엇든 것도 알 것이요 배암 때문에 인민의 공포가 얼마나 하엿든 것도 짐작할 것이다. 그리하야 이형상李衡祥 가튼 정대한 인물이 목사牧使가 되여서 이 꼴을 보고 크게 걱정하야 배암을 구제驅除하며 음사수백淫祠數百을 헐며 목木을 불지르고 무격巫覡의 금탁金鐸을 거두어 군기軍器를 부으니 제주의 음사淫祠가 줄어지기를 이형상으로부터 시작이며 제주의 미신이 깨어진 시기가 숙종 때로부터이다.

삼신하강이후三神下降以後 요사괴목음사妖蛇怪木淫祠의 압헤 납배納拜를 한 자는 그 얼마나 되며 이에 그 생명을 빼앗긴 자는 그 얼마나 되든고. 아아 무서워라 제주도의 미신. 이러한 미신은 지금에 다 업서진 것이요 미신할 사람도 업지마는 지금에도 제주도 사람에게는 미신이 만타.

전라도처럼 미신 만흔 대가 업고 제주도는 전라도의 남단이니가 그러한지 모르나 제주도 사람처럼 미신 만흔 사람은 업다.

제주가 해도이기 때문에 진인이 해도중海島中으로부터 나온다는 말을 미더 남조선南朝鮮이 여긔요 남조선봉南朝鮮峯이 한라산북록漢拏山北麓 속으만 산이라 가리처 남조선설南朝鮮說을 성언盛言하며 이것을 증명하기 위하야 송태조宋太祖의 출생지도 제주요 송태조의 선묘先墓가 제주에 잇다는 등 그 미신이 전보다는 다르나 미신은 미신이다. 엉털이도 업는 미신이다. 닭의 멀덕운이 가튼 쇠를 차고 음댁陰宅이 어떠니 양댁陽宅이 어떠니 하고 인천미두仁川米豆 판에 가 오늘은 어떠니 내일은 어떠니 하는 사람이 적지 아니하다.

이러케 미신이 행하는 지방이기 때문에 연대가 그리 멀지도 아니한 역사책에 실린 사실에도 제주 사람의 입에서 지어 나온 밋지 못할 말이 만히 잇다. 위선 류구태자琉球太子가 본도산저포本島山底浦에 다핫슬 때에 본주목사本州牧使가 실화를 토색討索하니가 가진 바가 주천석酒泉石, 만산장漫山帳밧게 업는데 주천석은 네모반듯한 방석方石으로 중앙에 요처凹處가 잇서 맑은 물을 부으면 곳 술이 되며 만산장은 지주사에 약을 염染하야 직성織成한 자니 소장小張하면 가히 일간一間을 복하覆며 대장大張하면 가히 대산大山을 복하覆되 우수雨水가 루漏치 아니한다는 것이며

중종시中宗時에 판관判官 서련徐憐이 금녕굴金寧窟의 요사妖蛇를 죽이고 단기單騎로 성에 구입驅入할새 배후에 일도적긔一道赤氣가 직간直趕하더니 밋 관아官衙에 도到하야 혼도불성昏倒不省한 지 10여 일에 마츰내 죽엇는데 배암이 사방으로서 모여들어 어찌 야단이든지 염습입관斂襲入棺할 때에 사면에 불을 피고 별관別棺으로 신칙申飭하야 결관結棺을 하얏지마는 급기야 운구運柩하야 장례할 때에 관을 떼어보니 천만 뜻밧게 이상한 일도 잇다. 배암 하나이 들어 서徐씨의 한

눈을 파아먹엇더라. 그리하야 그 자손은 대대로 한눈이 굿는다 한다. 그러나 우리 서군徐君은 그 자손으로 한눈이 어떠튼지 기억이 몽롱하다. 내 서울 가서 똑똑이 보려 한다.

영주瀛州의 십경十景어듸더냐

제주 기행을 적는다는 것이 한 이야기책 가치 되엿다. 이야기책도 불분명한 이야기책이 되고 말엇다. 그러나 그것이 본 것이오 그것이 들은 것이다. 또한 먼저 말한 것과 가치 기행을 구경한 차서次序대로 쓰는 것이 아니라 개괄적으로 쓴 것이다. 그리하야 그러케 된 것이다. 아무것도 다 그만두고 제주도를 경승경승景勝景勝으로만 보려 하면 영주십경瀛洲十景이 잇다.

십경(十景)은
성산일출(城山日出) 사봉락조(紗峯落照)
록담만설(鹿潭晚雪) 령실기암(靈室奇岩)
영구춘화(瀛丘春花) 귤림추색(橘林秋色)
산방굴사(山房窟寺) 정방폭포(正房瀑布)
고수목마(古藪牧馬) 룡연야범(龍淵夜帆)

이것이다. 혹 산방굴사山房窟寺 대신에 산포조어山浦釣魚나 저포범渚浦帆을 넛키도 한다. 일출, 낙조는 제주도에서만 보는 것이 아니매 그만두고 춘화春花, 추색秋色도 때가 아니니 시원치 안코 록담鹿潭, 령실靈室은 녀름이라야 구경에 합당하고 그 남어지는 언제든지 괜치 아니하다. 나는 이제 이 경景의 이야기를 하려 한다. 때는 아니지마는 귤림橘林과 영구瀛丘를 구경하엿다. 귤림은 성남문城南門 안에 잇다. 녜전에는 이 귤림뿐이 아니라 제주성은 탱자성이드라는 말과 가치 성지위城址圍로 돌아가며 모두 귤동산이라드란다. 제주도는 귤의 원산지로 일본귤日本橘도 제주로부터 씨를 전하엿다는 말은 고사하고 귤림이 이 가치 성하엿고 귤의 종류도 여러 가지가 잇섯다 한다. 그 대강을 들건대

   금귤(金橘), 유감(乳柑), 동정귤(洞庭橘)
   청귤(靑橘), 산귤(山橘)
   감자(柑子), 유자(柚子), 당감(唐柑), 당유자(唐柚子)
   병귤(甁橘), 소귤(酥橘), 왜귤(倭橘)

등 이외에도 얼마가 잇다. 귤의 품종을 의론議論하면 금귤金橘은 가장 닐즉 9월에 익는 것이요 유감乳柑은 10월 그믐께에 익는 것이요 동정귤洞庭橘도 유감乳柑과 한때에 익는 것으로 그 크기는 먼저 두자만 못하고 산미酸味가 승勝한 것이요 감자유자柑子柚子는 보통 아는 것이며

  당유자唐柚子는 크기가 큰 목고木苽만한 것이 맛은 유자柚子만 못하며 병귤甁橘은 호로병葫蘆甁처럼 된 것이요 왜귤倭橘은 크기와 맛이 다 당유자唐柚子만 못하고 산귤山橘은 크기가 수자袖子만 못한 것이 감미가 많으며 청귤靑橘은 가을에 들면서부터는 맛이 되우시어서 먹을 수가 업다가 다시 그 이듬해 2, 3월이 되면 산첨酸甛이 적중하여지며 5, 6월이 되면 구실舊實과 신실新實이 한 가지에 섯겨 잇서 구실舊實은 란황爛黃하고 신실新實은 청눈靑嫩한 것이 실로 기절奇絶하며 맛이 달기 꿀가트며 만일 초醋에다 화和하여 두면 씨까지 물이 되야

그 맛이 아주 형용할 수 업시 조타.

　다시 8, 9월이 되면 빗이 돌우푸르며 씨가 다시 생기고 맛이 다시 시어저서 새 열매와 다름이 업시 되는 것이라. 그리하야 귤림추색橘林秋色으로는 이 청귤을 빼어노코는 생색이 아니 난다 한다. 그러나 이 조흔 귤이 작구 업서저간다. 또 한편 짝에서는 조선자래朝鮮自來의 것이라고는 박멸撲滅을 가하는 주의니까 배양할 생각도 부족한대다가 배양할 수도 업다 한다.

　한 마듸 이에 부처 말할 것은 보통 약국에서는 밀감껍더기를 숭덩숭덩 썰어 말여가지고 진피陳皮라고 쓰지마는 정말 진피는 여긔 사람의 출물出物이라고 닐컷는 산귤의 껍질이며 구각枳角이라는 것은 당유자唐柚子의 어린 것을 따아 말린 것인데 5월 단오에 딴 것이 제일이라 한다.

　엇잿든 귤림으로 그저 유명하든 남문南門 안이 덧거칠고 더러운 의지依支 업는 한 공동변소로 화化하고 넷빗을 직히는 참나무 몇 그루가 늙고 병들어 썩어간다.

　이 이야기 하는 끗헤 토산의 조흔 것 몃 가지를 더 이야기하겟다. 산과山果에 멍한자로 질응稱應이라 함이라는 것이 잇는데 크기 목과木果만한 것이 껍질이 검붉고 쪼개면 으름 가튼 것이 맛이 매우 농미濃美한 것이며 표고香蕈가 다산할 뿐 아니라 그 품품이 국내에 제일이며 오미자는 열매가 잘 닉은 큰머루山葡萄만콤 한 것이 농濃하기 짝이 업서 본초本草에 이른바 조선에서 생산된 것이 품질이 우수하고 맛 또한 달다産朝鮮者良又味甘고 한 것이다.

부록 3

조선유기략 원문

(1929년도 판본)

| 일러두기

≪조선유기략≫ 초판본을 영인한 것입니다. 당시 호평을 받은 학생용 국사 교과서의 실체를 실감할 수 있으며, 본문 중 사진과 삽화를 많이 넣은 것도 특색입니다. 본문 맨 뒤의 조선 역대 각국의 전세도(傳世圖)는 권덕규 선생만의 사관(史觀)이 엿보이는, 특이한 자료입니다.

權悳奎 著

朝鮮留記

京城
尙文館藏版

權應奎 著

朝鮮留記畧

一

京 城
尙文舘藏版

目次

第一編 上古

第一章 조선의 地理와 種族 …………………… 一
第二章 神市時代 …………………………………… 二
第三章 壇君朝鮮 …………………………………… 三
第四章 扶餘時代 …………………………………… 六
第五章 扶餘時代의 文化 ………………………… 八
第六章 조선사람의 海外發展과 支那人의 入居 … 一〇

中古史

第二編 上 三國時代

第一章 三國의 興起 ……………………………… 二
第二章 駕洛의 興起 ……………………………… 四
第三章 三國의 制度 ……………………………… 五
第四章 三國의 發展 ……………………………… 七
第五章 麗濟의 全盛 ……………………………… 九
第六章 新羅의 興盛 ……………………………… 一九
第七章 儒學의 旺盛과 佛敎의 輸入 …………… 三二
第八章 三國上期의 文化 ………………………… 四

第九章　三國의爭奪과麗隋戰爭 …………………… 一六
第十章　三國의形勢와麗唐戰爭 …………………… 一七
第十一章　麗濟의滅亡 ……………………………… 一九
第十二章　佛敎의隆盛과三國의文化 ……………… 二一

第二編下　南北國時代

第一章　南北國 ……………………………………… 二三
第二章　新羅의全盛과渤海의興起 ………………… 二五
第三章　慧超三藏의求法 …………………………… 二六
第四章　渤海의制度와新羅의文化 ………………… 二七
第五章　渤海의强盛과新羅의衰微 ………………… 二八
第六章　南北國의滅亡과南朝群雄 ………………… 三〇
第七章　南北國末期의文化 ………………………… 四〇

近古史

第三編　高麗時代

第一章　半島의統一과成宗의王業確立 …………… 四一
第二章　制度의完備 ………………………………… 四二
第三章　高麗의全盛 ………………………………… 四二
第四章　內亂과外寇 ………………………………… 四六

第五章 活字創制와 經板再營 ………… 四八
第六章 三別抄의 亂과 日本征伐 ……… 四九
第七章 安裕의 興學 …………………… 五〇
第八章 恭愍王의 回復과 紅賊의 亂 …… 五一
第九章 北征의 聲言과 倭寇의 平定 …… 五二
第十章 高麗의 滅亡 …………………… 五三
第十一章 高麗의 文化 ………………… 五四

近世史

第四編 李朝時代

第一章 朝鮮의 創業과 骨肉의 相殘 …… 五八
第二章 世宗의 功德 …………………… 五九
第三章 世祖의 篡立과 이뒤의 治績 …… 六一
第四章 李朝初의 制度와 文化 ………… 六二
第五章 燕山의 失政과 士禍의 續出 …… 六三
第六章 佛敎의 衰殘、儒敎의 隆盛과 文化 … 六五
第七章 外交의 槪要와 南北寇警 ……… 六八
第八章 黨爭과 外寇 …………………… 六八
第九章 光海의 失政, 仁祖의 革命과 李适의 叛亂 … 七〇
第十章 僧兵의 設置 …………………… 七一

第十一章 滿洲의 入寇와 孝宗의 雄志……七二
第十二章 黨爭의 飜覆……七三
第十三章 安龍福의 辨과 白頭山의 定界……七四
第十四章 老少論의 相軋……七五
第十五章 文運의 隆昌……七六
第十六章 天主敎의 輸入과 邪獄……七七
第十七章 國政의 腐敗와 洪景來의 擧兵……七七
第十八章 光武帝의 承統과 大院君의 攝政……七八
第十九章 壬午軍亂과 甲申政變……八〇
第二十章 東學亂과 日本의 干涉……八一
第二十一章 朝鮮의 文化……八二
第二十二章 國號의 改稱과 日露戰爭……八四

附表
　傳世圖
　歷代年號
　黨色圖

朝鮮留記畧

第一編 上古

第一章 조선의 地理와 種族

古代의 朝鮮

녜적의 조선은 이제의 朝鮮과 滿洲와를 아을어 니름이니 그때 조선의 북판은 太白山嶺 북쪽 松花江 언저리라 이로부터 환(桓)곳이라 하는 조선결에 族가 四方으로 퍼지어 군대군대 뭉긔어사는 團部가 三千이나 되다

三千團部

桓族곳 조선사람은 몸이 크고 마음결이 맑고 날래며 활을 잘 쏨으로 西쪽 漢(支那)人 사람은 우리를 大人이라 君子라 닐걸으며 또 한 활을 잘 쏘는 東方 사람이라 하야 夷(弓大人의 合한것임) 라 닐컷기도 하였다

第二章 神市時代

처음조선사람을가르쳐너끌기는환웅(桓雄)[王天]이라하는검 (神)이시니이는自己가한우님의命令을받아人間을건져주려누리[上世]에나려왔다하고天符印三個를가지고물이거늘이어太白山의神壇[遂蘇]나무알에터를잡아神市라하고穀命病刑善惡을主張하야누리를다스리니四方의어둠든물이가漸々教化를닙어머리짯고갓쓰고옷밥과집짓는것이며계집사내아비돌의갈햄[分別]과님검, 종남[君臣下民]의구실을알게되다

漢族과의 戰爭 이대로부터 조선사람은 호반_{的武}活動이크어 團部와 團部
사이自國과 他國사이에 싸움과 풀기_{弟주}를 잘하였나니 西쪽 조
선_{青邱것같}의 사람은 잦우 漢_{支那}族와 是非를 겨루어 가끔
무서운 바람을 黃河 북쪽에 닐으긴 일같은 것이다

第三章 壇君朝鮮

조선紀元前 五百年께에 환웅(桓雄)의 아들 거룩한 이가 계시
어 님검_{儉王}이 되시니 이곳 壇君이시며 조선의 始祖이시다 代代
로 님검이 壇君_{壇君이라도함}이라 하시며 五百年을 지내어 이때 壇君은
서불을 王儉城_{壇자}에 定하시고 나라 이름을 조선_{鮮朝}이라 하시니

公用紀元때의 壇君 이 壇君의 即位 元年은 이제로부터 四千二百六十一年 前 戊辰
이라 이해로써 朝鮮紀元 元年을 삼다

彭虞(혹矣) 紀元 五十年께로부터 시위_{水洪}가 덮치거늘 알안불_{相溷}彭虞를

塗山會

震域遺記曰壇
君伐苗進使末
更曰教…
親苑曰桀…
起九夷之師

藏唐京

桓族의各稱

사겨물을다스릴새北으로黑水(黑龍江)로부터南으로牛首(春川)에까

지하야百姓살기에便케하다

이때에支那(堯의나라)의唐이朝鮮西쪽에幽(匈驟河(哭婆河)西, 廣寧以西)

다하는지라紀元六十七年(唐堯九十一年甲戌)에太子扶婁를보내어唐의夏

禹와塗山(直隸省臨楡縣)에모여나라地境을定하다

紀元五百六十七年(夏桀五十二年甲午)에支那의夏와殷이써울새夏桀이

我東의救援을얻어싸움을이기엇다

여러檀君이다스리는동안에或은서불을阿斯達에옴기고

或을藏唐京에옴기엇으며그지내神數면一千五百年으로부터

一千四十八年이며紀元前까지合해세면一千五百年이나되

나니넷史記에御國一千五百年이라함이이를니름이다

이때桓族들은여러갈래가있어松花江東北에있는者를息

愼(뒤에肅愼이라함)이라하고息愼의南, 蓋馬大山東에있는者를沃沮라하

고南으로半島의者를韓(或貊)이라하고鳥列(東逹)野, 南北으로牛

蘇塗

扶蘇、扶虞、扶餘의 三郎

神誌秘詞

선조留記 上古史

島北部까지걸친者를 濊貊이라 하고 河(句驪河) 西, 渤海北岸에는 令支, 孤竹, 靑邱들이 있었다
님검이한우님의아들이라하야 나라를다스리시며백성도 우님의뒤임을밀어 蘇塗(祭天壇)를배풀어한울에굿(祭)하며農事를크게힘쓰는가운대에 高矢씨같은 큰農神으로닐컷는이도있었고
잣(城)(江華三郎城다위)을쌀으며가죽옷, 질그릇이며활을잘맨들었으며검때
이때에는 벌서글을 말은 神誌(혹臣 代神)벼슬이있어 神誌의지은 秘詞란것은 조선글월의처음이며
내었으며 七世紀사람 王明智는 農曆을맨들었다
王郎(즛王 子) 扶蘇는 풀을 맛보아 藥을

觀察의從生校學

江華摩尼山의壇君祭天壇

五

第四章 扶餘時代

壇君조선을 지내어 北쪽 濊貊 조선사람은 扶餘_{風夷라는새}_{도합}라는 새 나라를 세우니 扶餘는 이때 조선가운대에 가장 큰 나라이라 처음 鹿山_{吉林}_省에서 불하얏다가 다시 濊貊_{助利非西}_(今開原)땅 조선의 大部를 다스렷으며 그 南으로 江_{鴨綠}_江 北에는 眞蕃_{本卒}_{夷眞} 句麗,梁貊_{烏列忽遠}_{(東城)近方} 小水貊_{小水(串岩}_{河以西} 이 있고 江南,嶽_{貝兒嶽}_{三角山} 北에는 樂浪의 二十餘國이 닐어나고 樂浪東北道의 沃沮는 뒤에 南北으_{함라}_도 로 눈위고 그 南에는 東濊_{東嶺}_{江原}_道 東貊_{西嶺}_{咸境}_道 이 있고 貝兒嶽_三_角_山 鷄立嶺_{太白}_{山脈} 以南에는 三韓이 닐어나니 馬韓은 西_{이제京畿,忠淸}_{全羅의三道}에 있어 五十餘國 이요 辰韓은 東_{洛東}_{의東}에 있어 十二國이요 弁韓은 馬韓의 東, 辰韓 의 西南_{洛東}_{江西}에 있어 한 十二國이라 北陸조선의 宗國은 扶餘 요 牛島北部의 宗國은 王儉城_壇附近의 樂浪이요 三韓의 宗國

嵩山
樂浪
여러宗國

北貊(扶餘)의 梟殺

은 馬韓이며 扶餘의 北,弱水(黑水)南方에는 寒濊가 있고 扶餘東의 肅愼은 뒤에 挹婁로 變하얏다가 宗國扶餘에게 征服되엿다 宗國扶餘는 松花江안저리의 좋은 땅을 차지하야 農業을 힘써 五穀이 흔하고 백성이 세차어 활쏘고 말달리기를 잘함으로 안으로 眞蕃,伺麗들을 이며 이웃의 挹婁를 처다스리고 밧그로 鮮卑,烏桓,山戎들을 억누르어 나라이 오래누리고 文明이 가장 앞서었다

紀元二千一百三十一年 支那漢(楚四年 漢書에 北貊 이라하다)에 支那漢王劉邦이 西楚王項 羽와 싸울새 我의 貊國에 救援을 請하거늘 梟騎一萬을 보내어 項羽를 쳐쫓았으며 앞서서 二千一百十六年에 我의 濊(滄海人黎道令이 秦始皇을 椎擊한일도 있다

二十三世紀中에 解夫婁님검이 낳이늙고 아들이 없어 鯤淵땅의 아이 金蛙를 收養하얏는데 맞흠王族解慕漱ㅣ 亂離를 꾸

머나라를겨루는지라님검이알안불相國의말을쫓아서불을東
海人가迦葉原에옮기어나라이름을東扶餘라하니慕漱ㅣ넷
서불을차지하야北扶餘라하고때는二千二百七十五年이라
이에扶餘가둘에낭위다

東扶餘
北扶餘

第五章 扶餘時代의 文化

여러나라이다扶餘와같은결에이라先壇때로부터한울과祖上을받드는성녕
敎宗이있으니이는神敎라해마다十月에온나라이蘇塗에모여한울에굿(祭)하고노
래와춤으로잘놀며神敎의갈래에神仙敎가있어나종에는支那에까지펴지었고
여러나라이님검의알에大加大人干臣智들이있어나라를다스리며扶餘는法律
道德의思想이일즉부터열려사람을죽인者는죽이며흠침(盜)이있는者는그흠친
것의十二倍를물리며貊地에는구실(稅)을二十에一을걷우드니뒤(二十一世紀後)에漢賈
들의흥치기로하야半島中部濊貊까지禁令이무서워졌으며十二世紀사람王文
은神誌의文學을니었고南쪽三韓에도文字刻文따위가있었으며西쪽支那와갓가

神仙敎

天文과數學

白衣

支那와의貿易

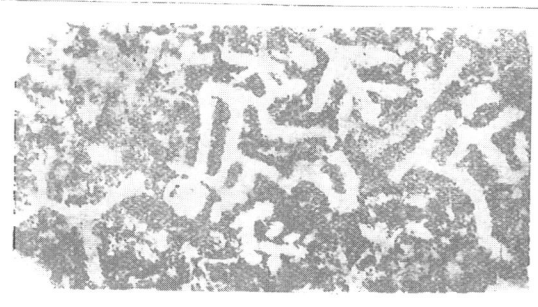
南海島의 韓人적 文字

윤땅에는 漢文이 섯여 쓰인듯하며 濊는 天文에 용하고 沮의 曹元理는 數學을 잘하였다 風俗은 두터워 사내는 부질언이 벌이하고 계집은 졸 가리를 지키며 婚姻信貞은 거의 男女가 다 마음에 맞어야 行하며 葬事는 厚히 합을 힘쓰되 肅愼은 死日에 곳 行하였고 힌 옷을 닙음은 한을 믿는 생각이요 南北이 다 五穀이 잘됨으로 飮食은 穀類를 主로 하되 肅愼은 대는 집승을 많이 잡아먹었으며 北쪽 나라들은 이때부터 구들을 놓고 술을 잘먹으며 갓옷을 닙고 가죽신을 신고 옷갓에는 金銀珠玉으로 꾸미개를 하였다 활을 잘맨듬은 이때부터 였을 잘 다르며 돌 그릇 질그릇을 잘맨들며 北쪽의 잣(城)과 南쪽의 배楫舟가 이름나고 名馬와 赤玉貂皮美珠들이 많이 남으로 支那사람의 흥정을 끌었고 北陸 조선에는 子母錢이 있고 辰韓과 沃沮는 鐵로써 돈을 삼아 장사에 쓰니 조선에 鐵貨를 씀이 이때에 비롯하였다

第六章 조선사람의 海外發展과 支那人의 入居

이대 조선사람은 큰 사날勢力로써 빴으로四方에 펴어지어 北으로 黑水北쪽 五萬餘里 땅에 神離,養雲,寇莫汗(寇漫汗?) 一群들의 나라를 열고 西으로 支那山東半島로부터 그以南地境에는 예로부터 조선사람의 들어간者ㅣ 많앗었는데 十二世紀中에 그 內地로들어가아 淮水淮岱泰山의사이를 차지하야 淮夷徐淮徐夷 兩國으로 남위어 漢族과 다두드니 徐는 楚의 없앤바 되었고(二十一世紀) 뒤에 秦의 없앤바 되었고 築紫로부터 出雲을 거처 北으로 나아가며 各其技術을 그곧에 傳하야앗으며 그곧에 간이들을 여다스리는 宗主의 땅은 怡土市(今福岡西)였다 조선사람이 그곧에 퍼지는 한쪽에 그 곧 사람도 이곧 弁韓개人가 邊浦에 오아 장사를 한 듯 하다

淮徐國

怡土宗國

箕子朝鮮
衛滿
四郡

조선의 西쪽句麗河東에는 조선결에와 다른결에 가섯여사는 胡貊곳胡貊이 있었는데 二十二十一두世紀春秋時代支那의戰國를 걸쳐 支那사람이亂을 避하야 이 胡貊地에 들어오아나 이 箕子朝鮮이라 그 領土가 河句麗東으로 半島北部에까지 걸치드니 末王準이 燕亡人衛滿에게 없앤배되고 滿의 孫, 右渠ㅣ 支那漢의 없앤배되매 漢이 여긔에 四郡을 두니 二十一世紀로부터 三國初까지 扶餘의 南, 三韓의 北에 支那사람의 勢力이 끼었었다

中古史

第二編 上 三國時代

第一章 三國의 興起

南北의 조선사람이 漢郡의 성가심을 한가지깨달아 혹넷나라를 마만지頌整며 혹새나라를세우니 三國이 열쌔게 닐어남은 紀末에二十二世참으로 이를말미암음이다

(一) 高句麗는 三國가운대의 가장 오랜나라이라 始祖解朱蒙이 東扶餘로서 卒本扶餘西間島地方에 오아 이를차지하야 나라를 곧혀 高句麗라하고 東으로 北沃沮를없애고 東北으로 挹婁를 물리치며 北으로 扶餘에 당고 西으로 漢郡과 다툼을 비롯하얏 눈대 아들 琉璃王 儒은 서울을 國內城鴨岸 對岸에 옴기고 西쪽여러

國內城

遼西를攻略	貊國을빼앗았으며또西으로鮮卑蒙古胡種의 東를쳐降服받았으며漢
	과더욱다투어遼西를여러번이아치고琉璃의아들大武神王
	儉은東扶餘를쳐帶素王儉을죽이고그나라를빼앗았다
慰禮城	(二)百濟殘혹百는句麗보다좀뒤에馬韓북쪽伯濟에닐어나니
	祖解溫祚祖혹恩가高句麗로서나려오아河郁里河(漢江)南,慰禮古邑廣州에서불
	하고樂浪들의니웃나라와루며나라이들多婁於羅瑕가되이
벼스농	어馬韓을쳐그당을다차지하얐는데아기에애쓰다가
	는農業을결시겨벼人논을맨들며해를땅아구실稅을받았다
	百濟의南쪽海中에는섬나라跃羅濟州곳가있어良乙那,高乙那,夫
三乙那	乙那三人이낭우어다스리드라
	(三)新羅는辰韓斯盧州慶國의發達한나라이니三國가운대의맨
	나종된것이라始祖赫居世ㅣ六部사람의받듬으로님검이되
	어잘다스리매나라이가멸어살기에좋은지라라弁韓의한쪽國두

조선留記 中古史

이 오아볽고 洛東江 東쪽의 땅을 다 차지하니 樂浪과에 사람이 다 거룩이 녀기어 이와갓이 아들 南解次々雄과 그 아들 儒理尼師今 때까지가 모든 것이 다 마련되다 新羅의 東海中에는 于山國(欝陵)이 있고 南海中에는 對海國(對馬島)이 있드라

樂浪의 예畏俊

于山國과 對海國

第二章 駕洛(加羅 伽耶)의 興起

新羅가 닐어난지 一世紀를 뒤하야 弁韓 狗耶國(金海)에 惱窒靑裔라는 거룩한 이가 있어 弁韓의 모든 나라(九干)를 統一하여 님검이 되니 이 駕洛(弁韓)의 始祖 金首露 王이라 님검이 늙고 슬기가 많음으로 그 니름을 金官이라 하다 이밧에 다섯 작에 떨치었고 뒤에 나라 니름을

首露惱窒靑裔

五伽耶 은伽耶가 있으니 그 이름은 阿羅伽耶(安城) 小伽耶(固城) 大伽耶(高靈) 碧珍伽耶(星州) 古寧伽耶(咸昌) 요 그 位置가 洛東江 上流 西쪽으로부터 下流 西쪽(首露版圖안)까지 뛰엄뛰엄 떨어져 있었다

第三章 三國의 制度

官制는 句麗는 對盧(莫離支) 以下 十二 等이 있고 또 諸加와 古鄒大加賓客을 가지며 國을 五部로 낭워 州郡을 붙이고 百濟는 佐平以下 十六品이 있고 서불과 시골을 五部로 낭워 다스리고 新羅는 伊伐湌(곳 舒發翰 또 角干) 以下 十七 等이 있고 시골을 州郡으로 하야다스렀다

兵制는 三國이 다 國民 皆兵의 制요 步軍과 水軍이 있으니 句麗는 莫離支가 總領하고 百濟는 衛士佐平 兵官佐平이 分率하고 新羅는 軍營을 停 軍隊를 幢이라 하야 監主들이 이를 領하고 各國兵이 三十萬이었고

步軍과水軍

停, 幢

三年喪

이다 國都와 邊境에 城柵이 있으니 新羅는 喜이 土築이요 刑法은 句麗는 反逆者를 灼殺하고 家를 籍沒하며 敗北降敵者와 殺人行劫者를 斬하고 盜한 者는 奴婢가 되니 百濟와 新羅가 거의 같은데 濟刑에는 腰斬이 있었고 貨는 鐵錢을 쓰는데 新羅錢은 無文이오 다 風俗은 人民이 勤厚하야 嫁娶에 財聘이 없고 喪葬을 厚히하며 父母의 喪은 三年을 닙고 衣制는 官民의 다름이 있어 人民은 普通白色을 닙는데 新羅는 朝服까지 힌빛을 세고 句麗의 貴人은 冠에새 깃을 꼿고 婦人은 幗을 쓰고 百濟의 婦人은 머리를 싸아두가닥

句麗의 軍人과 婦人

으로 땋아서려엊고 게집애는 한가닥으로 늘이며 新羅의 婦人

은 머리를 들어 얹었고 新羅 님검의 子孫은 骨品을 보았으며 居
處는 句麗는 구돌(土炕)을 맨들어 그 우에 處하고 新羅는 집 지음
에 制限이 있고 礦炭(굣石炭)을 썼으며 飲食은 諸國이 飯을 主하
는데 句麗는 술을 잘 빚으며 新羅는 얼음을 쓰어 氷庫의 制가 이
제까지 남았다

第四章 三國의 發展

高句麗는 慕本王儉代五의 뒤 西川王儉代十三까지 二百五十年 동
안에 內政整理와 領土開拓을 부질없이하니, 太祖王儉世六은 東
沃沮들의 작은 나라를 아울어가지고 山上王儉代十은 서불을 安
寸忽都九에 옴기었으며 東川王儉代十一은 魏를 어르어 遼東을 차지
하다가 魏와 트격이나 아 丸都가 陷落되고 겨우 回復하였으며
南으로 平壤까지 國境을 넓혔고 西川王儉代十三은 勿吉㚓덧무-를 쳐附

扶餘의滅亡

濟羅의一世紀
牛戰爭

庸을삼고 南으로 平壤以南을 經營하고 예 와國交를(二六〇비
하였다 이동안 句麗는 南으로句麗북쪽의 扶餘는 南으로句麗를 막으며
漢郡을 치기도 하고 漢과 和하기도 하다가 이때 西쪽 鮮卑와 싸
워 나라이 亡하고 그 땅이 내 句麗의 가진 바 되었으며 一派
은 北으로 寒濊에 옴기어 豆莫婁(裴達末)國을 세우었다

百濟는 國初로부터 新羅를 늘어오다가 그 以東을 經營하려 하매
百濟ㅣ娘子谷城(淸州)을 차지하야(十六年三) 그 以東을 經營하려 하매
紀牛동안 싸움을 대했으며 北으로 帶方(臨津江西嶺의한쪽과 貊(倭와通
쪽을 빼았었으며 第五代 肖古 때(三五三 로부터 예(倭와通
하야 八代 古爾(於羅瑕)는 그 (應神天皇의 請으로 縫衣女와 良馬를 보내
었다

新羅는 힘이 핌을 딿아 百濟와 맛서게 되며 오래人동안 싸우
었으며 한쪽으로 예와 關係가 생긴지(二三九)뒤 昔于老(尼師今十一代)의 戱

赤間關의盟約

言事件으로흠이있어오다가儒禮尼師今代(十四代二六二年)에는크게 예(應神때)를 첫다

第五章 麗濟의 全盛

句麗와百濟가南北으로樂浪帶方을먹어들어갈새句麗第十五代美川王偷은朝鮮안의漢人을다내쫏고鮮卑族인慕容燕과다투니故國原王偷이어또燕과다두다가燕王皝에게서불丸都가또陷落되고國原王偷이되우떨어진지라百濟가이름

近肖古의 劉業

을타아汾西以後님검이國力을길너오다가第十三代近肖古王偷이廿年敎養한精兵을몰아句麗를쳐平壤을빼고故國原王偷을죽인뒤東으로지금江原道의大部와北으로古所(安遂)까지를차지하고서불을北漢城(漢陽古城)에옴기니百濟가이에全

百濟의 全盛

盛하얐다

好太王의 攻進

句麗는 이렇듯 西南 두 나라의 害를 닙은 中에 第十七代 小獸林王 伊連이 또한 契丹에게 北部八郡을 빼앗기드니 第十九代 廣開土王 伊連(곳好太王)이 힘써 國力을 回復할새 契丹을 쳐 八郡을 찾고 百濟를 쳐 크게 이기고 囬軍하니 그동안에 西의 後燕이 河東(곳遼東) 七百里 땅을 앗어 간지라 발우이를 쳐 죄 囬復하고 깃븨 돌아오는데 또 이사이에 百濟가 예의 救援을 얻어 侵入하는지라 王 伊連이 돌우나라가이를 쳐 깨떨이고 東으로 夫餘(곳東濊) 東嶺까지 平하

好太王碑

長壽王의 紹業

야 地境이 新羅와 당도록 당을 널리었는데 王 伊連의 아들 長壽王 伊連이 또한 父業을 니어 東北으로 勿吉(곳挹婁)을 달래고 서불을 平壤에 옴긴 뒤 全力으로 百濟를 칠새 反間을 놓아 百濟를 困窮케 하

句麗의 全盛

고 大軍을 몰아 濟都 兩城을 쳐 빼고 蓋鹵王을 죽인 뒤 南으로 蛇山山稷 西으로 句麗河河遼의 西北으로 哈爾賓까지 차지하야 大陸과 半島를 걸친 큰 帝國을 일우니 百濟는 蓋鹵의 아들 文周王이 首府를 熊津州公으로 옴기었다

濟羅의 同盟

第六章 新羅의 興盛

新羅는 第十五代 基臨尼師今으로부터 여러 代를 麗、濟、예(倭)와 혹 和親 혹 戰爭으로 겨우 지내드니 第二十一代 炤智麻立干때, 百濟의 第二十四代 東城王이 和好를 請하야 國際婚姻을 行하며 攻守同盟을 맺어 北疆防禦에 힘썼으나 百濟가 오히려 句麗를 두리어 第二十六代 聖明王이 서불邑夫里餘扶에 옴겨 國號를 南扶餘扶餘泗沘라 하고 新羅는 炤智의 다음 智證王이 國號를 新羅 元首를 王이라 一定하고 그 아들 法興王이 南으로

瀚海 朝鮮海

聖王의敗

眞興王의巡狩

金官駕洛을쳐 땅을 瀚海濟州以北에까지 넓히었다 이때 맞흠 句麗가 百濟를 치는지라 濟羅眞興가 한께 句麗軍을 獨山城쳐 깨치고 또 句麗의 平壤城陽原王七年을 쳐 두려빼고 新羅眞興王十二年는 高峴以百濟聖王十九年는 句麗의 가 突厥과 싸우는 틈을 타 아 다시 어울여 南十城을 차지하야 두 나라羅가 國力이 피이매서로 野心을 가지다 가 나내 戰爭을 일우여 百濟聖王이 管山城沃川에서 크게 敗하야 匹馬도 남지 못하니 이에 百濟가 크게 衰하고, 新羅는 이미 大伽耶들의 五伽耶를 쳐 洛東江 西쪽을 다 가지고 또 西南으로 比斯伐山淸西으로 北漢山, 北으로 比列忽邊安에 골을 두어 帶水臨津江南의 땅을 차지하며 眞興王이 北漢山으로부터 黃草嶺咸興비列忽邊安에까지 巡狩하얐다

第七章 儒學의 旺盛과 佛敎의 輸入

句麗의 孔廟

儒敎는 支那魯의 孔丘의 닐으킨바니 그 義가 修身治世의 法을 講함이라 이 儒學이 朝鮮에 들어 오기는 扶餘時代에 벌서 西쪽 支那갓가운 땅에 였었다 그리하야 高句麗는 國初로부터 儒學이 行하다가 第十七代 小獸林王儉이 文廟를 세우고 百濟도 일즉부터 行하야 第十三代 近肖古於羅瑕時代에 크게 盛하얏고 新羅는 맨 뒤에 智證王時代에 비롯오 盛하얏는대 百濟는 第八代 古爾於羅瑕時代로부터 阿直岐 王仁 갓흔 有名한 博士들을 예 (倭)에 보내어 이를 傳하야 주니 예의 漢學이 應神天皇朝에 처음 들어 가았다

王仁이 漢學을 예에 傳

信佛을 公許

佛敎는 印度의 釋迦牟尼의 닐으킨 바 宗敎니 朝鮮에 들어 온 길은 高句麗로부터 百濟를 거쳐 新羅로 밋엇는대 句麗는 廣開土王儉때에 그 信奉을 公許하고 百濟는 第十五代 枕流王때에 되니 이는 舍人異次

第八章 三國上期의 文化

宗敎는 神敎를 받들어 蘇塗에 모여 天에 各히 廟를 세워 先祖를 仙人仙王神이라하야 祀하고 五戒와 八關들의 儀式을 딿아 音樂이 發達하니 樂이 七音階를 일음은 勿論이요 管絃擊打들의 樂器가 갖취고 句麗의 검은고(玄琴)와 伽耶의 고(琴)와 句麗, 百濟의 공후(箜篌)고 가더욱 有名하며 句麗의 王山岳(美川王때?) 新羅 百結先生(慈悲王때) 伽耶의 于勒(道設智王때) 神琴으로 닐킷고 法知의 노래와 萬德의 춤이 (眞興王때) 나름나고 百濟의 三斤 (聖王때) 이 樂에 用하얏고 琉璃王(句麗)의 黃鳥歌

(여) 佛敎의 始

頓의 힘이요 다음 眞興王은 人民의 出家까지 許하얏다 이때 百濟는 聖王때라 佛敎가 한참 盛하야 謙益들의 高僧이 天竺(紀元八八五 印度)에 往來하며 經典을 直譯하기에 이르는 데 王의 三十年에 怒唎斯致로 金銅佛像과 佛經을 倭에 보내니 이때는 欽明天皇 十三年이며 예의 佛敎가 이에 비롯되다

五戒

七音階

百結先生과 于勒

留記
古記
古記

와 新羅의 會蘇曲은 俗樂의 가장 숭븐 것이었다 學術은 國學을 힘쓰며 國文의 貶
에 漢字를 빌어 國語를 적는 鄕札讀 또史 이 있는데 新羅의 脫解尼師今은 글을 잘하니
곳 國文이요 句麗의 乙巴素 故國川 는 國詩에 용하고 또 南季 初解尼 曹元理의 算術을 니
어 算術에 밝고 季는 또 項珀에게 傳하였으며 新羅의 夫道 師今代 沾解尼 는 글씨와 算術에 용
하고 百濟의 段揚爾 武寧 는 니름난 漢學者요 新羅의 率居 眞興 는 神畫로 닐컬었고
百濟의 王有㥐 聖王 때은 醫學에 용하였다 著述은 句麗는 國初로부터 歷史를 留記
라하야 적이었고 또 壇君記, 海東古記 들이 있으며 또 大英弘은 神誌秘詞를 漢譯할새
序와 註를 하였으며 新羅는 近肖古於羅瑕夫를 시겨 國史를 맨드니 古事古記들 新撰
들이 있으며 百濟는 眞興王이 居漆夫를 시겨 國史를 맨드니 古記들이 있었다
工藝는 句麗, 新羅의 彫刻中, 粘蟬神祠碑, 好太王碑, 異次頓碑, 眞興王巡狩碑들은 現
存한 것이요 新羅의 紬絹錦의 織이 有名하고 活, 살, 칼, 창을 맨듬은 三國이 다 잘하는
대 新羅의 身得 眞興 은 소녀를 잘맨들었다 이와 같이 三國의 文化는 本土의 것을
지키며 혹 支那의 것을 參照도 하다가 佛敎가 들어오며 이뒤로 큰 變動을 닐으키게 되
었다

第九章 三國의 爭奪과 麗隋戰爭

句麗가 突厥과 싸우는 틈에 濟羅에게 南쪽을 많이 빼앗기고 또하야 內亂과 凶年을 거듭當하는 中이요 新羅는 얻은 땅을 整齊하며 比斯伐(全州)과 閖也山城(山崎)을 百濟에 돌우주어 그 懺心을 풀이하며 더욱 第二十六代 眞平王은 船府署를 두어 水軍을 늘치어 倭를 치며 外交를 힘써 領客府, 倭典 等 諸國勢가 떨치는데 濟麗는 다 新羅와 儷國이라 각히 報復을 主하야 戰爭을 닐으키며 句麗는 支那後周와 싸우며 또 新興하는 支那隋國때문에 準備가 크드니 第二十六代 嬰陽王(平原王대)은 濟世安民을 自任하는 英特한 님검이라 新羅를 잦우치며 隋의 勢力을 꺼고저 恒常 鞨鞨兵으로 先鋒을 삼아 河北(黃河)을 짓치매 王의 九年에 隋主 楊堅이 水陸軍 三十萬을 거늘여 대들다가 敗해가고 그 아들 廣이

京觀

니어王의 二十三年에 前日의
耻를 씻고저 水陸軍 百三十萬
을 거늘여쳐 들어오거늘 大將
乙支文德이 水軍을 浿江_{大同江}에
막아 破하고 陸軍을 薩水_{淸川江}에
쳐破하니 敵軍의 살아간 者ㅣ
겨우 二千七百이었다 廣이 군
사를 내기 三回에 다 失敗하고 句麗는 京觀_{쌍은뼈로}
이김을 紀念하다

第十章 三國의 形勢와 麗唐戰爭

嬰陽이 돌아가고 榮留王이서니 때에 隋가 亡하고 唐이 起하
高句麗가 한참 强盛한지라 먼저 隋를 通하야 句麗를 困케하든

蓋蘇文의 專政

濟羅가 다시 唐을 通하야 侵코저 하거늘 榮留王이 濟羅와 唐과 의 交通을 막고 濟羅를 치며 城 遠東千餘 里長城 을 쌓고 兵을 길어 戰爭을 準備하드니 大人 官名 蓋蘇文이 王과 大臣을 죽이고 寶藏王을 세우고 莫離支가 되어 國政을 專制하였다 이때 百濟는 第三十代 武王의 아들 義慈王이서 고 新羅는 第二十七代 善德女王 때라

麗濟의 同盟

百濟가 新羅를 잦우 치니 四十餘城 을빼앗음 新羅가 金春秋로 句麗에 救援 을 請하는지라 應치않으니 春秋ㅣ 돌아가아 가만이 新羅를 救援 을 請하였다 이에 句麗와 百濟가 同盟하야 新羅를 치 며 羅唐의 通路를 끊으니 新羅가 크게 困케 되었다 이때 新羅가 피피로 救援을 唐에 請하니 唐主 李世民이 使者를 句麗에 보내어 平和하기를 勸하는지라 蘇文이 이를 듣지않고 그 使者를 동여 窟속에 가두었다 이에 世民이 크게 怒하야 寶藏王 四年 義慈王 四年 紀元二九 七八年 에 水陸軍 三十萬을 거늘여 덤벼들거늘 蘇文이 大軍으로 물리

新羅의 外交

칠새 世民이 安市城主 梁萬春에게 敗하야 눈을 傷하고 돌아 왔다가 世民이 三回나 왔다가 敗하야 忿痛에 죽었다

第十一章 麗濟의 滅亡

新羅가 孤立하야 危殆함이 눈앞에 있으매 해마다 救援使를 唐에 보내드니 眞德女王이 다시 金春秋를 보내어 일이거의 일우엇는데 때에 句麗는 唐을 물리치고 新羅는 春秋가 王(太宗)이되고 百濟는 또 日本과 和한지라 句麗, 靺鞨, 百濟가 新羅의 三十餘城을 쳐 빼았드니 맞음 義慈王이 驕奢에 빠지고 謀臣成忠이 죽은지라 新羅가 이에 唐에게 百濟치기를 請하야

羅唐의 合

과 唐將 蘇定方이 兵 十八萬을 合하야 百濟를 치니 濟將 階伯이 五千兵으로 黃山(所夫里連山)에서 戰沒하고 다른 軍士도 다 뭉어지니 세 불里 이빠지고 王이 잡히어 百濟가 亡하니 때는 紀元二九九三

句麗의 內訌

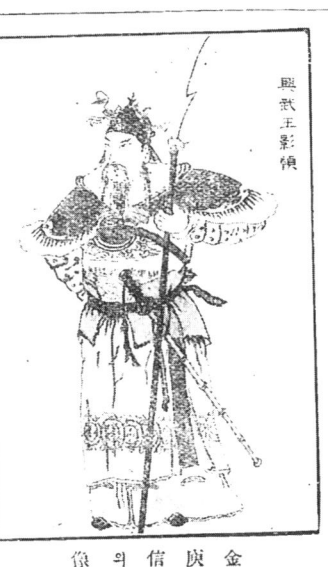
興武王影幀
金庾信의像

新羅太宗七年 이 해에 王族福信義士遲受信들이 군사를 닐으키어 二百餘城을 回復하며 日本兵을 合하야 羅唐軍을 치다가 三年만에 敗亡하얏다 이때 句麗는 強盛한 中이라 羅唐의 聯合軍이 百濟를 亡한 뒤 여러번 句麗를 쳐 보앗으나 겨루지 못하드니 非常한 英雄 蓋蘇文이 죽은 뒤 그 아들 男生男建兄弟가 權勢를 다투다가 男生이 唐의 嚮導가 되매 淵淨士蘇文의弟는 新羅에 降하고 羅唐軍 七十萬이 平壤을 쳐빼어 王이 잡히고 句麗가 亡하니 때는 百濟가 亡한 뒤 八年 羅文武王八年唐高宗總章元年 이엇으며 句麗가 亡한 뒤에 그 舊臣 延武와 舊將 釖牟岑이 兵을 닐으켜 回復을 꾀하니 新羅가 이를 利用하야 唐을 막는 지라 唐이 故

第十二章 佛敎의 隆盛과 三國의 文化

佛敎가 들어오아 我土에 널리 퍼지며 三國의 高僧들이 支那, 印度에 求法하고 예

天台宗

麗王藏을 보내어 故民을 어르만지라 하거늘 藏이 오아 또 한 일을 꾸미다가 일우지 못하고 고峯의 물이 도이 사이 뜻이 갈리어 결단이 나니 句麗의 回復이 할수 없이 되었다

(倭에 傳法하야 求法傳法의 高僧이 代로 끊이지 아니 하더니 三十世紀 初에 句麗僧 波若 王襄陽는 隋僧 智者와 漢土에서 天台宗을 開創하고 慧灌은 三十世紀 末에 新羅의 圓測 慈藏(倭) 三論宗을 傳하야 이 宗의 始祖가 되었으며 玄奘 玄照 善德王때 에 三論宗을 傳하야 이 宗의 始祖가 되었으며 新羅의 大梵中竺에 가다 義湘 文武王때은 支那에서 고句麗의 玄遊 榮留王때의사람이 東竺에서죽다 西竺 惠輪 新羅에 惠業, 玄泰, 求本 德以上은善 阿離耶跋摩 眞德 德王때 王때들이니어 印度에 가아 求法하얐다 이와 같이 佛敎가 流通한 結果 大代의 藝術이 크게 發達한 中文風俗上에 까지 큰 影響을 닙었나니 文學方面에 新羅의 融天師 眞平 와 百濟의 武王 成忠이 鄕 歌에 용하고 句麗의 定法師 乙支文德, 新羅의 金地藏王景 薛瑤女(王神 德때 文때)는 漢詩에 용

조선留記 中古史

留記와 新集

하고 著述은 句麗의 李文眞榮留王때留記 百卷을 刪修하야 新集 五卷을 지었으며 僧 道顯寶藏王때은 日本世紀을 짓고 新羅의 元曉太宗武烈王때 義寂文武王때 懷興文武王때의 佛經跋義가

阿非知

많으며 任强首太宗武烈王때는 駢儷文에 용하고 良首太宗武烈王때는 法律에 밝고 薛秀眞文武王때의 六陣兵法과 百濟의 觀勒武王때의 醫術에 句麗의 毛治榮留王때의 天文에 이以고 建築에 句麗의 三陵師平原王때와 彫刻에 新羅의 良志善德王때와 彫刻에 句麗의 僧曇徵榮留王때의 壁畫百濟의 阿佐太子와 白加威德王때는 木努를 잘 맨들어 이周의 招聘이 되었

仇珍川

고 川文武때은 木努를 잘 맨들어 이周의 招聘이 되었고 建築物에 句麗의 千餘里長城本天의 柳條城 平壤城

王與寺塔(俗 云平濟塔)

과 百濟의 王興寺塔濟亡後에 大唐平百濟碑銘을 사기다 新羅의 瞻星臺 貴龍寺九層塔이 雄雅하며 三國古墳의 壁畫와 副葬品의 金銀細工이 精緻를 極하야 사람의 눈을 놀래는데

九層塔과 瞻星臺

그中의 新羅古墳 속의 金冠䯌飾, 腕環, 曲玉, 琉璃珠들은 그 品의 價値로만 하야도 絶大한 寶物이다 風俗은 新羅는 骨品을 보드니 眞興王 때로부터 이를 보지 않고 젊은 이를 모아 그 行儀를 보아 쓰은 國仙의 制가 있으니 곳 花郎이요 喪葬은 三國이 다 墳陵을 쌓는데 혹 佛式으로 火葬을 하였다

第二編 下 南北國時代

第一章 南北國

新羅가 麗濟를 平하고 浿江以南의 땅을 차지하고 그 北의 句麗故地에는 渤海가 닐어나니 이 南北國이라 큰 版圖와 높은 文化로 二百三十年 동안 朝鮮의 主人이 되야 큰 色彩를 우리에끼치니 南北國은 참으로 五千年史上에 盛代이다

第二章 新羅의 全盛과 渤海의 興起

新羅가 麗濟를 平한 뒤 百濟의 古地를 걷워 가지며 唐을 排斥

五小京과 九州

하야 唐兵과 싸우기 百餘번에 다이기여 내쫒고 浿江과 泥河(德源의)
南을 다스리니 唐은 많은 兵糧을 없애어 오족 新羅의 利用이 되
고 말었다 그러나 麗濟가 亡하야 그 文明이 많이 破壞됨은 朝鮮
에 큰 不幸이다 新羅文武王이 돌아가고 神文王이 서 佛을 達句
伐에 옴기고저 하다가 못하고 孝昭王을 지나 聖德王은 文學
을 獎勵하고예(倭)를 쳤으며 再傳하야 景德王은 政治를 힘쓰며
國內를 五小京(北原原州 中原忠州 西原清州 南原南原 金官金海)과 九州(朔
川春江陵 溟州 漢山漢州 熊州公州 尚州尚州 全州全州 武州光州 良山梁康州晉)로 남우어 다스리고
佛寺를 많이 닐으켔다
渤海 高祖 大祚榮은 句麗의 將軍으로 句麗가 亡하매 西北으
로 契丹에 가아 짬을 보다가 紀元三○三二年에 東으로 太白山
(白頭山) 附近을 웅거 하야 句麗人과 靺鞨人을 聯合 하야 나라를 세워
震이라 하고 唐兵을 물리친뒤 忽汗城(塔寧古)에서 佛하야 터이 잡히

震澶

張文休의 山東征伐

매뒤 十五年에 나라 일홈을 渤海라 곳히 뎡엿다 아들 武王이 땅을 넓힐새 東으로 大海에 당고 西으로 契丹과 가하니 이웃 작은 나라이다 臣屬하되 黑水靺鞨이 唐을 通하야 부고저 하는지라 任雅相, 大壹夏 들로써 降服 받고 다시 張文休 들로써 海軍으로 唐의 登州(山東省)를 쳐 크게 威嚴을 떨치니 唐이 新羅에 援을 請하야 入寇하다가 敗하야 달아나 왔다 武王의 아들 文王도 守成을 잘 하며 外交를 힘쓰엇다

聖德二十六年 十一月

第三章 慧超三藏의 求法

慧超는 新羅 聖德王 때 사람이니 일즉 出家하야 聖蹟巡禮에 뜻하다가 마음을 결단하고 唐에 가았다가 다시 海路로 天竺(印度)에 들어가 五天을 들우 밟고 陸路로 돌아 올새 中央亞細亞로 하야 安西에 돌아 오니 때는 紀元 三○六○年(聖德王 二六年 곳 西紀 七二

조선留記 中古史

三五

七年이었다. 三藏이이行程과 見聞을 모아 往五天竺國傳三卷을 짓으니 이傳이 東西交通史上에 큰 典據가 되며 三藏은 唐에 있어 硏究와 敎化에 큰 힘을 들이다가 내 故國에 돌아오지 못하고 唐에서 몸을 바쳤다

第四章 渤海의 制度와 新羅의 文化

渤海의 制度는 中央政府를 省이라 하야 大內相左右相左右平章事左右司政들이 있어 部二十寺七臺一院一監一局一을 거늘이고 部에 卿郞中寺에 令卿臺에 正院에 監監에 長局에 常侍요 시골은 府, 州, 郡, 縣으로 하야 다스리었다 兵制는 水陸軍을 十衛로 남우어 衛에 將軍과 都尉가 領하니 常備兵이 十萬이요 風俗이 武를 尙하야 三人이 一虎를 當한다 하얐고 女子가 男子의 不貞을 막으며 神敎를 발들어 村落에까지 壇을 쌓아 祭하며 節日에는 男女가 모여 歌舞하고 文學은 國文과 漢文을 섯는데 特히 外交文書에 國字로 國書를 抄하얐으며 工藝에 용하야 瑪瑙櫃紫瓷盆의 玩品이 좋았고 民力이 富하야 風流生活을 하얐다 新羅는 太宗文武의 뒤 文化

가더욱느니 文學方面에 薛聰[神文王때]은 吏讀로 九經을 解하고 信忠[孝成王때]과 僧忠談, 月明[景德王때]은 鄕歌에 용하고 金大問[聖德王때]의 花郎世紀 高僧傳과 僧大賢[景德王때]의 佛經疏義가 有名하고 金生[聖德王때]은 隷行草가 다 用하야 畵神의 니름을 일었고 金大城[景德王때]의 佛國寺와 石佛寺(石窟庵)의 石佛彫刻이 또없는 것이요 景德王때에 萬佛山과 五色 氍毹와 自鳴鍾은 神巧로닐킷고 音樂方面에는 神文王때에맨든 萬波息笛과도 이제까지 傳하는 玉笛이 있고 玉寶高[景德王때]는 琴으로 니름나았고 鑄造는 聖上宅 下典과 强古乃末[景德王때]이 용하고 鑄造品中 現存한 것은 奉德寺鍾이다

第五章 渤海의 强盛과 新羅의 衰微

渤海는 文王의 뒤 五代를 지나 宣王이 서니 英雄 님검이라 新羅를 크게 넘힐새 南으로 新羅를 치며 北으로 海北[松花江北] 諸國을 앗

憲康王代의豪華

이彊土를 크게 늘이고 宮闕을 굳히고 나라를 五京,十五府,六十二州,三獨泰州를 두어 다스리며 敎育을 힘써 文物이 크게 열려 海東盛國으로 들리니 新羅憲德王은 浿江長城 三百里를 쌓아 萬一을 準備하얏다 新羅가 漸漸 文弱에 흐르어 惠恭王 以後에는 內亂과 簒奪이니 强進할 피를 못하야 여러 代,太平한 끝이라 文藝와 豪華는 오히려 빛났나니 四十九代 憲康王 때에는 城中에 草屋이 없으며 飯을 炭으로 炊하고 晝夜에 歌吹가 끊이지 아니하며 宰相의 家에는 奴僮이 三千人씩이나 되야 盛代의 모양이 있었다

眞聖王의 國學 復興

第六章 南北國의 滅亡과 南朝群雄

新羅가 잦우 衰弱하야지는 中,眞聖女王은 前代의 美風을 돌이기고 古來의 思想을 지키고저 國學復興을 힘쓰었으나 儒學

者의 反對가 일어나며 또한 失政이 없지 않은지라 州郡이 구실을 들이지 않고 盜賊이 四面에서 일어나니 弓裔와 甄萱은 그中의 큰 者이다 萱이 全州에서 불하야 後百濟라 하고 弓裔는 鐵圓에서 불하고 後高麗（위에 膊, 震泰 封이라 함）라 하야 天下를 다투드니 萱은 新羅를 殘虐함으로 그部下가 革命을 일으켜 弓裔를 쫓고 王建을 대신 세우니 라하야 王을 죽이고 弓裔는 部下 景哀王 이 高麗太祖이다 이때에 北國渤海는 太平 이 오래어 衰弱해지드니 西의 契丹（곳 遼）과 싸우 다가 敗하야 紀元 三二五九年에 亡하고 南國 新羅는 金傅王（敬順）이 自國 치 못하고 高麗에 降하니 때는 紀元 三二六八年이요 曆年이 九百九十二年이다

後百濟
後高麗

鮑石亭의 流觴曲水

第七章 南北國末期의 文化

이대의 文化도 前代의 文化를 니어볼것이 많으니 鄕札學者에는 新羅의 大矩和尙, 角干魏弘(眞聖王때)들이 第一이오 詩歌에는 僧永才(元聖王때)들이니름나고 漢文學에는 新羅의 崔致遠(憲康王때) 渤海의 烏炤度 高元固(王때)의 駢儷文과 詩에 新羅의 王巨仁(眞聖王때) 渤海의 裵文·大先晟(다들王때)이니름나고 科學에는 曆學에는 渤海의 徐昂과 兵學에 新羅의 武烏(元聖王때) 堪輿에 新羅의 道詵(文聖王때)이 이용하고 藝術에는 書에 新羅의 僧靈業(哀莊王때)의 半行, 姚克一(王때)의 楷와 金林甫(憲康王때)의

石經字가 世의 寶가 되고 畫에는 渤海의 大簡之를 닐컬으며 音樂에는 新羅貴金(文景王때)의 琴과 處容(憲康王때)의 歌舞가 니름나았다 三國에 佛敎가 盛한뒤 鷄貴 新羅 僧侶의勢力이 크어 支那文登半島애 赤山院을 세워 朝日僧侶의 支那巡遊를 紹介하얐으며 道育(敬順王때) 浙江省天台縣에서 敎를 說한새 오즉 國語로 하고 華語를쓰지 앉았으며 弓裔는 佛經을 지었다

近古史

第三編 高麗時代

第一章 半島의統一과成宗의王業確立

高麗太祖는松岳郡(開城)사람으로弓裔에벼슬하다가王이되야松岳에서불하고天授(二年紀元三十九年六九年)에後百濟를쳐없애고鴨江以南을統一하야耽羅까지가지고渤海의넷땅을걷우기爲하야後晋(支那五季의第三朝)과通하야契丹을치고저하다가못하고太祖의뒤惠宗때에는邦運이中滯되다가成宗이서머모든制度를다마련하니이에王業의터가잡히다

고光宗景宗을지나定宗은光軍三十萬을두어契丹을備하얏고

第二章 制度의完備

太祖는新羅와泰封의制度를섯어쓸뿐이요完定치못하드

니 成宗이 制度를 改定할새 宗廟와 社稷을 세우고 中央政府에 省部 (六)吏兵 寺를 두고 地方을 道十와 面兩京 府,牧,州,郡으로 난우어 다스리고 兵制는 六衛左右,神虎,興威 二軍龍虎을 두어 全國水 陸兵을 거늘이고 刑制는 刑法에 獄官令 以下 十二律이 있고 刑 名은 笞,杖,徒,流,死의 五種이 있고 學制는 太祖때에 西京에 學院 을 두어 六部子弟를 가르칠새 成宗때에 醫學卜二業을 兼해 두고 成宗때에 諸學에 博士를 두고 國子監大學 修書院圖書館을 세우고 田柴制는 田 의制가 있고 私田도 若干 있으며 選擧制는 光宗때에 科擧法 을 처음 定하얐다

第三章 高麗의 全盛

契丹의 入寇　契丹과는 太祖때에 틈이 나 있는데 成宗四年 에 宋을 援하야 丹을 첬드니 王의 十二年에 丹將 蕭遜寧이 大軍

第二回戰爭

第三回

顯宗의國粹保全

大食國과交通

千餘里長城

으로쳐들어오거늘 大臣 徐熙를 보내어 抗議하야 그 兵을 물리치었다 紀元 三三四二年〇西九一〇年에 康兆ㅣ 穆宗을 廢하고 顯宗을 세우매 그 翌年에 契丹主 耶律隆緒 宗聖 ㅣ 몸소 四十萬 大軍으로 들어와 京都를 빼고 姜邯賛들에게 狼狽하야 돌아가드니 顯宗 九年에 다시 丹將 蕭排押이 十餘萬 兵으로 덤비는지라 上元師 姜邯賛이 興化鎭 義 과 龜州에서 쳐크게 깨치니 敵이 逃亡하야 갈새 將兵이 살아간 者ㅣ 겨우 數千人이다 이때에 鐵利黑水들의 議 천뒤 八關會를 다시 배푸는 등 國粹保全에 힘쓰며 姜邯賛의 議 로 京都에 羅城 城外 을 쌓아 뒷걱정을 푸니 顯宗이 丹兵을 물리 東北 國이 貢을 밧히 고 紀元 三三五七年 二西四一〇年 에 大食國 센사람 이 方 物을 들이었다 다음 德宗은 契丹과 國交를 끓고 鴨江口로부터 都連浦 興咸 까지 千餘里 長城을 쌓아 北쪽을 막았다

文運의振興과高麗大藏 契丹의 亂 뒤에 여러 님검이 軍事

海東孔子

高麗大藏

海外貿易

에 만둣하고 文治에 겨를 없드니 第十一代 文宗은 賢明한 님 검이라 勤儉을 주장하고 賢才를 쓰어 안으로 仁政을 베풀며 밧으로 次易을 힘쓰고 宋과 文學藝術工藝들을 크게 닐으키니 高麗의 文化가 大成하얏다 이때에 崔冲大覺國師는 儒佛界에 큰 學者 니 冲은 九齋를 세워 後進을 가르치어 敎育을 大興하니 時人이 冲을 海東孔子라 하고 大覺國師는 文宗의 子로 일즉 出家하야 儒佛을 兼涉하고 宋에 가아 求法하고 오아 大藏을 刊行하니 宣宗三年먼저 顯宗二年의 刊經과 아울어 高麗藏經이 于今二次라 符仁寺에 藏하다 國師는 國淸寺에서 天台宗을 復興하야 海東台宗의 中始祖가 되고 支那는 五季의 亂에

大覺國師像

諦觀의 傳法

台宗이 끊였다가 먼저 光宗때에 諦觀法師의 傳授를 얻어 겨우 復活되었다

渤海人의 再興運動과 金의 興起

定安

渤海가 亡한 뒤 五十餘年에 定安國이 있어 契丹을 치다가 敗하였고 이 뒤 四十餘年을 지나 顯宗때에 그 遺族의 琰府王이란 者ㅣ 國家運動을 닐으키고 또

興遼

二十年에 渤海高王의 七世孫 大延琳이 興遼國을 세우다가 契丹에 敗한 바 되고 또 一世紀를 지나 睿宗때에 渤海遺民이 各處에서 닐어나며 그 中에 高永昌은 遼東京(今遼陽)에 나 랄세워 大

大元

元이라하고 同復을 꾀하다가 金人에게 없애졌다 金은 渤海遺民인 女眞의 變稱이라 高麗 第十五代 肅宗때에 東女眞이 强盛하야 北界에 다듬이 있더니 睿宗이서며 尹瓘, 吳延寵들로 써

北界九城

女眞을 쳐 北界九城을 두니 그 酋長 烏雅束이 九城을 돌우 달라 哀乞함으로 九城을 돌우 주었다 얼마 아니하야 烏雅束이 죽고

그 아우 阿骨打가 서어 金國皇帝가 되어 遼를 없애었다 詩宗이와 같이 北陸朝鮮에 金이 닐어나고 半島朝鮮에 高麗가 强完하니 成宗의 뒤 仁宗의 처음까지 百五十年동안은 高麗의 全盛時期이다.

第四章 內亂과 外寇

仁宗이서며 李資謙,拓俊京들이 專權하드니 그 十三年에 妙淸의 亂이 닐어나니 이는 尹彥頤 鄭知常들의 稱帝建元 主義 共帝國派의 主張이서지 못하매 妙淸이 이를 憤히 녀겨 西京에서 兵을 닐으켰다가 金富軾에게 討平됨이다 仁宗 十四年 이 동안에 金이 宋을 없애고 仁宗 四年 徽欽二帝를 잡아오니 南宋高宗이 高麗를 通하야 二帝 出迎기를 꾀하다가 拒絶을 當하야 宋과의 國交가 끈어젔다 毅宗은 奢侈를 한끝하고 文臣과 詩酒를 일삼다가 武臣의 不平

武臣의 專權

을 붙어 鄭仲夫가 亂을 지어 文臣을 뭇 지르니 二十四年庚寅 張純錫들이 이를 뒤집으려 하다가 明宗三年癸巳 敗하야 文臣이 두번재 禍를 닙으니 이 庚癸士禍라 이로부터 武臣이 勢力을 닙어 가다가 明宗二十六年에 崔忠獻이 專權하야 이뒤四世六十三年을 나려가니 毅宗二十四年으로부터 高宗四十五年까지 九十年동안은 武臣의 專權時代이다 高宗때에 金國이 衰하야가고 蒙古가 强해지며 契丹遺族과 女眞이 入寇하는지라 金就勵, 趙冲으로 쳐 없앴는데 契丹을 칠때에 蒙古가 東眞과 合하야 援하드니 蒙古가 다시 高麗를 없애고저 高宗 十八年에 大軍으로 들이치는지라 高麗는 서불을 江華에 옴기며 十九年써움을 니어 三十年동안 高宗四十六年까지 을 가다가 가다가 내 屈服하얏다

蒙古의 跋扈

朝鮮留記 近古史

四七

麗蒙이 和親할때에 蒙古가 高麗를 力服치만은 못할줄알고 皇室과 婚姻을 通하야 內政干涉까지하얐고 이끝에 東、西、北面을 빼앗어가았다

東西北面을失

第五章 活字創制와 經板再營

海印寺의 經藏

朝鮮의 活字는 傳言에 新羅朝에 始하앗다하나 이는 仔細치 못한 것이요 實際로 使用하기는 高宗二十一年(西紀一二三四年)에 詳定禮文을 印刷한 것이 이처음이니 이世界活字의 先始요 壬辰(十九年)蒙亂에 符仁寺 經板이 燒失한지라 高宗二十四年(○年三五七)에 板本을 再營할새 大藏都監本司는 江都에두고 分司는 晉州에두어 무릇 十六年에 板이 完成하니 그校正은 開泰寺 僧統守

詳定禮文을印刷

大藏都監

其眞或守의 한 바ㅣ라 처음에 江華 龍藏寺에 藏하얏드니 屢遷하다가 後에 海印寺川今陜로 移하니 이 高麗板 大藏經이라그 精校와 宏壯함이 印藏가운대에 第一指를 꼽느니라

第六章 三別抄의 亂과 日本政伐

三別抄左右는 崔瑀의 子神義가 勇士를 뽑아 짠 軍隊로 歷代 權臣의 爪牙가 된지라 元宗이 이를 헤치고저 하니 그 首領 裵仲孫, 金精通들이 朝廷을 怨望하고 元古蒙을 미워하든 中에 軍士로써 叛하야 一元宗十官蒙軍을 거루다가 四年만에 耽羅에서 아주 敗하매 七十 壯士가 一時에 憤死하얏다

元이 온 世界를 처누르고 또 日本을 招降코저 하나 海戰에 니지 못함으로 高麗로 하야 金軍艦兵糧을 準備하야 日本을 치기 二回나 하얏으나 忠烈元宗王十七五年年과 颶風을 맛나 目的을 일우지 못하얏

贍學錢

다 元이 日本征伐에 狼狽하고 東寧府元이西京에둔官府를 罷하야 西北諸城
을다 高麗에 돌려보냈다 忠烈王十六年

第七章 安裕의 興學

內亂과 外患으로 學風이 잦구襄하야가드니 忠烈王 때에오 人에 이를 었다

安裕先生의 像

아는 더욱 甚한지라 贊成事 安裕ㅣ 이를 걱정하야 兩府에 建議하야 贍學錢을 定하야 忠烈王三十年 國學과 文廟를 굳히고 李𢢜, 李瑱들로 敎授를 삼아 學生을 모아 聽習케 하니 學者ㅣ 六千餘

崔瑩의審勢

三元師

第八章 恭愍王의回復과紅賊의亂

高麗가元에服한지九十餘年이라恭愍王때에元이매우衰하더니王의三年에元이漢人의叛亂軍을치려援을請하거늘柳濯崔瑩들로가아도울새그衰微를보고오아報하니王이國勢를回復하려든中에그五年 紀元九六 에元의干涉을끊고모든風을廢하며印璽崔瑩으로遼東을치며柳仁雨로雙城 元이和州곳永興에둔官府 을쳐東北面을回復하고元의굴레를벗었다

元의叛亂軍中,直隸省의紅巾賊인劉福通들이韓林兒 山童의子 를세워宋이라하고河 河南 을요란케하며西北界를엿보드니王의十年에大軍으로들이닥쳐京城이빠아지라鄭世雲과安祐、金得培、李芳實들이賊을쳐平하고京城을回復하였고또이때에元의叛人納哈出과女眞三善三介—東北界에들어와도

적하는지라 李成桂로쳐破하얏다

恭愍王의失心

恭愍王이變亂을 많이 겪어 뜻이 弱해지며 奸臣을 믿드니 또 妖僧辛旽에게 빠져 國政이어지러웠고 末年에는 王妃喪으로 마음을 傷하야 맞홈내 洪倫의 물이에게 죽은배 되었다

第九章 北征의 聲言과 倭冠의 平定

恭愍王十七年에 元明(今安徽省에서닐어난朱元璋의나라)이 戰爭하야 元順帝ㅣ漢 北으로 달아나매 朝廷에 親元, 親明 兩派가 생기며 王이 遼東을 치고저 東, 西, 北面에 防備를 하고 十九年에 李成桂, 池龍壽들로 東寧府(奉天間島)를 쳐빼어 皇城以西, 東寧以南을 一空하니 翌年(明洪武四年) 三月에 遼陽平章劉益이來附하기를 請하는지라 밋쳐 答報치 못하얏드니 益이 明에 歸附하니 明이 이에 定遼衛를 두고 益으로 指揮를 삼았다 恭愍王의 아들 王禑가 또한 北征을 뜻하는 中

崔瑩의遼東征伐

에明이鐵嶺以北의地를求하거늘^{禑王十四年}崔瑩이禑王을勸하야

明을칠새李成桂들로四萬餘兵을거늘여遼東을치라하니成

李成桂의異志

桂ㅣ다른뜻을품고威化島^{鴨江中의}까지가앗다가回軍하야崔瑩

을죽이며禑王을廢하고禑의아들昌을세웟다

倭寇는日本의邊民이國境을犯한者니忠定王때로비롯하

야恭愍王때에甚하더니禑王때에깁이內地에까지스치는

鄭地, 朴葳

지라崔瑩, 李成桂, 鄭地로처破하고昌王元年에朴葳로對馬島

를처그窟을불지르니琉球가소문을듣고와屬國이되었다

第十章 高麗의滅亡

李成桂ㅣ回軍한뒤勢力이날로盛하며또王昌을쫓고恭讓

王을세우는지라鄭夢周ㅣ政治를힘쓰어王室을붙잡아가드

니 李成桂派에게 選地橋善竹橋에
서 죽임을 닙고 裵克廉들이 李
成桂를 받들어 王位에 오르니
때는 紀元 三七二五年 西一三九二年 이
요 高麗가 四百七十五年 만에
亡하얏다

鄭夢周의 殉國

第十一章 高麗의 文化

一, 宗敎 1 神敎는 八關으로 天靈과 神을 事함이 國典이 된지라 嶺外 大關 사람이
더욱 神敎를 믿었고 君主는 每十月에 天에 祭하는데 素饌을 具하야 八關祭라 하며
또 二月望日에 全國이 燃燈하야 天에 祀하얏으며 北方 金族도 神事가 大段하얏고
2 佛敎는 文宗以後 그 繁昌함이 또 없었고 여러 宗派中 明宗以後로는 曹溪宗이 有
力하더니 恭愍王以後 臨濟宗이 盛하얏다 3 儒敎는 成宗이 漢學을 奬勵한 뒤 文宗
때에 大興하드니 毅宗以後 武人의 壓迫으로 말못되다가 忠烈王때에 다시 닐어나

十月의 祭天
嶺外人

曹溪宗

臨濟宗

性理學

重房

戈船

山澤稅

아 忠肅王 때에 白頤正으로부터 性理學이 行하야 程朱의 義理가 牛島에 風靡하얏고 ㄴ 道敎는 睿宗이 道觀을 세워 三淸像에 醮祭하며 每月 行하드니 仁宗이 이를 禁한 뒤아 주 衰하얏다

二, 制度 官制는 成宗이 完定한 뒤 文宗 睿宗 때에 增損이 있드니 忠烈以後 官制의 變更이 잦어 弊가 甚하얏다 兵制는 毅宗 때에 重房을 두어 二軍 六衛의 將이 議事하는 元帥府요 崔氏 專政하며 自家에 都房을 두어 全國兵을 가 맡았고 恭讓王 때에 三軍都總制府를 두어 兵權을 歸一하얏다 水軍은 國初로부터 있었는 데 顯宗 때에 戈船_{의鐵甲船의始}이 有名하얏고 忠烈 王 때에 水軍養成에 全力하얏다 稅制는 租稅, 貢稅, 徭役의 三種이 있으며 宣宗 때에 雜稅를 課하고 忠惠 王 때에 山澤稅를 걷우었다 貨幣는 國初에 麤布를 쓰다가 成宗 때에 처음 鐵錢을 있으며 肅宗 때에 銅錢, 銀瓶을 맨드니 그 錢文은 海東通寶, 重寶, 三韓通寶, 重寶요 恭愍 때에는 東國通寶, 重寶를 맨 들었다

三韓●海東重寶와 東國重寶

三, 文學은 漢字의 外에 鄕札과 國文이 다 루있어 國文學도 매우 興하니 均如大師

조선留記 近古史

張儒山號? 晉鄭叙僧一然禪坦蔡洪哲들이이를잘하고漢文學에郭璵鄭知常李奎報李仁老李齊賢鄭夢周들이니大概國文學을兼하얏스며著述은金富軾때仁宗의三國史記僧一然王忠烈때의三國遺事가古文獻研究의큰參考며 科學方面에曆學에金成澤李仁顯王文宗때과醫學에薛景成王忠烈때農家에鄭天翼의文益漸外甥들이니를잇고이밧게通文館司譯院이있어蒙漢倭金들의말을攻究하얏다

通文館, 司譯院

四 藝術 1 建築은殿堂樓亭의工作이精巧하얏는데浮石寺川榮無量壽殿이現存한代表며滿月臺石階와長城의遺跡이볼만한것이요 2 彫刻은佛像銅鐘石儀들이니佛像은浮石寺阿彌陀如來의大像이代表며鍾은開城의演福寺鍾이代表요石儀는恭愍王陵의것이第一이며石碑는朗空國師의白月塔碑銘普覺國尊의靜照塔碑銘들이絶品이요이밧에物品製造

浮石寺와 無量壽殿

敬天寺塔(一日本에옴겼다가景福宮에가져옴)

五六

李寧의 畵

繼嗣法

가 精巧하니 紫霞盃는 五色玻璃로 맨들고 螺鈿器를 用하게 맨들고 磁器를 잘 구엇고 白文寶 恭愍 때엣 의 水車 鄭天翼의 繰絲車가 農家의 稗益이 크엇다 ③ 畵는 僧坦然으로 第一을 삼고 다음 柳伸崔瑀와 白玄禮洪灌李嵓들 이용하고 畵는 安貴生이 山水人物에 用하고 李寧의 畵는 그 法이 宋에 傳하얏으며 鄭知常의 梅李齊賢의 馬며 君主로 書畵의 能한 이가 만으니 恭愍王은 大字와 人物에 더욱 用하얏다 ④ 音樂은 三國古來의 것에 唐宋의 樂을 加하야 非常히 發達하야 雅樂俗樂唐樂의 別이 잇고 舞隊는 皂衫이요 樂官은 朱衣요 妓는 丹粧이엇다

五, 風俗 人民의 嫁娶는 一夫一婦의 制요 君主는 王氏가 서로 通配하드니 忠宣以後貴族과 通婚하며 同姓婚娶를 禁하얏으며 貴門으로부터 奴婢까지 等次를 論하얏고 繼嗣法은 嫡庶를 不問할뿐 아니라 兄弟의 子와 女孫까지 업어야 他人의 三歲前兒를 收養케하고 喪禮는 三年喪을 行하는데 中世에는 月을 日로 바꾸드니 恭愍때에다시 三年喪을 行하얏고 祀典은 大祀中祀小祀의 別이 잇고 衣服의 制는 毅宗때 盡備하드니 忠烈以後는 開剃元服을 行하다가 恭愍때 舊制를 回復하얏는데 民庶의 服은 흔이 白色이요 婦人은 醫를 右肩에 늘이치며 絳羅로 몸을 지르고 長衣로 얼골을 가리고 內衣가 겹겹이요 우에 裙을 두르고 兒童은 髮을 男은 黑羅

로結하고 女는紅羅로結하얏다 飮食은飯羹이常食이요 酒는家藏하야마시고 戌衣日端午의生菜裘와上巳日의靑艾餠이먹이의으뜸이되얏으며 家屋은宮闕民家에다高屋을禁하드니 忠烈以後에大屋高樓를짓기始作하얏다

近世史

第四編 李朝時代

第一章 朝鮮의創業과骨肉의相殘

朝鮮太祖李旦(初諱는成桂요 號는松軒)이 高麗에벼슬하야軍功이있드니 麗朝의衰微함을타서崔瑩鄭夢周들의王室派를차례로죽이고 들이어王位에나아가(紀五三七) 國號를朝鮮이라하고 서울을漢陽(京城)에옴기고 여러가지制度를定하며 明치기를꾀하다가말앗으며 李之蘭으로鏡城以南女眞의모든部落을招安하니 이때에琉球가臣을稱하며 暹羅가方物을받히엇다

芳遠의 亂

太祖가 韓氏(神懿皇后)를 娶하야 六子를 낳고 또 康氏(神德皇后)를 娶하야 二子一女를 낳았드니 및 第八皇子芳碩을 世子로 封하매 六皇子가 不平하다가 第五皇子芳遠(君靖安)의 뜻이가 世子와 다투어 이를 죽이매 太祖─怒하야 咸州(與咸)에 播遷하며 第二皇子永安君芳果에게 位를 傳하니 곳 定宗이라 第四皇子芳幹(君懷安)이 또 芳遠과 겨루다가 敗하고 定宗이 芳遠에게 位를 傳하니 이 太宗이다

鄭招

第二章 世宗의 功德

太宗의 아들 世宗(에七五二年이되다)은 거룩한 님검이라 集賢殿을 두어 어진선비를 뽑아 顧問으로 하며 敎育을 힘쓰어 有用한 書籍을 맨들어 펴며 鄭招 等으로 天文을 硏究하고 朴堧 等으로 音樂을 改良하야 文化를 닐으키며 建州衛의 婆猪江(西間島)野人(眞吾安)을 물리

四郡

치며 鴨綠江 안에 四郡(閭延、茂昌, 虞芮, 慈城)을 두어 西北邊을 막고 對馬島를 쳐

五九

六鎮開拓

五敎兩宗의合

檀君廟

威嚴을보인뒤交通條約을맺어三浦（熊川薺浦,東萊釜山浦,蔚山鹽浦）를열어貿易을
許하고金宗瑞로豆滿江안에六鎭（鍾城,慶興,慶源,穩城,會寧,富寧）을두니이에國境
이西北으로鴨綠,豆滿두江을가하얏다 더욱世宗朝
에特別한일은儒臣의排佛
로佛敎의五敎,兩宗有
야禪,敎兩宗을合하
의文字를다스려正音곳國
文을맨든것이니正音은文
字史上特絶한것이며또한
檀君,東明王環朱廟를平壤에세워古來神敎의思想을돌이킨것
이다

訓民正音原型

○닐입시울쏘리아래니써쓰면脣
輕音이드외니라
初聲을合用홇뎬並
書ᄒᆞ고終聲도同ᄒᆞ니라
·와一와ㅗ와ㅜ와ㅛ와ㅠ란
아래붙텨쓰고ㅣ와ㅏ와ㅓ와ㅑ와ㅕ란
올ᄒᆞᆫ녀긔붙텨쓰라
믈잇字ㅣ모로매어
우러ᅀᅡ소리이ᄂᆞ니

第三章 世祖의 簒立과 이뒤의 治績

世宗의 뒤 文宗을 지나 端宗이서니 낭이어린지라 그 叔父 首陽大君 瑈가 大臣 金宗瑞 等을 죽이고 專權하다가 端宗의 位를 禪受하니 이곳 世祖ㅣ라 대에 咸鏡道都節制使 李澄玉이 大金皇帝라 하고 女眞을 收코저 하다가 敗死하고 成三問 等 六臣이 端宗의 位를 復코저 하다가 가 일우지 못하고 錦城大君 瑜가 또 이를 꾀하다가 敗하고 端宗은 害를 遇하다 世祖ㅣ 文武를 힘써 印地儀들의 測量機를 發明하고 經國大典을 纂修하며 刊經都監을 세워 佛經을 譯刊하고 城內에 圓覺寺를 세워 十三層 寒水石塔을 쌓고 申叔舟로 北쪽의 野人을 쳐 물리치고 魚有沼 等으로 建州野人을 쳐 그 首領 李滿住를 베었다 睿宗을 지나 成宗이 또 學問을 닐으키며 書籍을 많이 刊行하고 尹彌商, 許琮 等으로

李澄玉의 敗
死六臣의 節
佛經의 譯刊
野人征伐

또 建州野人을 쳐쫓으니 太祖의 뒤 成宗의 末까지 한 百年 동안은 朝鮮의 隆盛時代이다

第四章 李祖初의 制度와 文化

(圖 塔層十 寺覺圓)

諸政府

一, 官制 는 大軆로 東西 兩班이니 東班은 文官이요 西班은 武官이며 京職에다 京職外職의 別이 있으니 東班의 京職은 中央政府의 重要者요 外職은 地方官廳의 主任者며 西班의 京職은 軍機侍衛의 爲요 外職은 兵馬水軍의 分掌者라 議政府가 百官을 總理하고 六曹(吏曰禮兵刑工)가 分掌하며 또 義禁府, 承政院, 兩司(司憲府司諫院)가 行政의 要任이요 地方에 中樞府가 있고 州郡들로 난워 다스리며 西班京職에 內禁衛, 訓鍊院, 翊衛司가 있어 全國兵을 맡고 外職에 各[五衛義興, 龍驤, 虎賁, 忠佐, 忠武]處에 五衛都摠府가 있고

呼旗

朝鮮通寶

測雨器

太一學

道의 節度使 以下 모든 官員이 있다 二 刑制는 國初의 經國六典이 있어 世宗 때에 續典이 있고 成宗 때에 經國大典과 大典續錄이 成하야 모든 制度가 갖추이고 三 宗敎 ㄱ 神敎는 國初에 呼旗의 風이 오히려 行하나 振치 못합으로 世宗께서 檀君廟를 세워 蘇塗의 思想을 回復케 하고 ㄴ 儒敎는 性理學을 專主하고 ㄷ 佛敎는 비록 排斥을 받으나 世祖 때에 佛事가 大張하얏고 道敎는 國典에 昭格署를 두어 醮祭를 行하얐다 四 田制와 稅制 田制는 世宗 때에 稅率을 整定하니 그 法이 全國을 三等에 나우고 다시 每道를 三等에 나워 結마을 定하고 身役을 代하는 軍布가 있었고 貨幣는 宗 때에 楮貨를 發行하고 世宗 때에 朝鮮通寶를 짓고 世祖 때에 箭幣 곳 八方通貨를 지었고 五 文學 方面에 가아 國文學은 世宗이 正音을 頒布한 뒤더욱 盛하야 金宗瑞,成三問들이 나옴나고 著述은 官撰의 國朝寶鑑,國朝寶鑑,五禮儀,龍飛御天歌,月印千江之曲,輿地勝覽,高麗史,東國通鑑,東文選이 볼만하고 楞嚴,圓覺,法華 等 譯經과 東國正韻,四聲通攷,韻書가 있으며 科學 方面에는 曆象의 學은 世宗이 깊이 用意하야 鄭招,李純之들로 儀象과 時表와 自擊漏와 測雨器들을 맨드니 測雨의 記錄이 世界의 最先한 것이며 醫學에 鄭敬先,金希善,黃子厚,安瓚이 用하고 太一學에 張補之,李元茂가 有名하고 六 藝術 城中의 圓覺寺 十

조선유기략 近世史

三層塔의 彫刻과 分院廣州의 磁器造作에 이용하고 普畵는 畵에 宮體院體、士體의 稱이 있으니 宮體에 文宗、成宗、李瑢、院體에 僕庭藝、孔儒와 士體에 姜希顔 金淨 等은 儒畵로 닐컷고 石敬 李上佐는 方外畵이요 畵에 工畵儒畵、方外畵의 別이 있으니 李澄太宗때 王 安堅은 國工이요 姜希顔 金淨 等은 儒畵로 닐컷고 石敬 李上佐는 方外畵의 치음이요 音樂은 世宗때에 朴堧이 羅麗傳來의 樂과 支那의 樂을 整理發達하야 只今까지 保存되어 東洋古樂研究에 큰 資料가 되며 民間에는 預婦느리며 의 制가 있고 宣을 못하며 身分의 階級은 兩班中

音樂의 整理

七風俗 婚姻은 男女의 父兄이 主 하는데 媒約으로 相通하야 定하며 嫁를 嚴禁하야 그 子弟나 庶孽은 淸

身分의 階級

人、常人、賤人네 級이 있고 이밧에 唱夫매광 白丁들은 아주 賤하야 말나위 없으며 喪禮는 國恤은 三都監을 두어 行하고 公卿은 葬禮所가 있어 行하고 下는 護喪所가 있어 行하되 그 服은 斬齊衰로부터 緦까지의 制가 있고 國祭와 士庶祭에 各히 別

博朴의 肖像

六四

이었으며 衣服은 公服軍服,常服이 있는데 國初에는 婦女外出에 長衣를 넙드니 世祖元年에 長衣는 男女無別로 禁하얐고 飮食은 飯羹을 主로하며 酒는 家藏하야마

시는데 地方을 딸아 다른 것이 있고 家屋은 京城近方은 中門을 세워 內外를 가르고 仕宦家는 外大門을 高柱로 하는데 地方農戶는 草屋이 많고 西北은 樺皮와 板靑石

을쓰며 關北은 防寒을 主하야 房廚를 通用하며 濟州地方은 溫炕이 없었다

第五章　燕山의 失政과 士禍의 續出

成宗때에 國家가 泰平하야 政法이 넘우 寬仁에 흐르드니 및

그 長子 燧(燕山主)이 서며 母后의 廢死를 슳어하야 마음을 傷하는데

四年戊午에 柳子光의 무리가 史獄을 닐으켜 金宗直과 그 門人

金馹孫, 金宏弼들의 數十人을 죽이니 이 戊午士禍요 十年甲子

에 任士洪이 燕山의 虐을 도워 燕山에 直言한 人과 그 母后廢黜

에 雜論한 人을 뽑아 죽이니 이 甲子士禍라 이렇듯 士禍ㅣ나으

며 失政이 甚하매 朴元宗, 成希顏들이 피하야 넘검을 내뽑고 成

宗의次子晉城大君懌을맞어들이니이中宗이라政治에뜻하야趙光祖等의有名한선비를쓰드니南袞,沈貞,金光祖들의排斥함을원망하야이를謀叛한다誣告하야光祖,淨들의數十人을죽이니이已卯四年士禍요 仁宗을지나明宗이서매母后尹氏交定-攝政하고后弟元衡이專權하는지라仁宗母后章敬弟尹任이元衡이尹任,柳灌들이謀叛한다誣告하야그들이百餘人을죽이니이乙巳士禍라이로부터士氣가줄어가고燕山初로宣祖初까지約九十年동안은隆盛에서衰降하는時期이다

己卯士禍

小尹大尹

乙巳士禍

第六章 佛教의衰殘,儒教의隆盛과文化

佛教는 國初로부터 儒教의排斥을받든中,文宗,成宗이더욱내치드니中宗이僧科를없애고圓覺寺를히니佛教가더욱衰하다가明宗代에僧普雨가文定王后明宗의信任을얻어兩宗을세우고度僧法을行하며僧科를다시세워

普雨

徐敬德의 理學

佛敎를 퍼다가 普雨가 죽은 뒤 兩宗과 僧科를 또 廢하니 佛敎가 이에 크게 衰하였다

儒敎는 麗末에 程朱學이 行하야 그 中에 鄭夢周가 들어나드니 李朝에 들어와 더욱 盛할새 가장 날아난 者는 趙光祖 徐敬德, 曺 植 李滉 宋翼弼 李珥들이요 그 中에 滉은 깊이 性理學을 닦아 程朱의 神髓를 얻으니 곳 朝鮮의 儒宗이라 그러나 老莊과 陸王을 排斥하야 學問에 狹隘한 風이 생기었다 그 나 文化 方面으로 볼點이 많았으니 柳允謙 崔世珍 柳崇祖들은 國文學者로더욱 翻譯文學에 큰 功이 있으며 李混 鄭逑黃 眞伊들은 國詩에 능하고 漢文學에 崔岦 李 廷龜들의 文과 李達 白光勳들의 詩와 權文海의 博識과 許蘭雪軒의 詩畫며 楊士彦 韓濩의 書와 師姓堂 申氏 李霆의 畫와 朴英 許浚 楊禮壽의 醫學이 용하고 南師古의 風水와 李之菡 田禹治의 異術 도 있었다

大東韻府群玉

東醫寶鑑

第七章 外交의 槪要와 南北寇警

琉球와 久邊國(南洋의 一國이니 그 王은 李獲이라)이 代로 入貢하고 日本의 備前, 九州 들의 諸州가 잣우 貢을 들이고 北方의 野人도 잣우 入貢하니 國家는 이에 太平舘, 北平舘, 東平舘을 두어 外交를 하얐다

野人은 反覆이 無常하야 中, 明의 世에도 出沒이 非常하드니 宣祖初에 野人 尼湯介가 入寇하는지라 申砬들로쳐 깨치고

本은 三浦開市 以後, 燕山 때에는 全羅道를 도저히 中宗五年에 朝鮮官吏가 三浦居留倭戶를 虐待하니 對馬島主ㅣ 三浦倭戶와 通하야 亂을 지으니 이 뒤로 日本과의 交通이 漸々 늠이 있었다

外交의 各館

三浦의 亂

第八章 黨爭과 外寇

明宗 때로부터 黨爭의 漸이 있어 宣祖 初에 李浚慶이 이를 격

東西黨　정하드니 宣祖 八年에 東西黨爭이 닐어나니 이는 沈義謙、金孝元의 두 집물이 가 各其 주장하야 黨을 일움이라 金을 돕는 者는 東에 삶으로 東人이 되고 沈을 돕는 者는 西에 삶으로 西人이라

南北黨　하드니 뒤 二十四年에 東人이 남위어 南人、北人이 되고 北人이 또 三十年에 大北小北이 되었다

壬辰의 亂　明宗以後 國政이 말못되며 邊防을 겹이하니 이에 人心이 헐어져 혹 遼東으로 달아나드라 이때 日本은 戰國의 끝이라 梟傑 平秀吉이 全國을 統一하고 覇權을 잡으며 書를 보내어 明나라 칠 길을 빌리라 하고 宣祖 二十五年 四月에 二十萬兵으로 덥버 들거늘 我軍이 막아 싸와 다 敗하매 宣祖 ㅣ 義州에 播遷하야 明에 救援을 청하며 民兵이 四面에 닐어나고 朝明兵이 平壤을 回

李舜臣의 水戰　艦의 水軍으로 慶南海 上에서 크게 이기고

幸州大捷　復하고 鄭文孚는 吉州에서 이기고 權慄은 幸州高陽에서 크게 이

丁酉의再寇

露梁大捷

鐵甲의臣舜李

明의援兵도다걷어돌아갔다

기며日本이退軍하야和議가거의일우다가깨지고宣祖三十年正月에十四萬餘의日兵이다시쳐들어오는지라我가다시明에請援하야明의援軍이오아素沙에서日兵을크게깨치고다시李舜臣의水軍은鳴梁에서크게이기고다시露梁順天附近에싸워크게이겼으나舜臣이戰死하얏다맛츰平秀吉이죽고그의海軍이全滅된지라諸軍을걷워가만이돌아가니七年大戰이비롯오平定되고翌年에

第九章 光海의失政仁祖의革命과李适의叛亂

大北의 失敗

光海의 때에 北人中의 大北 李爾瞻들이 專權하야 金悌男, 永昌大君(珒)을 죽이고 또 仁穆太后를 西宮에 가두며 여러 번 大獄을 닐으키며 風水를 밋어 土木을 일삼고 賄賂를 公行하니 李貴, 金瑬들이 光海를 廢하고 綾陽君(倧)을 세우니 이 仁祖라 이에 政權이 西人의 손에 돌아갓다

甲子适亂

革命 때에 李适의 功이 많앗는데 勳이 二等에 든지라 适이 不平하드니 및 平安兵使가 되매 더욱 怏怏하야 仁祖二年 甲子에 寧邊에서 軍士를 닐으켜 京城을 두려 빼고 興安君(瑅)을 세우드니 張晚, 鄭忠信들에게 敗하야 죽엇다

第十章 僧兵의 設置

僧兵은 三國 때로부터 高麗에 이미 잇엇는데 壬辰以來로 國防의 必要를 感하는 中, 泗溟惟政의 議를 들어 各地의 山城을 修

各地의 山城

四史庫

築하고이에 僧兵을두어 敎鍊하며 要害의 山城안에는 史庫를 두고 僧兵으로 지키기며 또 京城을 지키기 爲하야 南漢山城이있으니 山城은 仁祖元年으로부터 四年동안에 일을마치고이에 僧兵三百七十人을 멈을어 있게할새 그 制度―全國僧侶로번갈아지기게함이라 뒤 肅宗때 七三十年 에 北漢을 쌓아 南北漢에 常備 僧兵이 모두 七百四十人 이었다

南北漢僧兵

第十一章 滿洲의 入寇와 孝宗의 雄志

壬辰의 亂에 滿洲 人野 가 救援하야 마하되 許치않았고 光海때에 滿洲와 明이 싸울새 明이 援을 請하는지라 救援하였으나 敗하얐다 滿洲가 더욱强하며 明을 없애고 저할새 먼저 朝鮮을 치기로하야 仁祖五年에 滿洲太宗이 三萬軍士로들이닥치어 兄弟國의 盟約을 맺고 가니 이 第一回의 亂이요 仁祖十四年 丙子에

丁卯의 入寇

三田渡의盟

北伐의謀

禮訟

滿洲太宗이 大淸皇帝가 되어 朝鮮과의 兄弟盟을 버리고 屬國의 禮를 지키라 하거늘 이를 拒絶하얏더니 淸이 十三萬大軍으로 들어와 이르거늘 仁祖ㅣ 南漢에 避亂하더니 淸이 맛츰 江華ㅣ 陷落되고 南漢이 또 危殆함으로 仁祖ㅣ 主和派 崔鳴吉의 말을 좃아 三田渡(봉은사松坡)에 나아가 歲貢을 定하니 淸이 물어가 있다

丙子의 亂 뒤 上下가 憤함을 참지 못하는 中, 林慶業은 가만이 明과 通하야 (仁祖二十一年에 問에 入) 淸을 노리다가 못하고 及 孝宗이 서며 北伐을 꾀하야 兵器와 馬糧을 準備하더니 不幸히 孝宗이 돌아가고 顯宗 때와 肅宗 처음까지 北伐의 議가 있었으나 行치 못하얏다

第十二章 黨爭의 飜覆

仁祖 때로부터 顯宗 끝까지 五十年 동안을 西人이 得勢하얏으나 己亥(孝宗末 共十年) 甲寅(顯宗末 十五年)의 兩禮訟으로 南人이 西人을 代하야

己巳南八

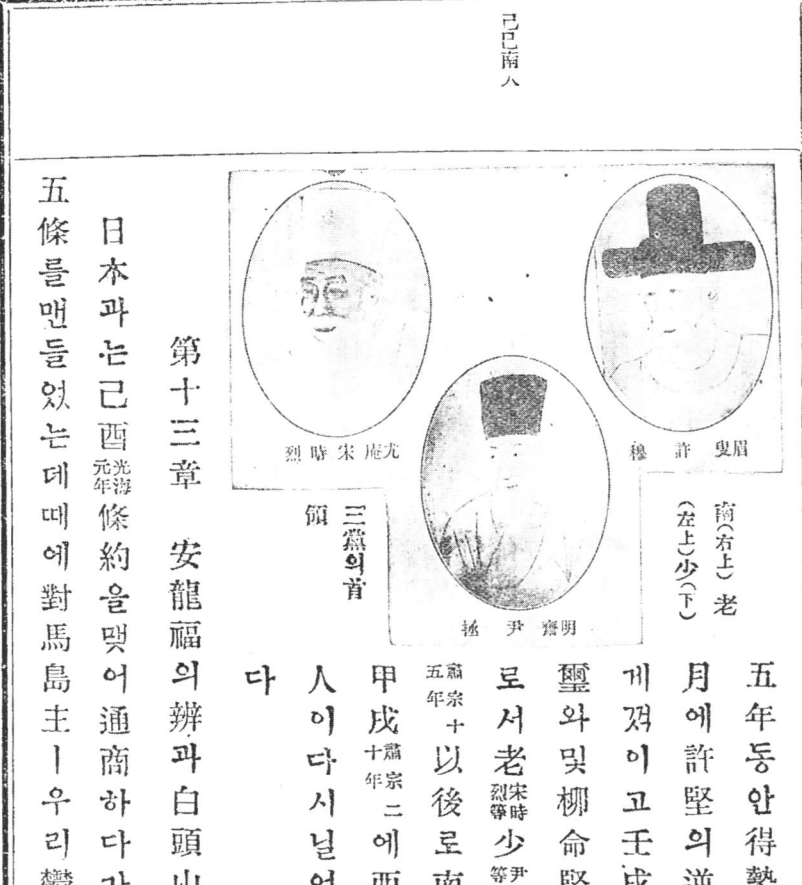

南(右上) 老
(左上)少(下)
穆 許 雙眉
烈 時 宋 庵九
拯 尹 齋明
三黨의首領

五年동안得勢하다가庚申_{肅宗}_{六年}三月에許堅의逆獄으로南人이크게꺽이고壬戌_{肅宗}_{八年}十月에許瑛許璽와밋柳命堅의獄으로西人이로서老_{宋時}_{烈等}少_{尹拯}_論이갈리고己巳_{肅宗}_{十五年}以後로南人이再起하다가甲戌_{肅宗}_{二十年}에西人이專政하며南人이다시닐어나지못하게되었다

第十三章 安龍福의 辨과 白頭山의 定界

日本과는己酉_{光海}_{元年}條約을맺어通商하다가肅宗九年에禁榜五條를맨들었는데代代에對馬島主―우리鬱陵島의材木을비

定界碑

대島를 차지하고저 하는지라 釜山居人 安龍福이 伯耆州에 往
復하야 質問하며 彼를 罵逐하니 _{肅宗二十一年} 이로부터 再犯치 못하고
北界土門江發源處에 界線이 分明치 못함으로 肅宗 三十八
年에 朝,淸 兩國의 使ㅣ 分水嶺에 碑를 세워 國界를 定하니 碑文
에 至此審視,西爲鴨綠,東爲土門이라 하다

第十四章 老少論의 相軋

肅宗의 뒤 景宗이 님검이 되며 病이 있음으로 老論이 主하야
御弟延礽君_{英祖}으로 東宮을 封하야 國政을 代理하니 _{元年辛丑} 少論이
反對하야 老論을 많이 죽이고 少論이 專政하니 _{二年壬寅 이辛壬士禍}
라, 景宗이 돌아가고 英祖ㅣ 卽位하며 少論의 勢力을 줄이드니
金一鏡의 餘黨 李麟佐ㅣ 南人 鄭希亮_{英祖四年戊申}으로 더불어 軍士를 닐으
켜 朝廷을 뒤집으려 하다가 敗하매 少論의 氣勢ㅣ 더욱 껴

이 뒤로는 老論이 아주 專政하게 되었다

第十五章 文運의 隆昌

壬辰以後로 文化가 크게 삭아지드니 仁祖때로부터 西洋의 學術과 支那의 文風이 들어오며 英祖때에 다시 隆盛하야 碩學者의 李瀷으로부터 李象靖 柳長源의 禮學, 申景濬 丁若鏞의 考證學, 安鼎福 李肯翊 韓致奫의 史學과 朴趾源의 文章, 朴齊家들의 詩와 洪啓禧, 朴性源의 韻學이 出衆하며 洪大容은 地轉說을 創하고 申景濬 李令翊의 國文硏究가 있고 黃胤錫은 語源學者요 李匡師는 筆家의 으뜸이요 金弘道는

李匡師의 筆

安鼎福의 史學
朴趾源의 文章

金弘道의 畫

畵家의 마루며 徐汝五는 鑑賞에 용하고 康命吉은 醫學에 밝고 李彦瑱, 尹行恁은 才藝로 들리었다

第十六章 天主敎의 輸入과 邪獄

天主敎의 書籍을 널게되기는 壬辰뒤로부터요 宣敎師가 들어오기는 肅宗때(年三十二)라 英祖때에 關東, 海西에 크게 盛하고 正祖 大年八에 李承薰이 北京서 그 書籍을 갖다 諺譯하여 淸人 周文謨를 請해다 布敎함으로부터 그 敎ㅣ 널리 行하고 西洋學術도 輸入되드니 純祖元年(辛酉十九)에 邪獄이 닐어나아 黃嗣永, 李家煥, 丁若鍾들이 죽고 學者 丁若鏞 李學逵들이 귀양가았다

第十七章 國政의 腐敗와 洪景來의 擧兵

正祖때에 勢塗를 두드니 純祖때에 外戚 金氏(純祖后族)ㅣ 勢塗하며

外戚들의爭權

政治에弊가더욱많아人心이흐려지더니龍岡人洪景來─嘉山에서軍士를닐으켜革命을부르니 純祖十一年辛未 淸川江以北이다應하는지라官軍과싸우기四個月에敗亡하얏다 純祖의다음憲宗때는外戚金氏와趙氏 憲宗母族 가政權을다투드니哲宗이서며金汶根 哲宗后父 等이國政을잡으니金氏의勢力이純祖로부터哲宗의끝가지六十年을가았다이동안에우애서外戚이用事하고알에서官吏가貪虐하야나라가아주貧弱에빠아젓다

第十八章 光武帝의承統과大院君의攝政

哲宗이둘아가고興宣君 英祖玄孫 是應의第二子興─文祖의統을니어님검이되니이光武帝라興宣大院君이되어政權을잡으며黨人과戚臣의勢力을깨치고人材를뽑아쓰며모든弊政을고치고八道의書院을헐어儒者의窟穴을없애고景福宮을

書院毀撤

丙寅洋擾

그러나 大院君은 鎖國主義를 잡아 天主教를 嚴禁하며 佛人 宣教師 九人과 教徒 數萬을 죽이고 佛艦을 江華島에 깨치고 米艦을 大同江에 불지르니 _{八年辛未} 이를 또쳐내쫓고 驕傲가 생기어 外國과의 通商을 모다 許치 않았다 이때 佛米가 이事件을 淸에 質問하야 淸이 朝鮮의 宣戰과 媾和權은 朝鮮이 自行한다하니 朝鮮의 獨立을 世界의 알게 되었다

丙子條約

大院君이 執政한지 十年에 退老하고 閔氏_{帝后}의族 一派가 專權하야 開國論을 세며 江華守兵의 日本軍艦 雲揚號 砲擊問題가 생겨 _{十三年丙子} 日本과 通商하야 釜山의 外, 元山_{年十七} 仁川_{年二十}에 開港하얏다 이뒤로 美、英、德、俄、義、法、奧、淸、白丁들의 國과 次第로 通商하게 되었다

軍亂
朴泳孝의使

第十九章 壬午軍亂과 甲申政變

光武帝十八年에 軍制改革을 斷行할새 兵士의 罷免된 者ㅣ 많고 그 翌年 壬午는 旱魃로 人心이 不穩한데 軍卒의 料를 주지 않으니 五營의 軍이 閔謙鎬, 金輔鉉들을 죽이고 日公舘을 불지르며 宮闕을 犯하니 閔黨이 淸兵을 請求하야 亂을 定하고 日本

金玉均의像

은 軍艦四隻, 陸兵一大隊로 와 詰問하는지라 修好條約을 맺고 賠贖金支出을 許하얏다

亂뒤에 朴泳孝들을 日本에 使할새 金玉均들이 隨員으로 가아 그 文化를 보고 오아 洪英植들과 꾀하야 二十一年

金玉均의失敗

甲申十月에閔台鎬들의守舊黨을죽이고新政府를짜드니守舊黨의救援인淸兵에게敗하야玉均들은日本에亡命하고日淸兩國은天津條約을맺어朝鮮駐兵을걷어가고朝鮮에일이있으면行文하야알리기로하얏다

第二十章 東學亂과日本의干涉

甲申의亂뒤十年동안에英國의巨文島占領事件과淸國과의間島勘界案과俄國勢力의侵入들에問題가많으나閔氏가勢塗를번갈아하며閔氏等官吏의討索이甚하매民擾가四面

四面의民擾

에있드니三十一年甲午에古阜人全琫準이東學哲宗末에崔濟愚가四敎를對稱하야세운敎黨을모아亂을꾸며全州를들이빼고各處의東學黨이淸에請援하야淸兵이怨을갚으며氣焰이대단한지라閔黨이

東學의敗

오고日本이또軍士를보내어오며東學黨은官軍과日軍에게敗하야없어졌다 이때에日淸이戰爭하야淸이지고馬關條

조선留記　近世史

閔后의喪

約이되며日本은朝鮮일에干涉하야金弘集으로새新內閣을짜
고立憲制度를定하며官制를改革하니것이甲午更張이다
이뒤에閔后ㅣ改革黨을미워하야露國의勢를끌어日本을누
르고저하다가閔后ㅣ亂中에燒弑한바ㅣ되고이로써外國人
間에物論이닐며各地에서義兵이닐어나니이乙未事變이다

光武年末시
許等이大保
光　　　　敎難

第二十一章　朝鮮의文化

仙敎

一, 宗敎　神敎의敎儀가風俗과셔
여上月神祀들의遺俗만傳하고仙敎
는神敎의一派라靑鶴上人때宣祖檀世
人, 李宜白다때들이그髓를傳하고
儒敎는性理學을專主하나崔鳴吉鄭
齊斗들의陽明學派도있고尹鑴沈

自由學派

大들의自由學派도있었고　佛敎는
壬辰以後門戶를保全할뿐이요　道

教는 中宗대에 없어진 뒤 純祖대에 겨우 消息을 傳하게 되고 天道敎는 本東學敎
로 甲午以後에 世上이 알게 되고 基督舊敎는 傳합이 오래고 新敎는 甲申으로부
터 퍼졌다

二,制度는 壬辰 뒤에 도 別로 變합이 없는데 軍制는 壬午軍亂 뒤에 죄다 左右
前後의 營使와 壯衛總禦經理의 使를 두었고 刑法에 正祖대에 大典通編이 있고
光武帝 初年에 大典會通을 지었으며 賦稅는 軍布를 大院君이 고쳐서 戶에 남위물
렸고 貨幣는 仁祖대에 常平通寶를 지어 나리 쓰드니 光武帝 대에 當百,當五의 錢과
銀貨銅貨가 있었다

月布

三,學藝 國文學은 國文에 當한 書籍이 壬亂에 燒失되고 그 뒤 別로 떨치지 못하
얐으나 洪吉童傳,春香傳,玉樓夢,諺文三國誌 들이 있고 國文의 硏究는 英正
대에 싹이 돋아 그 뒤 柳僖로부터 周時經까지 니었고 國詩歌에는 尹善道,朴後雄으
로 朴孝寬,安玟英까지 니었고 漢文學은 英正대에 大興하야 이뒤 繼續하니 李朝一

周時經의 國學

代의 著述이 五十萬卷에 이르는데 그 中 英祖以下의 것으로 丁若鏞의 與猶堂集,徐
有榘의 林園十六志,李圭景의 五洲衍文長箋散稿,崔漢綺의 推測錄,金正偉 古山 의
大東地志들이 特絶한 것이며 書畫에는 書에 金正喜畫에 張承業이 代表요 李晃

古山子의 地志

四象醫術
[景福宮建築]
[獅象彫刻]
[露舘撤退]

景福宮의 光化門과 六曹앞

應의 蘭丁學敎의 石이 特別하고 朴昌珪들의 火畫烙畵도함이 있다 科學方面에는 仁祖代에 西洋學問을 輸入하기비롯하야 天文曆法 읁다 그法을 었고 劉興發仁祖이自鳴鍾을본더맨 들었고 醫學에는 純祖代의 李景華憲宗代의 丁學 淵이있으니 學淵은 農學家南尙敎數學家李康寅 李濟馬는 四象醫法을 發明하얐으며 光武帝代에 도英祖代에 벌서洋琴을 輸入하고 光武帝代에 西 洋樂을 크게 輸入하얐다 音樂方面에 四工藝는 壬亂뒤에아주衰退하드니 光武帝代 에 金元植의 建築과 李泰郁의 彫刻과 姜潤李健榮들 의 機械製造가 용하얐다

第二十二章 國號의 改稱과 日露戰爭

乙未事變의 뒤帝는 日本이미워 建陽元年丙申에 露舘에옴겼

日露戰爭

다가 翌年丁酉에 慶運宮에 還御하야 八月에 國號를 韓、年號를 光武라고치고 地方을 十三道로 하얏다 露國이 朝鮮에 勢力을 심으며 日露가 衝突하며 日英이 同盟하드니 光武 八年 甲辰에 日露戰爭이 닐어나아 翌年 乙巳에 露國이 大敗하매 이 結果 이해 十一月에 韓國이 日本의 保護國이 되고 十一年 丁未 七月에 海牙密使 事件으로 光武帝ㅣ 退位하고 七條約이 되며 軍隊를 解散하드니 隆熙 三年 己酉에 安重根이 伊藤博文을 죽이며 翌 四年 庚戌 八月에 韓이 日本에 合倂되얏다

國文學

新文化의 輸入 五百年의 儒敎文化가 根本的으로 살아저 새 文化의 輸入 新文化는 光武帝 甲申以後로 新文化機關을 세우며 그 輸入을 비롯하야 乙未以後에 新敎文人 李建昌、詩人 黃玹이 끝을 막고 新文化育이 興하고 光隆年間에 民間에 敎育熱이 닐어나며 各種 科學을 輸入하고 漢文學이 없어지며 言文一致의 國文學이 뒤를 대

게 되었다

朝鮮留記畧

壇國傳世圖

一世 壇君 ─ 二世 壇君夫婆 ……… 最後 壇君

扶餘傳世圖

一世 東明王夫婆 ─ 二世 夫婁王 ……… 寧禀離王夫婆

胡貊朝鮮及箕朝傳世圖

一世 朝鮮王 ……… 箕子四十世孫 ─ 王否 ─ 末王準

衛氏朝鮮傳世圖

一世 衛滿王 ─ 次王 ─ 右渠王

東夫餘傳世圖

一世 寧禀離王夫婆 ─ 二世 金蛙王 ─ 三世 帶素王

壇國傳世圖

北扶餘傳世圖

一世 壇君解慕漱 — 二世 解夫婁王 … 後王 … 始王 — 尉仇台王 — 夫台王 — 簡位居王 — 麻余王 — **依慮王** — **依羅王** … 玄王 … 孱王

曷思傳世圖

一世 始祖王 … 王各氏

附曷思王弟體素 — 次王 — 都頭王

沸流傳世圖

一世 始祖王 … 海頭王

梁貊傳世圖

一世 始祖王 … 神明王 … 松讓王

甘文傳世圖

一世 曼胊君 … 末王翌夷

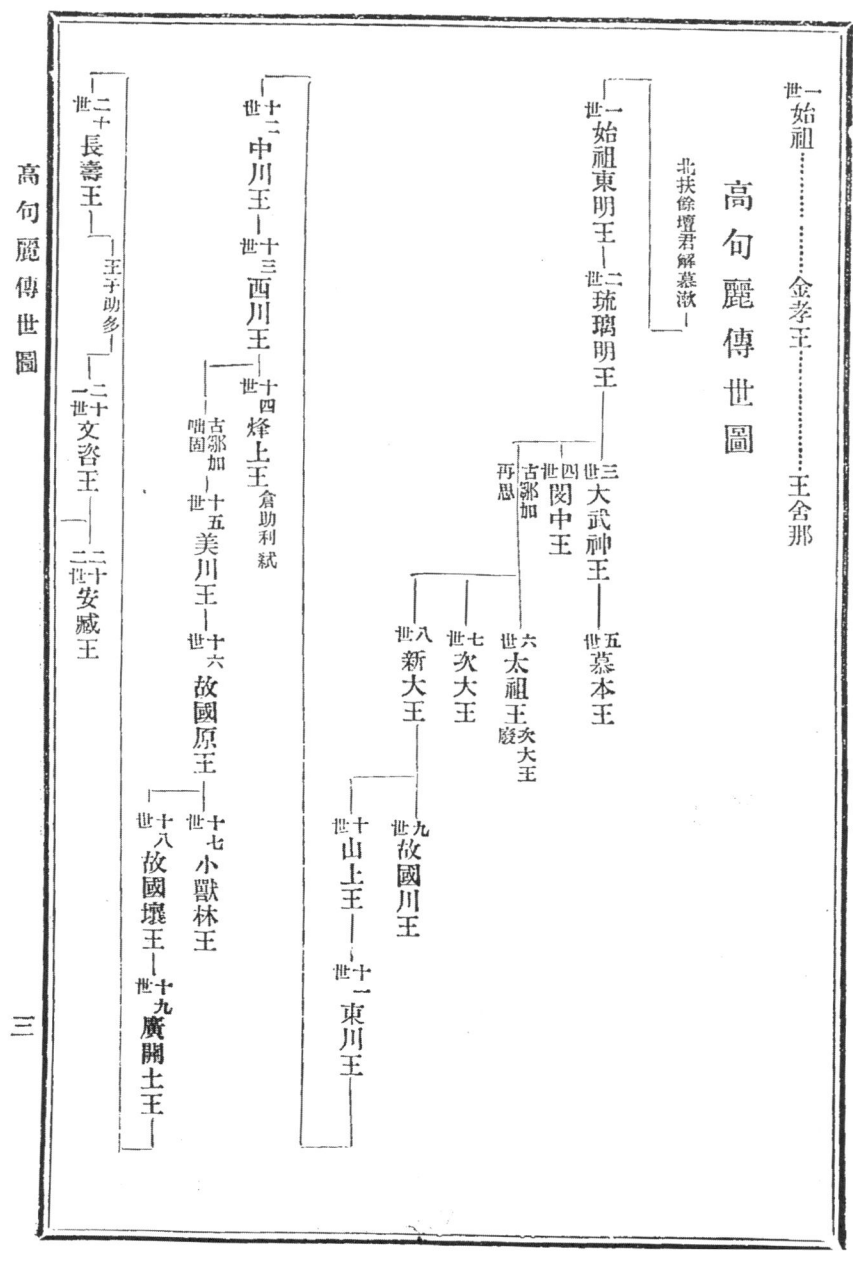

高句麗傳世圖

百濟傳世圖

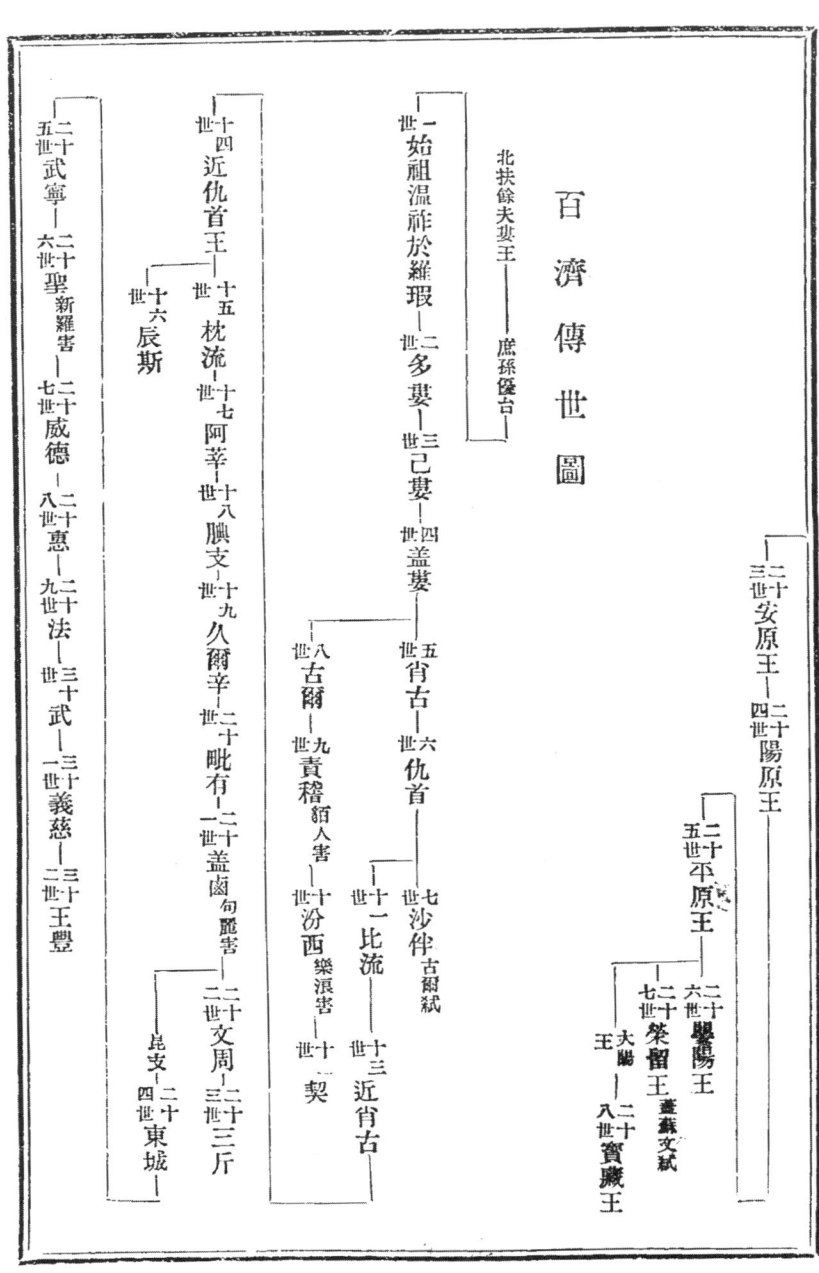

新羅傳世圖

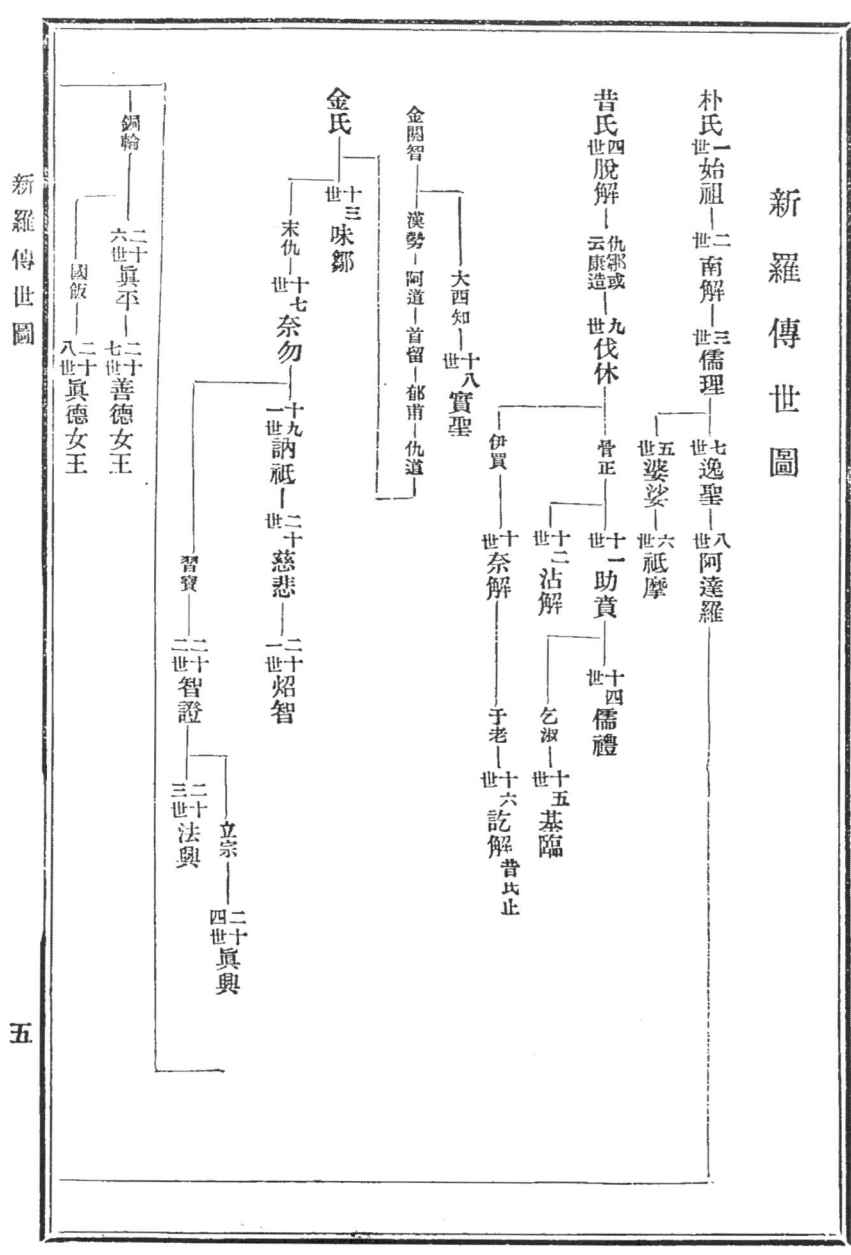

新羅傳世圖

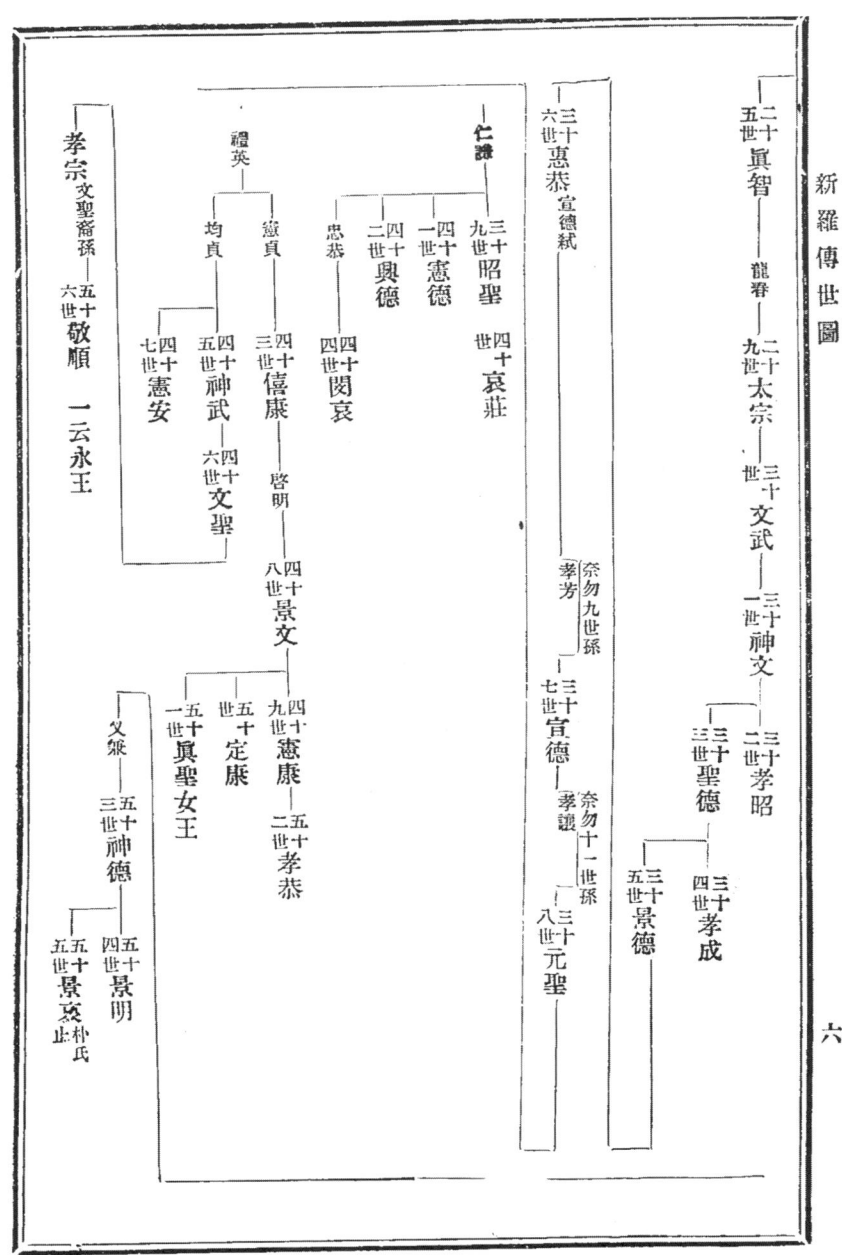

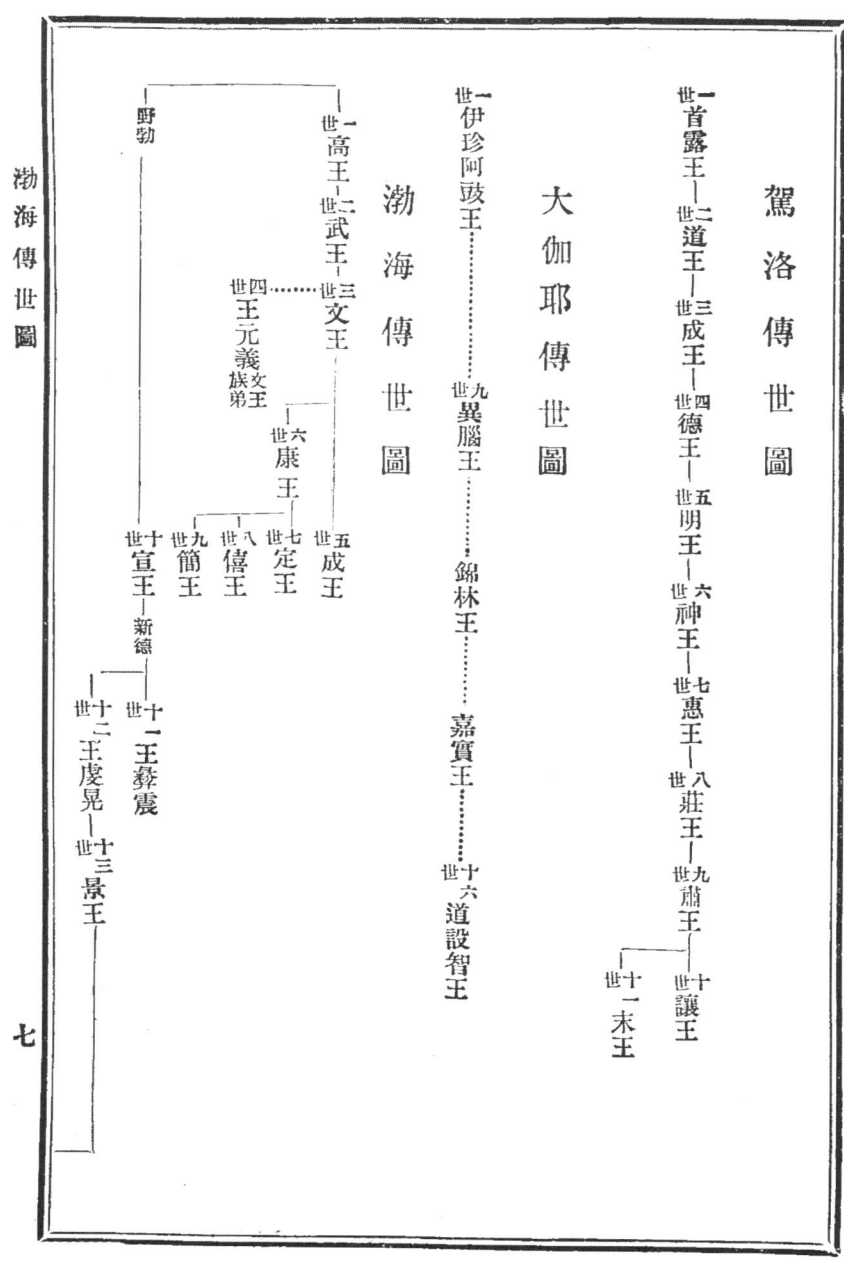

駕洛傳世圖

一世首露王—二世道王—三世成王—四世德王—五世明王—六世神王—七世惠王—八世莊王—九世肅王—十世讓王—十一世末王

大伽耶傳世圖

一世伊珍阿豉王……九世異腦王……錦林王……嘉寶王……十六世道設智王

渤海傳世圖

一世高王—二世武王—三世文王—四世元義(族弟)
　　　　　　　　　　　　　　　　五世成王
　　　　　　　　　　　　　　　　六世康王—七世定王
　　　　　　　　　　　　　　　　　　　　　八世僖王
　　　　　　　　　　　　　　　　　　　　　九世簡王
　　　　　　　　　　　　　　　　　　　　　十世宣王—新德—十一世彝震
　　　　　　　　　　　　　　　　　　　　　　　　　　　　　　十二世虔晃—十三世景王
野勃

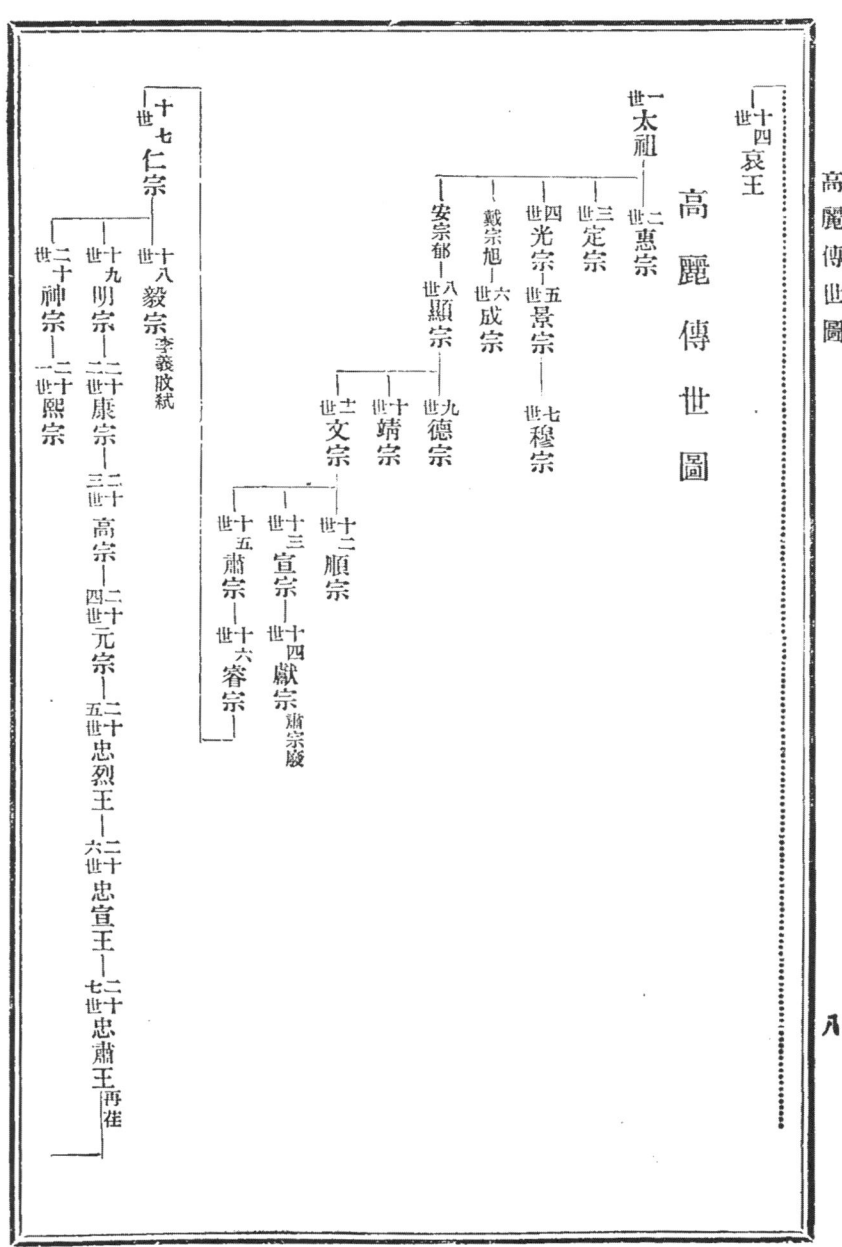

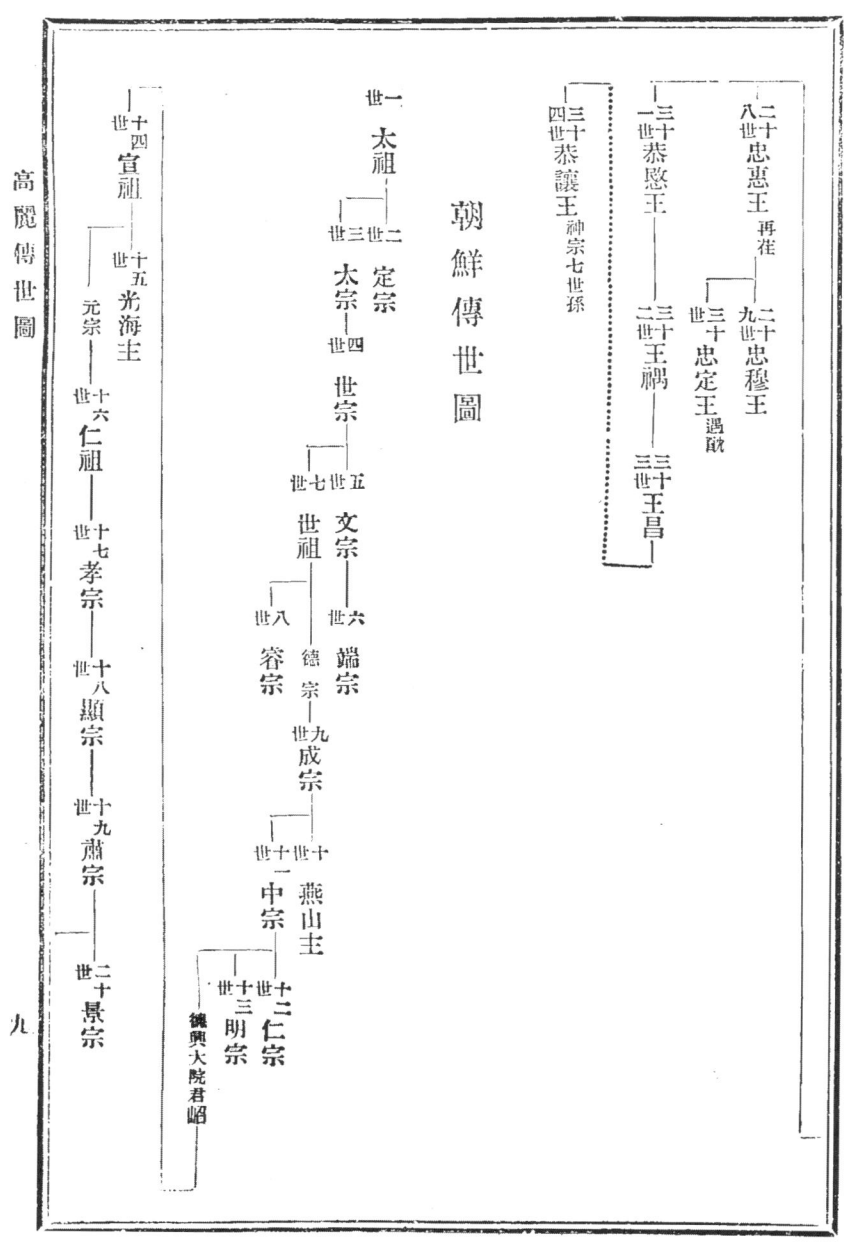

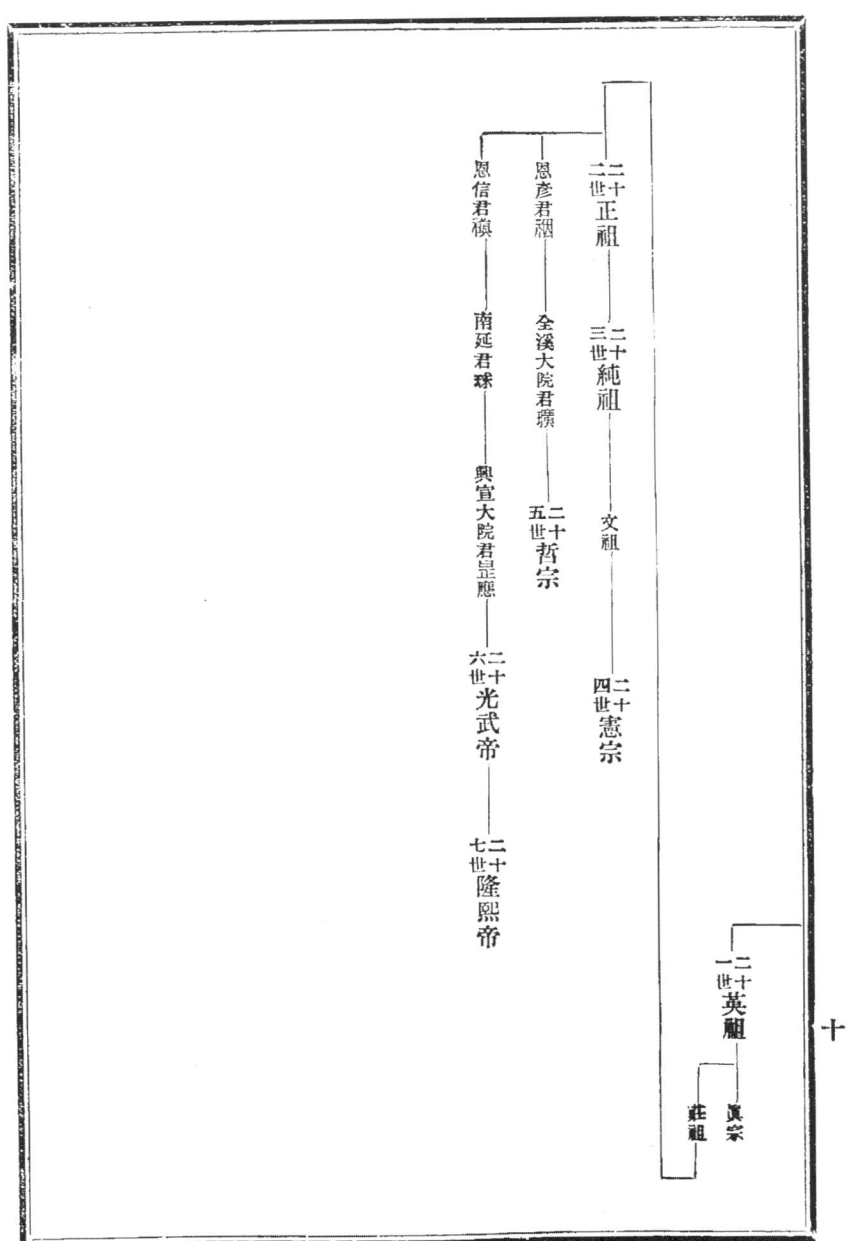

歷代年號

高句麗
　太王 永樂
百濟
　好太王 永樂
新羅
　威德王 建興
　法興王 建元
　眞興王 建元、開國、大昌、鴻濟
　眞智王 鴻濟
　眞平王 鴻濟、建福
　善德女王 建福、仁平
　眞德女王 太和

渤海
　太祖 天統
　武王 仁安
　文王 大興
　成王 中興
　康王 正曆
　定王 永德
　僖王 朱雀
　簡王 太始
　宣王 建興
　彝震王 咸和

長安
金憲昌 慶雲
後百濟
甄萱 正開
後高麗
弓裔 武泰、聖冊、水德萬歲、政開
高麗
太祖 天授
光宗 光德、峻豐
毅宗 正豐
烏玄明 元興
定安
또 延祥이있으나 어느 王때인지모름

興遼
大延琳 天慶一作天興
太元
高永昌 隆基、應順
大爲
妙淸 天開
大君主 建陽
大韓
高宗 光武
純宗 隆熙
朝鮮

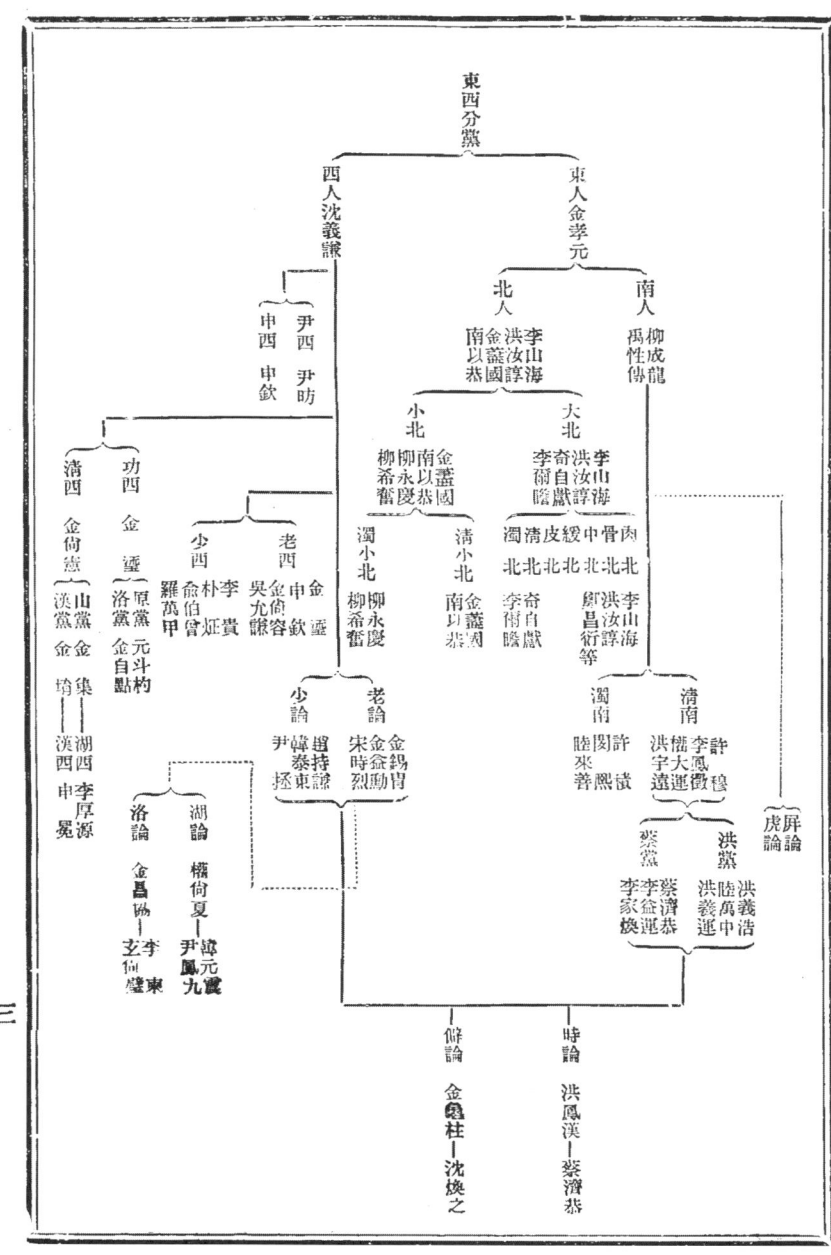

昭和四年四月二十五日 印刷
昭和四年四月三十日 發行

（朝鮮留記）

定價 金七拾錢
書留送料 拾壹錢

不許
複製

著作
發行者

京城府花洞七十番地

權悳奎

印刷者

京城府堅志洞三十二番地

金鎭浩

印刷所

京城府堅志洞三十二番地

漢城圖書株式會社

發行所

京城府花洞七十番地
振替口座京城一二一二六番

尙文館

總販賣

漢城圖書株式會社

京城府堅志洞三十二番地
電話 光一四七九番
振替京城七六六〇番

역주자(譯註者) 약력
| **정재승**(鄭在乘)
한민족고대문화의 기원 문제에 관심을 갖고 답사와 연구를 병행하고 있다. ≪민족비전 정신수련법≫ ≪선도(仙道) 공부≫ ≪일만년 겨레얼을 찾아서≫ ≪바이칼, 한민족의 시원을 찾아서≫ ≪불함문화론≫(역주) 등을 펴냈다.

조선유기략
(朝鮮留記略)

초판 인쇄 | 2009년 3월 20일
초판 발행 | 2009년 4월 1일

지은이 | 권덕규
역주자 | 정재승
펴낸이 | 이세용
책임편집·교정 | 정재승·정미화
펴낸곳 | 우리역사연구재단
출판등록 | 2008년 11월 19일 제321-2008-00141호

주소 | 서울시 서초구 서초동 1676번지 1호 6층
전화 | 02-523-2363
팩스 | 02-523-2338
이메일 | dongsan3342@hanmail.net

ISBN | 978-89-961975-3-9 94910
　　　978-89-961975-1-5 (세트)

잘못된 책은 구입하신 서점에서 바꾸어 드립니다.
이 책의 저작권은 우리역사연구재단에게 있습니다.
우리역사연구재단의 허락 없이 내용을 인용하거나 발췌하는 것을 금합니다.

값19,500원